Globale
Kunstgeschichten
in der DDR

AF723322

Revolutionary Romances?

Herausgegeben von den
Staatlichen Kunstsammlungen Dresden
Mathias Wagner | Hilke Wagner
und
Kerstin Schankweiler | Kathleen Reinhardt

Globale Kunstgeschichten in der DDR

Revolutionary Romances?

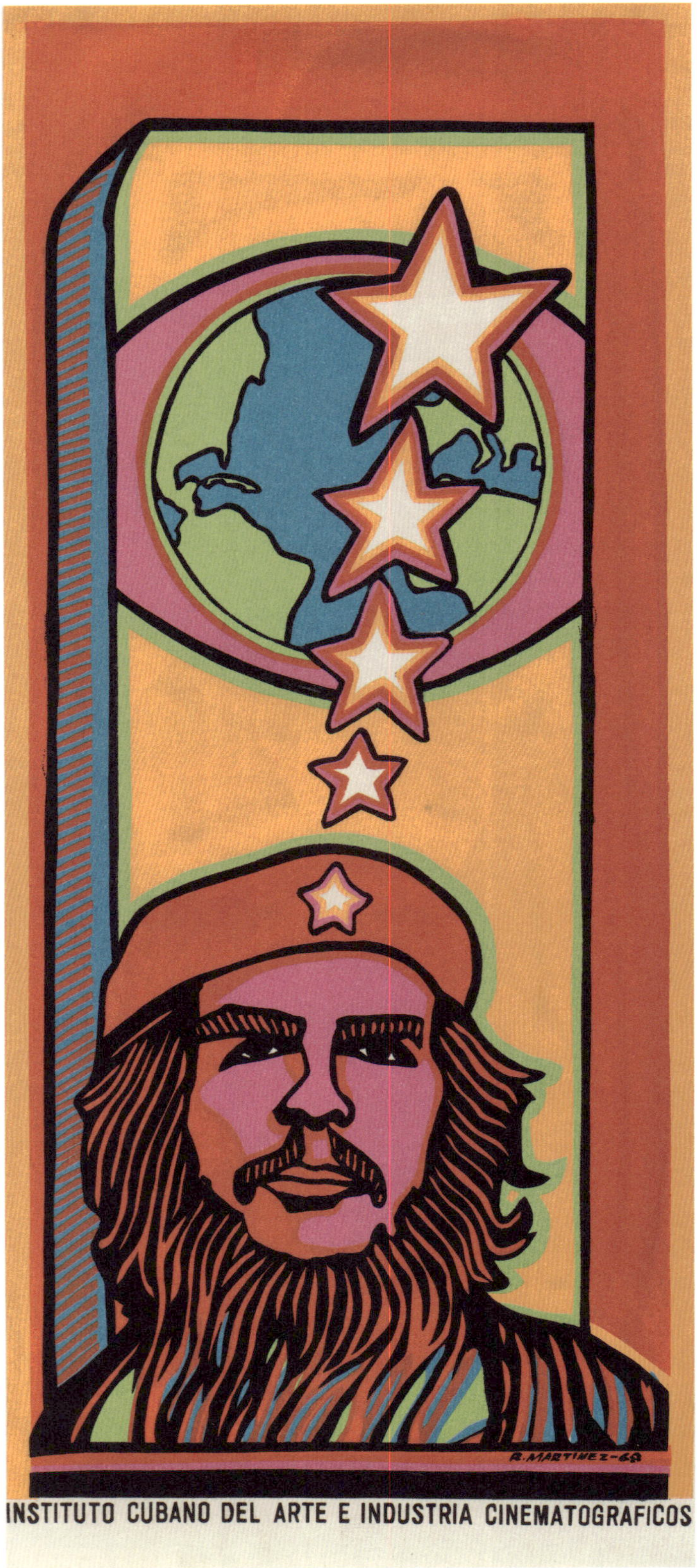

Raúl Martínez, El Che y Camilo, 1968, Filmplakat, Siebdruck in Farbe, 81,3 × 38,2 cm, Kupferstich-Kabinett, Staatliche Kunstsammlungen Dresden, Inv.-Nr. A 2020-11

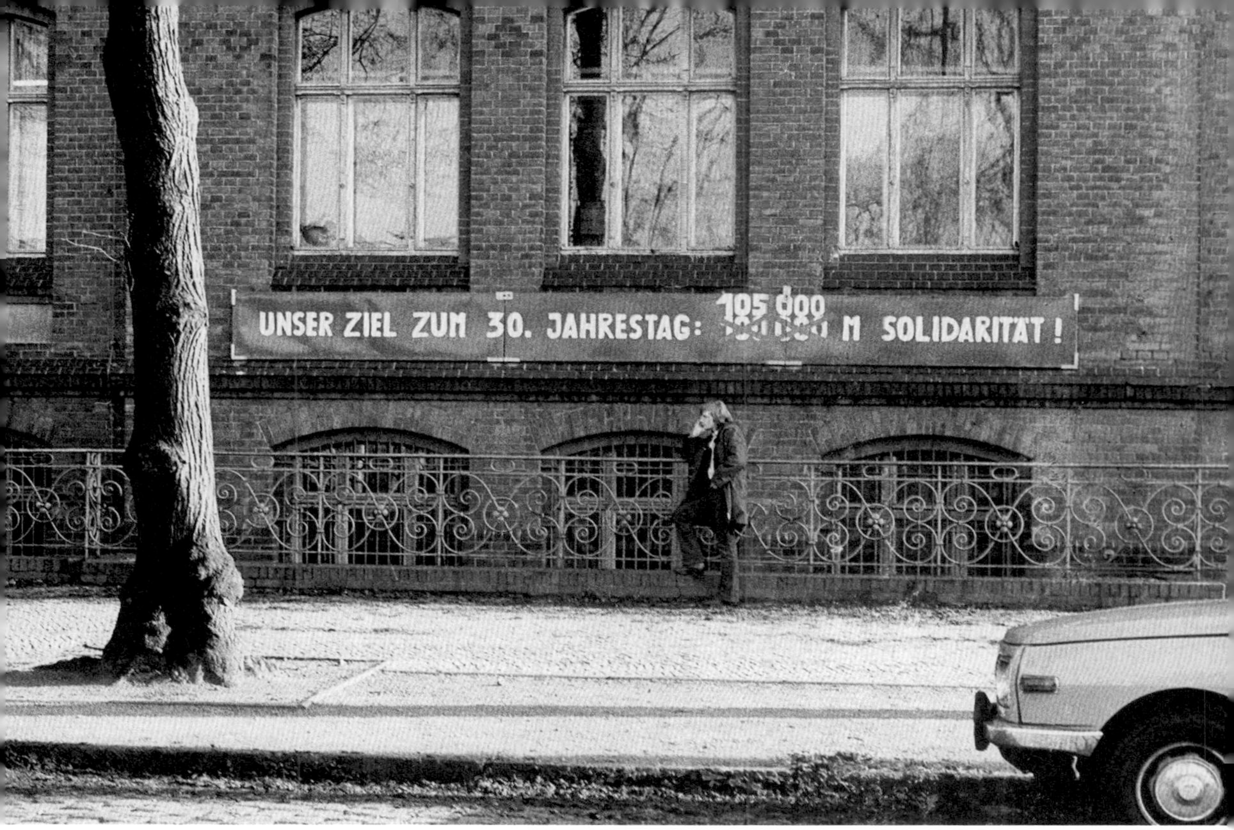

Jürgen Nagel, Ho-Chi-Minh-Oberschule, Berlin-Friedrichshagen, 1979, Silbergelatinepapier, 20,5 × 29,5 cm, Kupferstich-Kabinett, Staatliche Kunstsammlungen Dresden, Inv.-Nr. D 1985-98

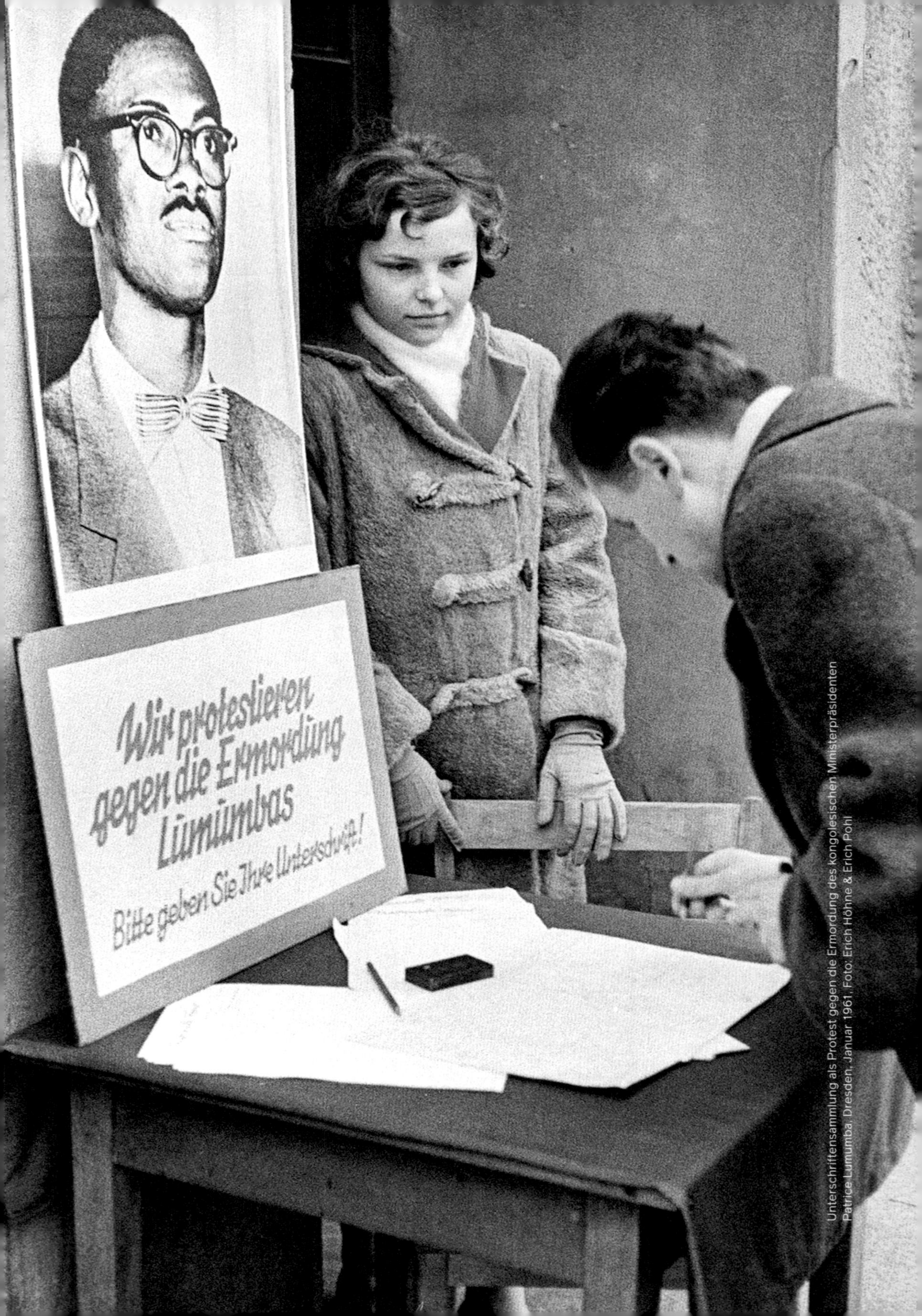

Unterschriftensammlung als Protest gegen die Ermordung des kongolesischen Ministerpräsidenten Patrice Lumumba, Dresden, Januar 1961. Foto: Erich Höhne & Erich Pohl

Hilke Wagner

Revolutionary Romances? Globale Kunstgeschichten in der DDR

Kunstgeschichte global (vernetzt) zu denken, von der Vorstellung eines einzigen, westlichen und linearen Kanons abzurücken, ist seit einigen Jahren international gängige Praxis und auch in Deutschland Anliegen zahlreicher Forschungs- und Ausstellungsprojekte. Die Kunst aus der DDR jedoch wurde bislang weitestgehend ausgeklammert – als Sonderfall betrachtet – und meist als ›provinziell‹, ›selbstreferenziell‹ und ›isoliert‹ dargestellt. Eine breit angelegte transkulturelle Perspektive auf die Kunst in der DDR ist daher hochrelevant und überfällig, um vorherrschende Vorstellungen zu widerlegen und ihre Geschichte als eine »Kunstgeschichte des Kontakts«[1] grundlegend neu zu denken.

In diesem Sinne hat das Albertinum in den letzten Jahren bereits mehrere Projekte durchgeführt. Subversive Künstlerinnen aus der DDR wurden gemeinsam mit Künstlerinnen des Ostblocks in der Ausstellung *Medea muckt auf. Künstlerinnen hinter dem Eisernen Vorhang* (2018/19) präsentiert.[2] Die Ausstellung *1 Million Rosen für Angela Davis* (2020/21) widmete sich den Kontakten zu Repräsentant*innen des ›anderen Amerika‹ und untersuchte erstmals das ambivalente Thema der propagierten Solidarität im Kontext einer vermeintlich dekolonialen, antirassistischen Haltung der DDR.[3]

Bei unserem mehrjährigen Forschungs- und Ausstellungsprojekt *Revolutionary Romances? Globale Kunstgeschichten in der DDR* stehen nun die komplexen Beziehungen zwischen der DDR und dem Globalen Süden im Fokus. Basis für diese dringliche kunst- und kulturgeschichtliche Aufarbeitung bildet der reiche Sammlungsbestand der Staatlichen Kunstsammlungen Dresden (SKD), insbesondere des Albertinum, des Kupferstich-Kabinetts und des Kunstfonds, in dem sich vor allem die Verbindungen zu den sozialistisch orientierten Ländern in Afrika, Asien und Lateinamerika eindrücklich abbilden. Unsere Sammlungen spiegeln zugleich die internationale Ausstellungs- und Sammlungsgeschichte in der DDR wider und bezeugen deren außenpolitische Bestrebungen – von der Gründung bis zum Zusammenbruch des Ostblocks. Die Untersuchung des vielschichtigen Beziehungsgefüges und der gegenseitigen Einflüsse im Projekt eines sozialistischen Internationalismus ist der Ausgangspunkt dieses Forschungsprojekts, dessen erste Ergebnisse 2022 in einer Prolog-Ausstellung vorgestellt wurden.[4] Zwei internationale Tagungen, die im selben Jahr im Albertinum stattfanden, erweiterten das Untersuchungsfeld um wichtige Aspekte, auch aus der Perspektive ehemaliger ›Bruderländer‹ der DDR.[5]

Der immer wieder aufflammende ›Ost-West-Bilderstreit‹ zeigt(e) deutlich, wie selbstbezüglich deutsch-deutsche Kunstgeschichte noch immer operiert. Als er im Herbst 2017 erneut vehement ausbrach, offenbarte sich ein großer Gesprächsbedarf nicht nur hinsichtlich des musealen Umgangs mit Kunst aus der DDR, sondern auch im Hinblick auf ihre

1 Vgl. Christian Kravagna: Transmoderne – Eine Kunstgeschichte des Kontakts, Berlin 2017.
2 Medea muckt auf. Radikale Künstlerinnen hinter dem Eisernen Vorhang, Kunsthalle im Lipsiusbau, Dresden, 8.12.2018–31.3.2019.
3 1 Million Rosen für Angela Davis, Kunsthalle im Lipsiusbau, Dresden, 10.10.2020–30.5.2021.
4 Revolutionary Romances. Transkulturelle Kunstgeschichten in der DDR | Prolog, Albertinum, Dresden, 13.4.–17.7.2022 (verlängert bis 4.9.2022).
5 Die globale DDR. Eine transkulturelle Kunstgeschichte (1949–1990), veranstaltet als Kooperation der TU Dresden und dem Albertinum der Staatlichen Kunstsammlungen Dresden, gefördert von der Fritz Thyssen Stiftung, Albertinum, Dresden, 9.–11.6.2022. Aufzeichnung der Beiträge: https://voices.skd.museum/en/voices-mag/the-global-gdr-a-transcultural-history-of-art-1949-1990/ (Stand: 11.10.2023); Into the Cold. Alternative Artistic Trajectories into (Post-) Communist Europe, gefördert von der Terra Foundation for American Art und dem Goethe Institut, Albertinum, Dresden, 13.10.2022. Aufzeichnung der Beiträge: https://voices.skd.museum/en/voices-mag/revolutionary-romances-into-the-cold-alternative-trajectories-into-post-communist-europe/ (Stand: 11.10.2023).

wissenschaftliche Aufarbeitung und Einbettung in eine breitere Kunstgeschichtsschreibung. Wie sich herausstellte, war dieser ›Bilderstreit‹ nicht nur eine Stellvertreterdebatte, in der sich nicht verarbeitete Traumata und Frustrationen einer aus Ostperspektive höchst problematisch verlaufenen ›Wiedervereinigung‹ artikulierten. Im Kern war es auch ein Streit um Kunstbegriffe, in dem die Erwartung von Respekt gegenüber einem etablierten, als unantastbar empfundenen Kanon nur allzu oft zutage trat. Genau hier anzusetzen kann also eine Chance sein: für die Vermittlung des Ansatzes einer globalen Kunstgeschichte an ein breites Publikum und für die notwendigen kritischen Reflexionsprozesse auch in Hinblick auf eine institutionelle Dekolonisierung, die konsequent die bekannte lokale Narration zum Ausgangspunkt für das Aufzeigen von Verbindungen zum wenig bekannten Globalen nimmt. Das Albertinum, das als Ausstellungsort und Sammlung selbst Teil der vermeintlichen ›Revolutionary Romances‹ war, bietet die Möglichkeit, diese Kunstgeschichte der Verflechtungen im Spiegel der eigenen Vergangenheit zu betrachten. Es kann die aktuellen Denkansätze ins Verhältnis zur eigenen Geschichte setzen, die sich von jener westdeutscher Museen unterscheidet, und einer global verhandelten Kunstgeschichte wichtige Aspekte hinzufügen.

Im Kalten Krieg waren die Staatlichen Kunstsammlungen Dresden oft selbst diplomatisches Werkzeug. Aus heutiger Perspektive wird dabei auch das Fehlen tatsächlicher antiimperialistischer Denk-, Aktions- und Handlungsräume offenbar. ›Völkerfreundschaft‹ und ›Solidarität‹, zwei Konzepte, die eine zentrale Rolle in der ideologischen Ausrichtung der DDR spielten und als propagierte Ideale die Grundlage nicht zuletzt auch für politisch und wirtschaftlich motivierte Bündnisse im Globalen Süden boten, sind heute – in Zeiten zunehmender Entsolidarisierung – aktueller denn je. Sie müssen jedoch als Instrumente der Außen- und Innenpolitik eines diktatorischen Systems in ihrer Ambivalenz erfasst werden. Während die DDR einerseits eine aktive kulturelle Diplomatie betrieb, blieben andererseits die Vertragsarbeiter*innen im real existierenden Sozialismus der DDR isoliert. Die Arbeitsbedingungen waren schwierig, eine ›Verbrüderung‹ der Vertragsarbeiter*innen mit Bürger*innen der DDR alles andere als erwünscht und Alltagsrassismus weit verbreitet. Solche Ambivalenzen untersucht beispielsweise die Künstlerin Sung Tieu, die selbst zur zweiten Generation der vietnamesischen Community in Ostdeutschland gehört und als Kind einige Zeit in Freital bei Dresden lebte (S. 110/111). Sie und die anderen in der Ausstellung präsentierten zeitgenössischen Künstler*innen (Georges Adéagbo, Hamlet Lavastida, Sven Johne, Dana Lorenz, Sonya Schönberger, Arlette Quỳnh-Anh Trần und Wenke Seemann) treten mit den historischen Positionen in einen Dialog und verankern die Ausstellung in der Jetztzeit – unerlässlich am Standort Dresden, wo noch immer viele ehemalige Vertragsarbeiter*innen leben und Postsozialismus auf Postkolonialismus trifft.

Mein Dank gilt an erster Stelle unserer ehemaligen Kuratorin Kathleen Reinhardt, die die Idee für dieses Projekt bereits seit 2017 entwickelte. Gleichermaßen danke ich unserem Konservator Mathias Wagner, der als Co-Kurator das Ausstellungsprojekt mit plante und nach dem Weggang von Kathleen Reinhardt übernahm und sich auf wunderbare Weise ganz zu eigen machte. Ihm standen tatkräftig unsere Volontärin Pauline Hohn und Assistenzkurator Martin Buhlig zur Seite. Unser gemeinsamer Dank gilt unseren Kooperationspartnern, dem Kunstfonds und dem Kupferstich-Kabinett der SKD, sowie für die Unterstützung der Recherchen zu ausländischen Studierenden dem Archiv der Hochschule für Bildende Künste Dresden.

Sophie Hundbiss und Laurentius Alvin entwickelten für die Ausstellung ein umfangreiches Vermittlungsprogramm mit zahlreichen externen Partner*innen und unter Beteiligung unterschiedlicher Communities. Ihnen und der gesamten Abteilung Bildung und Vermittlung danken wir von Herzen. Ermöglicht wurde dieses Programm durch die Unterstützung der Bundeszentrale für politische Bildung. Für die inspirierende Zusammenarbeit, insbesondere im Rahmen von Tagungen und Konferenzen zum Thema sowie der vorliegenden Publikation danken wir Kerstin Schankweiler (TU Dresden) und ihren Mitarbeiterinnen, deren Projekt *Art in Networks – The GDR and its Global Relations* in die Ausstellung eingeflossen ist. Ohne die Unterstützung der Kulturstiftung des Bundes wäre dieses wichtige Projekt nicht zu realisieren gewesen. Dafür unser herzlicher Dank! Weiterhin danken wir der Peter und Irene Ludwig Stiftung, auch für inhaltliche Unterstützung und Leihgaben.

Last but not least gilt unser Dank den beteiligten Künstler*innen. Während sich unsere Ausstellung den angesprochenen Themen gleichsam von ›innen‹, das heißt ausgehend von einer institutionellen Bestandsaufnahme nähert, werden sie parallel von Doreen Mende, Leiterin der Abteilung Forschung an den SKD, von außen beleuchtet. Im Rahmen ihres langjährigen Forschungsprojekts *Decolonizing Socialism: Entangled Internationalism* werden 2024 drei Interventionen von Künstler*innen und Kurator*innen aus dem Globalen Süden in der Dauerausstellung des Albertinum realisiert.[6] All dies sind erste Schritte, die in ein bereits begonnenes, institutionelles Neudenken auch der Sammlungspräsentation des Albertinum münden, in der auch die Ergebnisse dieses Forschungsprojektes sichtbar werden müssen.

6 Vgl. dazu den Beitrag von Doreen Mende in diesem Band, S. 159–162.

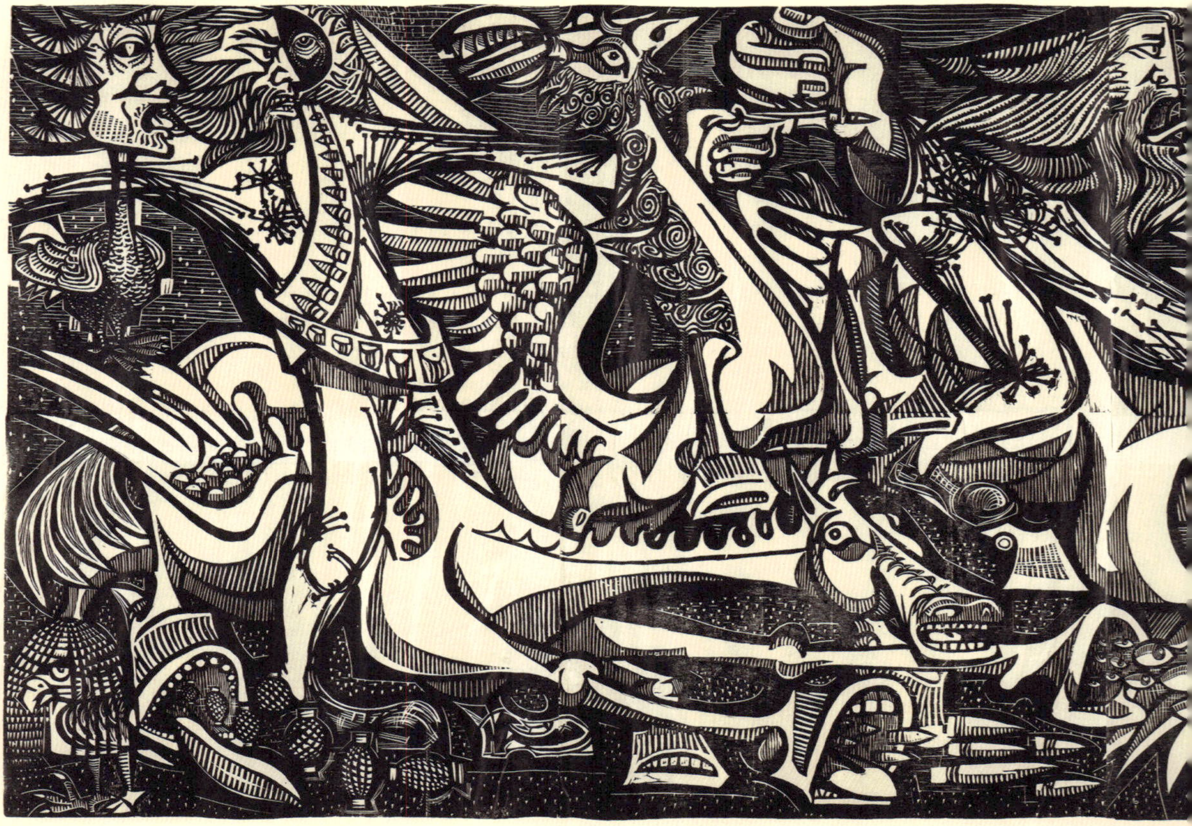

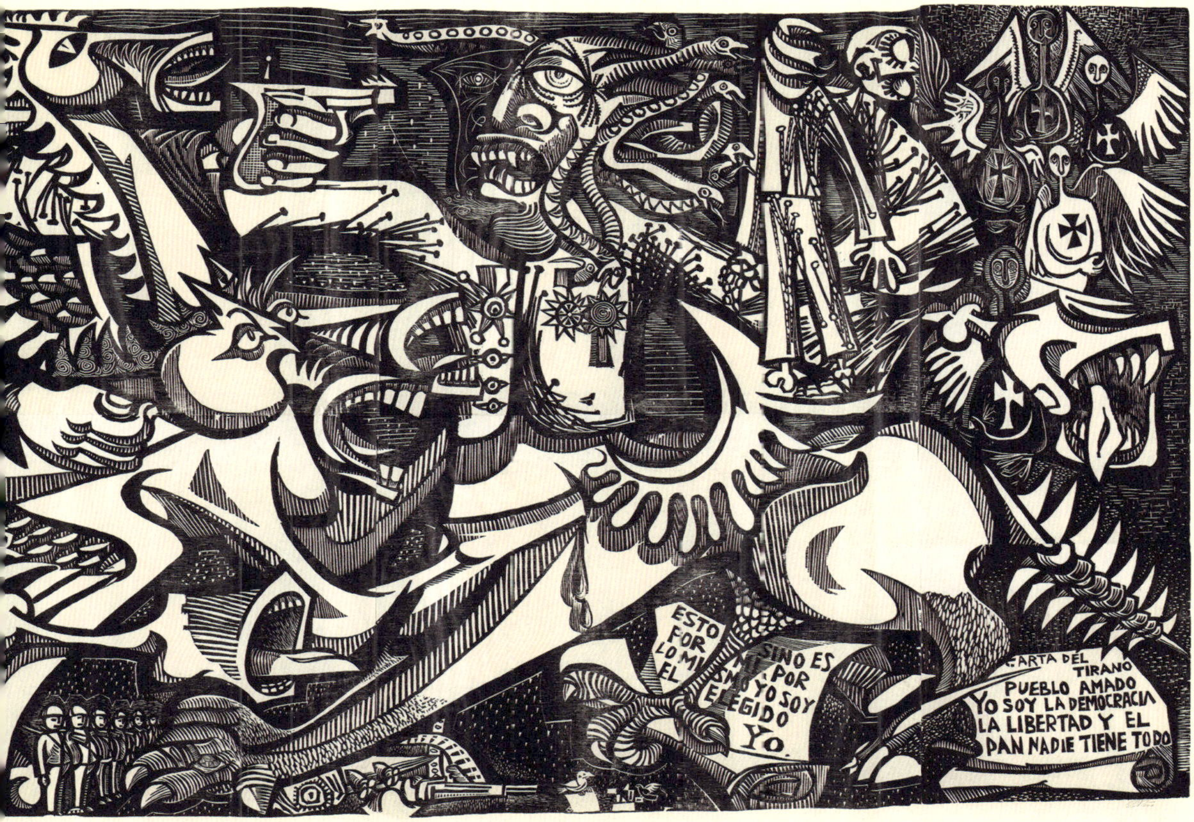

Umberto Peña Garriga, Las dictaduras en America [Diktaturen in Amerika], o. J., Holzschnitt, 100 × 280 cm, Kupferstich-Kabinett, Staatliche Kunstsammlungen Dresden, Inv.-Nr. A 1963-22

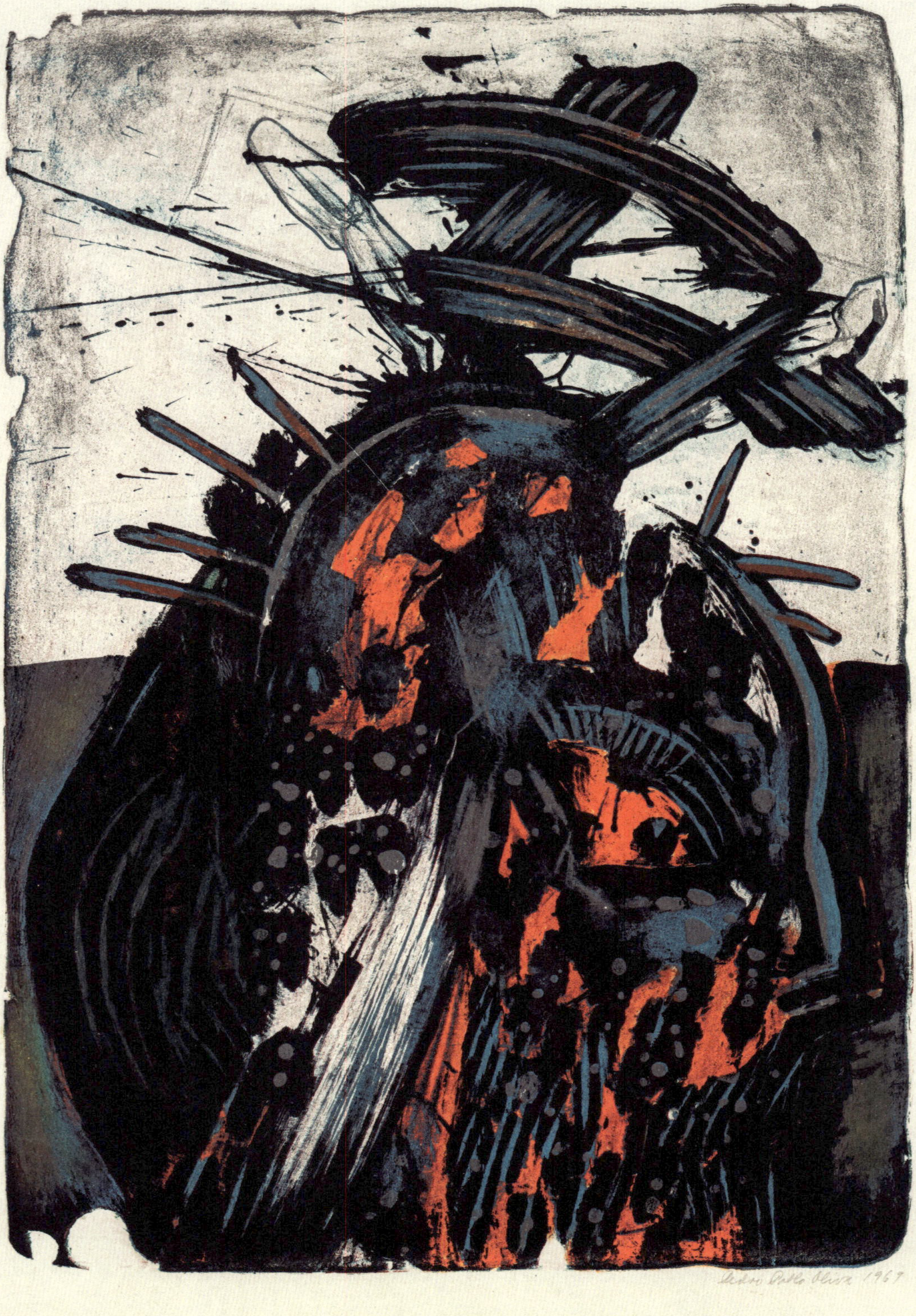

Pedro Pablo Oliva, Explosión, 1969, Lithografie in vier Farben, 53,8 × 37,5 cm, Kupferstich-Kabinett, Staatliche Kunstsammlungen Dresden, Inv.-Nr. B 1970-281

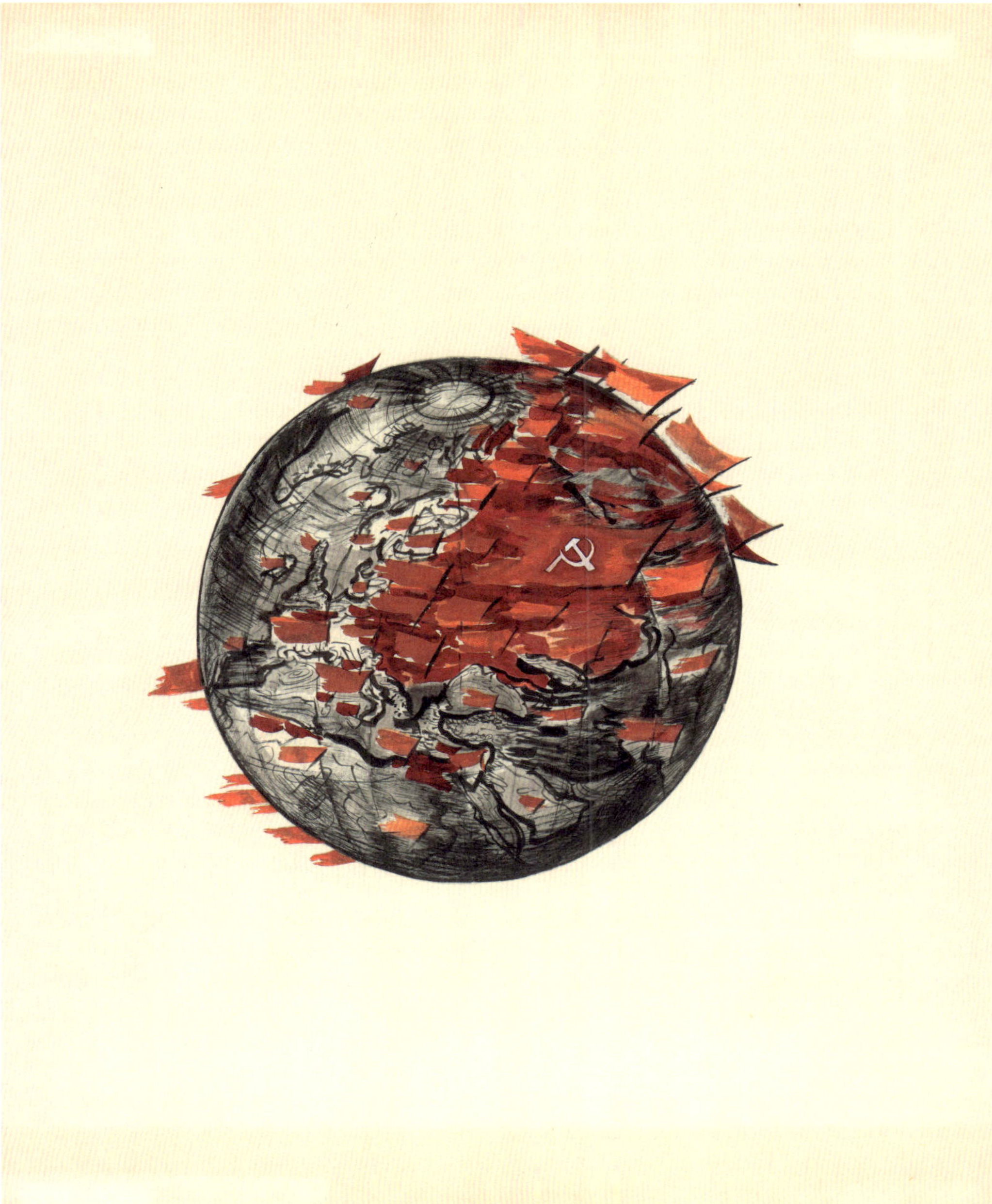

Lea Grundig, Titelblatt der Folge *Zum Kommunistischen Manifest*, 1968, Tusche, Pinsel in Wasserfarben, 80 × 65 cm, Kupferstich-Kabinett, Staatliche Kunstsammlungen Dresden, Inv.-Nr. C 1975-41

Staatliche Kunstsammlungen Dresden

Grenzen markieren oftmals die Akzentuierung ideologischer Konzepte zwischen den ›In- und Outsidern‹ und bestimmen somit über Zugehörigkeit und Nichtzugehörigkeit. Das Innen und Außen wird in Konfrontation mit der Grenze verhandelt und bestimmt die Zugangsbedingungen für die Mitglieder einer Gesellschaft. Dabei werden Unterschiede in Sprache sowie sozialen und politischen Strukturen evident. Innerhalb einer Gesellschaft dienen solche ideologischen Grenzen der Verfestigung kultureller, moralischer, religiöser und sozialer Regeln und bestimmen somit ihr identitätsstiftendes Gefüge. Grundlegende Fragen lassen sich daraus ableiten, zum Beispiel wie sich Grenzen auf benachbarte Bereiche auswirken, welche Praktiken der Begrenzung angewendet werden, welche Dynamiken innerhalb der Grenzräume entstehen. Auch schließen sich Fragen danach an, inwieweit Innovationskraft und Kreativität aus jener Grenzerfahrung erwachsen oder inwieweit es zu einem grenzüberschreitenden (transkulturellen) Austausch kommt, wie sich dabei Formen des Transfers ausgestalten (Aneignung, Ablehnung, Umdeutung, Übersetzung etc.), welche Wechselwirkungen und Entgrenzungen es gibt. Grenzen sind komplexe identitätsstiftende Konstruktionen, die maßgeblich von ihrem Zeit-und-Raum-Gefüge abhängen und demnach vergänglich sind. So können Grenzen, die zu einem bestimmten Zeitpunkt unverrückbar schienen, heute fast obsolet sein. Welche Auswirkungen hat es auf Identitätskonstruktionen, wenn Grenzen aufgelöst werden – beispielsweise für die Menschen in Ost- und Westdeutschland nach der Wiedervereinigung? Mehr als 30 Jahre nach Überwindung der Teilung Deutschlands ist es an der Zeit, insbesondere in den östlichen Bundesländern in eine Phase des versöhnlichen, empathischen und gesellschaftlichen Austausches zu treten. Empathie bedeutet: die Fähigkeit zu entwickeln, andere Wahrnehmungs- und Erfahrungsperspektiven einzunehmen und zu akzeptieren. Zieht man beispielsweise Bilanz mit Blick auf die Aufarbeitung der deutsch-deutschen Kunstgeschichte und auf die großen Ausstellungen der letzten Jahre, die Kunst aus 40 Jahren DDR präsentiert haben, so hört man warnende Stimmen: »Es verfestigt sich gerade ein Kanon, der nichts mit den Wahrnehmungsperspektiven derjenigen zu tun hat, die die Zeit erlebt haben.« (Matthias Flügge)

Dies zum Anlass nehmend, haben sich die Staatlichen Kunstsammlungen Dresden (SKD) mit dem Projekt *Kontrapunkte* in den vergangenen zwei Jahren vertiefend einem Bereich der Kunst- und Kulturgeschichte gewidmet, der mit der Geschichte der Institution und des Ortes besonders verbunden ist, in dem eine globale Vernetzung jedoch vermutlich am wenigsten erwartet wird: der Zeit der DDR. Ein Kapitel deutscher Geschichte, das bei vielen Menschen in unserem Land – nicht nur bei älteren Ostdeutschen – emotionale Reaktionen auslöst und vielschichtige soziale, politische wie kulturelle Aspekte, ja komplette Lebensentwürfe umfasst. Damit bauen die SKD auf ihren langjährigen, grundlegenden Recherchen auf, die bereits in viele Projekte und Veröffentlichungen gemündet sind. Zu nennen wären hier beispielsweise der *Bildatlas: Kunst der DDR* (2009–2012), die Publikation *Sozialistisch sammeln* (2014) sowie die zahlreichen großen und kleinen Ausstellungen in verschiedenen Museen der SKD, etwa *Geniale Dilletanten. Subkultur der 1980er Jahre in West- und Ostdeutschland* (2017), *Ostdeutsche Malerei und Skulptur 1949–1990* (2018/19), *Medea muckt auf. Radikale Künstlerinnen hinter dem Eisernen Vorhang* (2018/19), *1 Million Rosen für Angela Davis* (2020/21) und *Deutsches Design 1949–1989. Zwei Länder – eine Geschichte* (2021/22).

Angetreten mit dem Ziel, Festschreibungen multiperspektivisch entgegenzuwirken und diese zu erschüttern, geben die Projekte, die zu dieser besonderen Ausstellung und Publikation geführt haben, der Komplexität vielfältiger Mikrogeschichten oder auch individuellen ›autobiografischen Wahrheiten‹ Raum. Mit *Revolutionary Romances?* beteiligen sich die SKD an einem breiten gesellschaftlichen Diskurs und befragen mit transdisziplinär und transkulturell ausgerichteten Programmen, Ausstellungen und diskursiven Formaten kritisch den eindimensionalen Blick auf Geschichte. Dies gelingt, indem viele verschiedene Stimmen zu Wort kommen, Kränkungen und Erfolgsgeschichten aufgedeckt werden und die Anerkennung gemeinsamer historischer Fakten für eine »neue Ethik der Beziehungen« vorangetrieben wird (Bénédicte Savoy).

Dazu wurden deduktive und induktive Ansätze miteinander kombiniert, um einer in Komplexität, Vielgestaltigkeit und Widersprüchlichkeit liegenden ›Wahrheit‹ näherzukommen. Die Bezugspunkte liegen dabei sowohl innerhalb als auch außerhalb der SKD. Im Inneren werden die Sammlungen von Forscher*innen und Kurator*innen der SKD im Hinblick auf ihre historischen Verflechtungen mit Prozessen der DDR-Zeit untersucht. In der aktuellen Ausstellung werden unter anderem die umfangreichen Forschungsergebnisse und eine Vielzahl anhand der Sammlungsbestände erzählbarer Mikrogeschichten dieser transkulturellen Beziehungen der DDR präsentiert.

Auch 30 Jahre nach der Wende verfängt sich der Blick immer wieder in jenem ›Niemandsland‹ zwischen Herbst 1989 und Herbst 1990. Und die damals über allem schwebende, bis heute unbeantwortete Frage stellt sich erneut und mit erhöhter Dringlichkeit: Welche Impulse aus dem östlichen Teil Deutschlands konnten und können auch heute noch den globalen Prozess befruchten? Oder anders formuliert: Auf die Frage, ob sich in der Treibhausatmosphäre im Osten etwas entwickelt habe, das die Gesamtentwicklung – auch im Zusammenhang der osteuropäischen Länder – würde bereichern können, scheinen trotz der zahlreichen Aktivitäten der letzten 30 Jahre noch nicht alle Antworten gegeben.

Um diese und viele weitere, unsere Beziehung zur DDR umkreisende Fragen herum ist eine Programmreihe entstanden, die aus der Institution heraus sowohl Zeitzeug*innen als auch die nachgeborenen Generationen, die auf Antworten drängen, einbezieht.

In sammlungsübergreifenden Laboren haben Mitarbeiter*innen der SKD gemeinsam mit lokalen und internationalen Expert*innen aus Kunst, Kultur und Politik sowie mit Interessierten aus der Stadtbevölkerung über verschiedene Themen nachgedacht und diskutiert. Mit beeindruckender Offenheit sind beispielsweise das Jugendgremium der SKD *FUTUR III* und ehemalige Manufakturist*innen in Meißen in Dialog getreten. Nicht minder aufgeschlossen begegneten sich Designer*innen am *Runden Tisch* und teilten ihre Erfahrungen. Alle Veranstaltungen wurden live auf *voices*, der Digitalplattform der SKD, übertragen und archiviert und sind somit öffentlich zugänglich.

Mit der Eröffnung der Ausstellung *Revolutionary Romances?* und der begleitenden Publikation findet nun nach zwei Jahren ein zukunftsweisendes Projekt der intensiven Forschung, des fruchtbaren Austauschs und der innovativen Vermittlungsarbeit einen Höhepunkt – vielleicht einen ersten Höhepunkt, denn gleichzeitig lässt sich dieser Anlass auch als Auftakt beschreiben: Weitere Labore werden folgen, die Forschungen fortgeführt und neue Ausstellungskonzepte entwickelt. Wir bleiben offen!

Im Namen aller an diesem Projekt Beteiligten der Staatlichen Kunstsammlungen Dresden gilt mein herzlicher Dank der Kulturstiftung des Bundes und der Peter und Irene Ludwig Stiftung, durch deren großzügige Unterstützung Ausstellung und Publikation ermöglicht wurden. Der Bundeszentrale für politische Bildung danke ich für die Förderung ausgewählter Projekte im Rahmen der Ausstellung im Bereich Bildung und Vermittlung, Outreach und auf unserer digitalen Plattform *voices*.

Marion Ackermann
Generaldirektorin

Kulturstiftung des Bundes

Mit einer ›Revolutionary Romance‹ nimmt die Lebensgeschichte von Ines Johnson-Spain ihren Anfang. Johnsons Eltern haben sich in den 1960er Jahren in Ost-Berlin kennengelernt – sie als verheiratete DDR-Bürgerin, er als Gaststudent aus Togo. Aus der Liebesgeschichte der beiden geht Johnson als gemeinsame Tochter hervor. Sie wird vom Ehemann der Mutter adoptiert und wächst als Schwarzes Kind *weißer* Eltern in der DDR auf. Die Familie verschweigt den leiblichen Vater und behauptet gegenüber dem Kind, Hautfarben würden einer rein zufälligen Verteilung unterliegen. Johnsons Kindheit ist in der Folge von peinlichem Schweigen der Familie, boshafter Häme in der Nachbarschaft und rassistischen Anfeindungen in staatlichen Institutionen durchzogen. Diese ›Romance‹, in Johnsons autobiografischem Film *Becoming Black* (2019) beschrieben, steht eindrücklich für die historische politische Situation, der sich die Ausstellung *Revolutionary Romances? Globale Kunstgeschichten in der DDR* im Albertinum an den Staatlichen Kunstsammlungen Dresden (SKD) annähert.

Revolutionary Romances? gibt einer bisher wenig erforschten und diskutierten historischen Erfahrung in der DDR eine künstlerische Sprache. Ausgehend von den breiten Sammlungsbeständen der SKD versammelt die Ausstellung künstlerische Positionen aus der Phase der propagierten freundschaftlich-revolutionären Beziehungsaufnahme der DDR zu Ländern des Globalen Südens. Kulturpolitisch wurden diese Globalbeziehungen mit der großen Emphase eines sozialistischen Friedensprojektes verfolgt. Eine weltweit vernetzte Gesellschaft ohne Ungleichheiten bildete den utopischen Horizont. Ergänzt um ausgewählte nationale Leihgaben können diese Werke aus der Sammlung der SKD detailreich von den Hoffnungen auf eine neue grenzüberschreitende Gemeinschaft nach dem Zweiten Weltkrieg ebenso erzählen wie von eurozentrischen Überlegenheitsphantasien. Sie gewähren Einblick, wie eine Ideologie in der DDR koloniale Machtverhältnisse und rassistische Zuschreibungen an den vermeintlichen Brüdern und Schwestern perpetuiert, zum Teil durch exotisierende, paternalistische oder abwertende Vorstellungen vom Leben der Menschen in den vorgeblichen Partnerländern. In der Vielfalt der künstlerischen Positionen unter anderem aus Kuba, Chile, Vietnam, Indien, Irak, Libyen, Mosambik, Burma (Myanmar) und der DDR geraten hier ganz unterschiedliche, teilweise auch gewaltvolle Erinnerungen in Austausch. Die historischen Werke werden zudem von künstlerischen Arbeiten der Gegenwart wie denen von Sung Tieu und Wenke Seemann befragt. Es ist hier die Generation der Töchter, die über den Umweg eigener künstlerischer Positionen den Erfahrungen der Eltern als Migrant*innen in der DDR deren Verschwiegenes abringt.

Die Ausstellung regt einen Austausch über die Widersprüche des sozialistischen Fortschrittsprojekts an, in die individuelle wie auch staatliche Beziehungen notwendig gerieten. Gerade im Zuge einer virulenten Debatte um die Aufarbeitung des Kolonialismus und seiner Folgen in Ost- und Westdeutschland ist es von großer Bedeutung, diesem Thema öffentlich Aufmerksamkeit zu schenken. *Revolutionary Romances?* sowie das dazugehörige Projekt *Kontrapunkte* können dabei an wissenschaftliche und künstlerische Auseinandersetzungen anschließen, diese bündeln und mit dem Dresdner Publikum diskutieren. Die Kulturstiftung des Bundes wünscht den Staatlichen Kunstsammlungen Dresden, deren Generaldirektorin Marion Ackermann, der Direktorin des Albertinum Hilke Wagner sowie dem Ausstellungskurator Mathias Wagner und dem gesamten Team gutes Gelingen und zahlreichen Besucher*innen spannende Gespräche.

Katarzyna Wielga-Skolimowska
Vorstand / Künstlerische Direktorin

Kirsten Haß
Vorstand / Verwaltungsdirektorin

Peter und Irene Ludwig Stiftung

Ein grundlegendes Anliegen der Peter und Irene Ludwig Stiftung ist es, dank ihrer Sammlung und durch ihre Fördertätigkeiten zu einem weltweiten Dialog und einer inspirierenden Beschäftigung mit Kunst beizutragen. Vor diesem Hintergrund kooperiert die Stiftung international mit einem breitgefächerten Netzwerk von Museen in öffentlicher Hand. Jede und jeder soll herausragende Kunstwerke und Ausstellungen erleben, sich damit auseinandersetzen und erfüllt von neuen Eindrücken, Ansichten oder Erkenntnissen die Ausstellung verlassen. Dabei schätzen wir uns glücklich, dass kluge Kuratorinnen und Kuratoren neue wissenschaftliche Perspektiven entwickeln. Die Ausstellung *Revolutionary Romances? Globale Kunstgeschichten in der DDR* zeigt hervorragend, wie dies gelingen kann. Sie rückt mit künstlerischen Positionen aus der Zeit der DDR einen Aspekt der Kunstgeschichte wie auch der Sammlung Ludwig in den Fokus, der bis heute wenig Beachtung findet.

Irene und Peter Ludwig trugen in der zweiten Hälfte des 20. Jahrhunderts eine der wichtigsten und umfassendsten Kunstsammlungen zusammen, darunter auch substanzielle Konvolute von Künstlerinnen und Künstlern aus der DDR. Angesprochen auf das überwältigende Panorama von Kulturen, Nationalitäten und Epochen in ihrer Sammlung verwendete das Sammlerpaar häufig den Begriff ›Weltkunst‹.

An diesen schillernden Begriff, der angesichts aktueller Globalisierungsdebatten fast ein wenig verklärend wirkt, knüpften die Ludwigs sehr reelle Fragestellungen und Hoffnungen. Sie sahen in der gesamtheitlichen Betrachtung verschiedener Kulturen ein großes Potenzial und ihre künstlerischen Zeugnisse als Zeitdokumente. Dies mit der Überzeugung, durch die Entdeckung von Gemeinsamkeiten einerseits und spezifischen Eigenheiten und Differenzen andererseits das gegenseitige Verstehen und den Dialog zu fördern – über die Grenzen von Kulturen, politischen Systemen und Nationen hinweg. Dabei blieb dieser Anspruch keine bloße Rhetorik: Irene und Peter Ludwig verfolgten ihn zielstrebig mit jedem einzelnen Kunstwerk, das sie erwarben, und jeder Entscheidung, welcher Institution sie dieses Kunstwerk übergaben.

So überreichten die Ludwigs 1977 eine langfristige Leihgabe von Werken ›aus dem Westen‹ – darunter Arbeiten von Pablo Picasso, Jean Tinguely und Horst Antes bis hin zu Roy Lichtenstein, Jasper Johns und Robert Rauschenberg – an die Nationalgalerie in Ost-Berlin. Im Gegenzug eröffnete am 13. Januar 1979 in Aachen – am äußersten westlichen Rand der Bundesrepublik Deutschland – eine Ausstellung mit Werken von einigen der renommiertesten, staatlich anerkannten Künstler der DDR, unter ihnen Bernhard Heisig, Wolfgang Mattheuer, Willi Sitte und Werner Tübke. Die Ausstellung *Kunst heute in der Deutschen Demokratischen Republik. Sammlung Ludwig* zeigte Neuerwerbungen des Sammlerpaares. Dass die zunächst ebenfalls eingeplanten Werke des damaligen Dissidenten A. R. Penck schlussendlich nicht gezeigt wurden und über die Ausstellung heftig diskutiert wurde, soll an dieser Stelle nicht verschwiegen werden.

Das ist ein Beispiel von unzähligen, die wir hier aufführen könnten, um das Agieren der Ludwigs zwischen unterschiedlichsten Auffassungen, ihr Denken sowohl in die eine wie in die andere Richtung zu beleuchten. So umstritten ihr Engagement immer wieder war – abzulesen ist ihm ein deutlicher Entdeckungswille und der Gedanke der Vermittlung, beide prägend für die Sammlungs- und Förderaktivitäten der Ludwigs.

Für uns als Stiftung heute sind Weltoffenheit, Liebe zur Kunst und Neugierde auf neue Zusammenhänge wichtige Leitmotive. Wir freuen uns daher, das Projekt *Revolutionary Romances?* zu unterstützen.

Carla Cugini
Geschäftsführende Vorständin

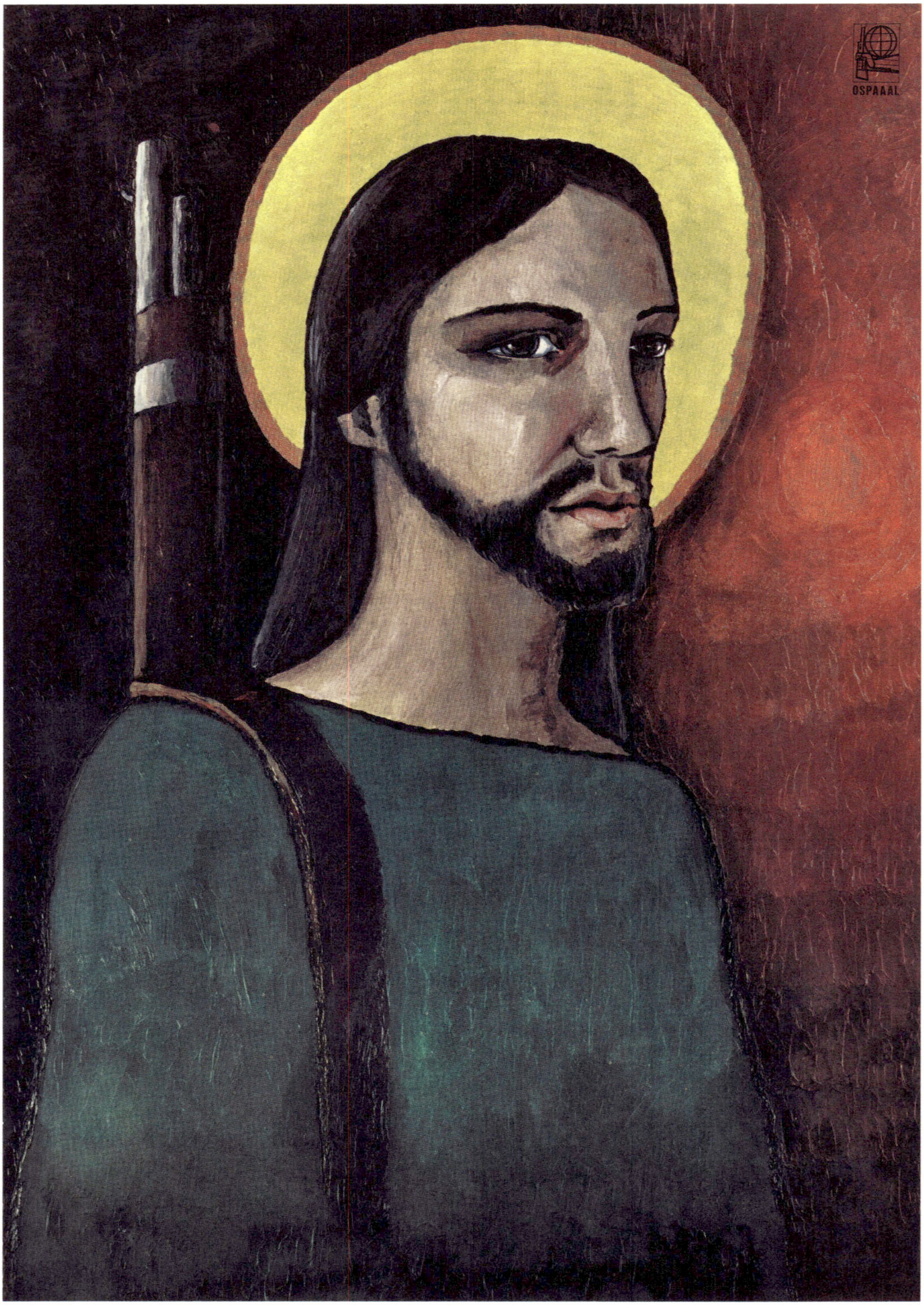

Alfredo González Rostgaard, o. T. (Cristo Guerrillero), 1969, OSPAAAL-Plakat, Offset, 53 × 33 cm, Kupferstich-Kabinett, Staatliche Kunstsammlungen Dresden, Inv.-Nr. A 2021-43

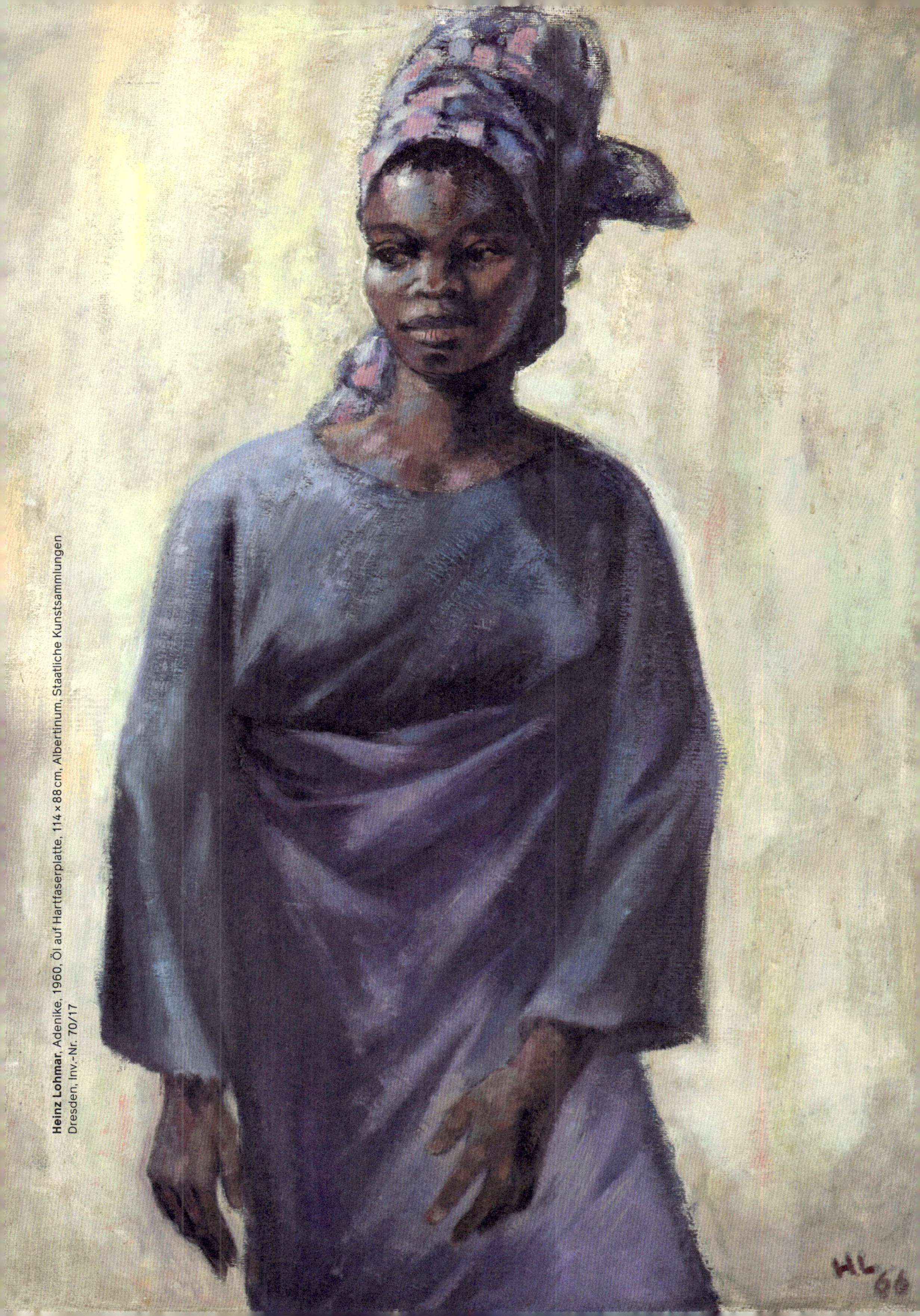

Heinz Lohmar, Adenike, 1960, Öl auf Hartfaserplatte, 114 × 88 cm, Albertinum, Staatliche Kunstsammlungen Dresden, Inv.-Nr. 70/17

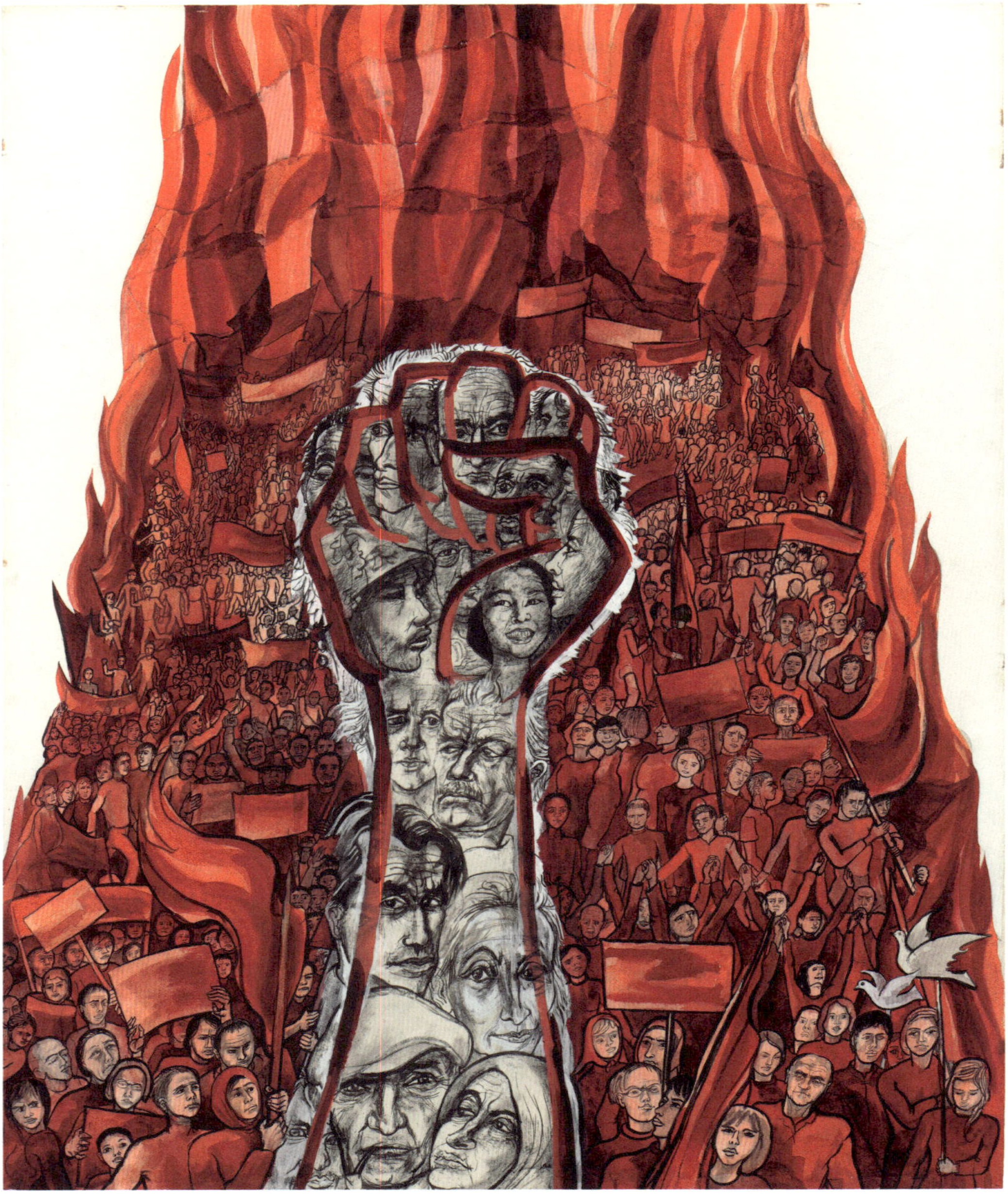

Lea Grundig, Proletarier aller Länder, Blatt 11 aus der Folge *Zum Kommunistischen Manifest*, 1968, Tusche, Aquarell, 85,2 × 70,2 cm, Kupferstich-Kabinett, Staatliche Kunstsammlungen Dresden, Inv.-Nr. C 1975-50

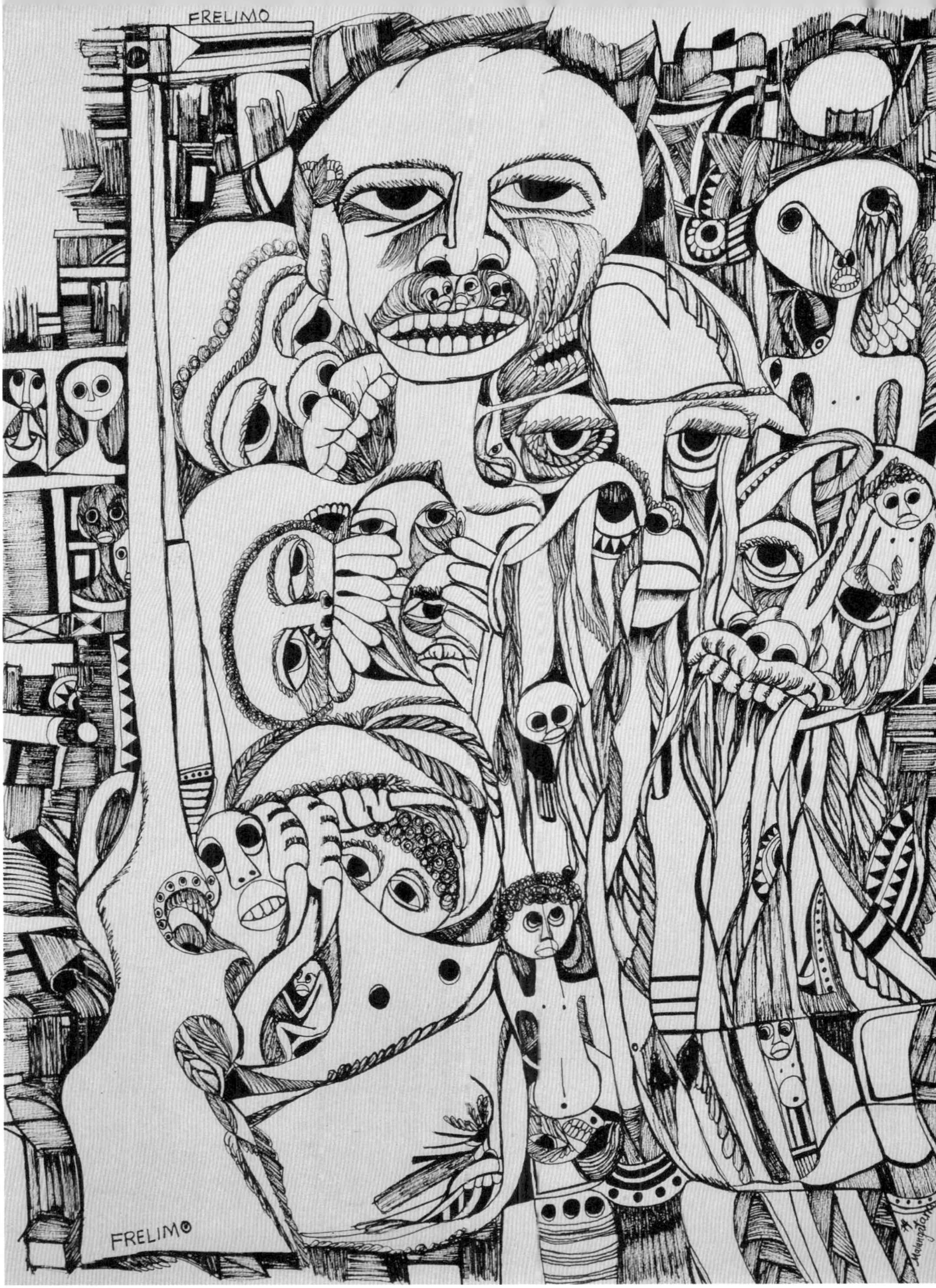

Malangatana Valente Ngwenya, Brotamos por todos es lados por mais que nos destruam [Wir sprießen überall, egal wie sehr sie uns zerstören], vor 1974, Zeichnung, 69 × 50 cm, GRASSI Museum für Völkerkunde zu Leipzig, Inv.-Nr. MAf 35332

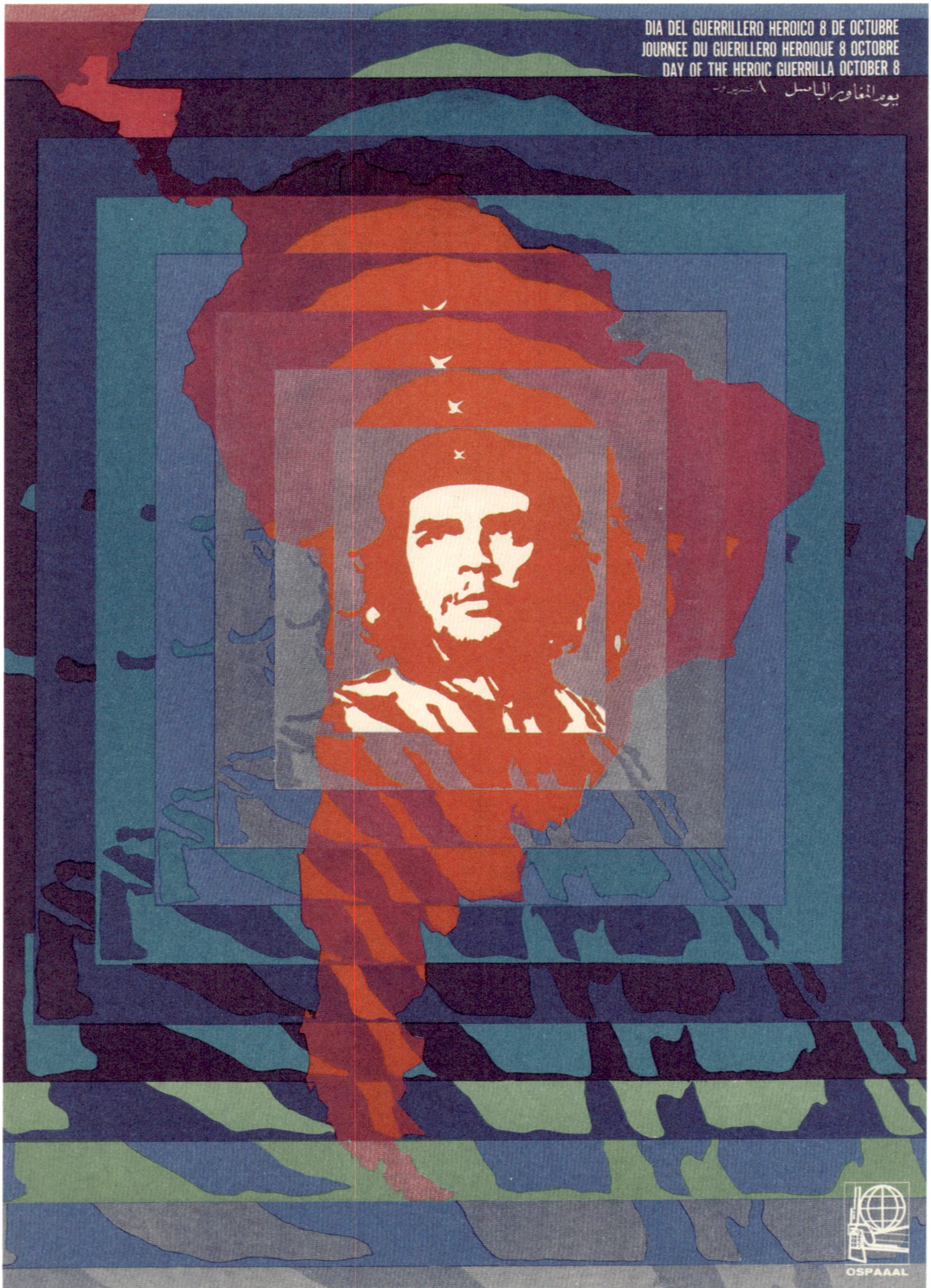

Elena Serrano, Dia Del Guerrillero Heroico 8 de Octubre [Tag des Heroischen Guerilleros, 8. Oktober], 1968, Offset, 50 × 33 cm, Kupferstich-Kabinett, Staatliche Kunstsammlungen Dresden, Inv.-Nr. A 2021-50

Kathleen Reinhardt, Kerstin Schankweiler, Mathias Wagner

Internationalismus in der DDR – Kunst und visuelle Kultur zwischen Idealen und Widersprüchen

Ein Plakat mit dem Konterfei des kubanischen Revolutionshelden Che Guevara. Eine Mappe mit Holzschnitten und Aphorismen der äthiopischen Künstlerin Martha Ketsela, gedruckt in den grafischen Werkstätten der Kunsthochschule Dresden (S. 90/91). Eine Fotoserie, die den Arbeitsalltag vietnamesischer Vertragsarbeiter*innen im VEB Herrenmode Dresden dokumentiert (S. 104/105). Eine Ausstellung mit Malerei und Batik von Sumana Dissanayake aus Sri Lanka im Dresdner Museum für Völkerkunde. Die Spuren sozialistischer visueller Kultur und Kunst aus den Jahren 1949 bis 1990 in den Museen der Staatlichen Kunstsammlungen Dresden (SKD) weisen weit über die DDR und den Ostblock hinaus. Es sind Zeugnisse eines oft fast träumerisch inszenierten Internationalismus. Sie werden mit Lebensrealitäten des real existierenden Sozialismus gefüllt, wenn wir erfahren, dass das Che Guevara-Plakat Teil einer größeren Werkgruppe war, die ein Konservator des Dresdner Kupferstich-Kabinetts von einer Dienstreise nach Kuba mitgebracht hat, die auch dazu diente, die Erlaubnis zur Heirat mit einer in der DDR studierenden Kubanerin zu erlangen.[1] Oder dass die Chancen von ostdeutschen Künstler*innen auf Beteiligung an einer der Kunstausstellungen der DDR im Dresdner Albertinum höher waren, wenn ein populäres Motiv der ›Antiimperialistischen Solidarität‹ eingereicht wurde. Oder in welchem Maße die Lebensbedingungen der porträtierten Vertragsarbeiter*innen durch Ausgrenzung, restriktive Regelungen und Alltagsrassismus bestimmt waren.[2]

Die Ausstellung *Revolutionary Romances? Globale Kunstgeschichten in der DDR* lenkt den Blick auf die freundschaftlich-revolutionären Beziehungen der DDR zu sozialistischen Ländern und Bewegungen in Asien, Afrika und Lateinamerika und damit auf ein bisher kaum erforschtes Kapitel der Kunst in der DDR. Die progressiv-idealistische These im Titel erinnert an die damalige Hoffnung auf einen sozialistisch geprägten Internationalismus. Mit dem Fragezeichen wird zugleich auf die gerade im Rückblick offensichtlichen Ambivalenzen und Widersprüche dieser Utopie verwiesen.

Die Politik des Sozialistischen Internationalismus

›Internationale Solidarität‹ und ›Völkerfreundschaft‹ bestimmten als geopolitisch und ideologisch motivierte Konzepte die ostdeutsche Außenpolitik und flankierten eine Vielzahl von transkulturellen Kontakten und Begegnungen. Dazu zählten beispielsweise internationale Ausstellungskooperationen, Reisen von Künstler*innen, Studienaufenthalte ausländischer Studierender an Kunsthochschulen der DDR und der Austausch von

1 Olaf Simon: »Somos ejemplo del mundo«. Zur Erwerbungsgeschichte kubanischer Kunst am Dresdner Kupferstich-Kabinett, in: Dresdener Kunstblätter 64:2020, Heft 3, S. 5–11, hier S. 8f.

2 Zur Diskrepanz zwischen einem offiziell antrassistischen gesellschaftlichen Narrativ und dem Alltag von »Ostdeutschen of Color« siehe Patrice G. Poutrus, Katharina Warda: Ostdeutsche of Color. Schwarze Geschichte(n) der DDR und Erfahrungen nach der deutschen Einheit, in: Aus Politik und Zeitgeschichte: 18.3.2022, https://www.bpb.de/shop/zeitschriften/apuz/schwarz-und-deutsch-2022/506171/ostdeutsche-of-color/ (Stand: 11.10.2023); Christian Th. Müller, Patrice G. Poutrus (Hgg.): Ankunft – Alltag – Ausreise. Migration und Interkulturalität in der DDR-Gesellschaft, Köln 2005; Peggy Piesche: Black and German? East German Adolescents before 1989: A Retrospective View of a »Non-Existent Issue« in the GDR, in: Leslie A. Adelson (Hg.): The Cultural After-Life of East Germany: New Transnational Perspectives, Washington 2002, S. 37–59.

Kunstwerken als diplomatische Geste. Diese kulturellen Aktivitäten umspannten fast den ganzen Globus, doch suchte die DDR vor allem die Nähe von Staaten und Bewegungen, die bereits dem sozialistischen Modell folgten (oder zumindest in Richtung Sozialismus tendierten) und als ›natürliche Verbündete‹ betrachtet wurden. Dieser – medial oft mit großem Pathos inszenierte – Internationalismus war jedoch nicht frei von Widersprüchen.[3] Er konkurrierte mit dem Konzept des Nationalstaats und der realpolitischen Abgrenzung, war aber von zentraler Bedeutung für die von der DDR erhoffte völkerrechtliche Anerkennung. Das angestrebte Netzwerk ›sozialistischer Bruderländer‹ kann als eine antikapitalistische Alternative zur westlichen Globalisierung der Nachkriegszeit verstanden werden. Die DDR setzte dies in Form eines »internationalism as model of bureaucratized diplomacy« um, wie Chelsea Haines und Gemma Sharpe es beschreiben,[4] als einen bürokratisch gesteuerten und kontrollierten Internationalismus. Trotz vieler daraus resultierender Defizite war der Internationalismus ein Ideal, von dem viele Menschen in der sozialistischen Welt überzeugt waren und mit Leben zu füllen vermochten – auch in der Kunst.

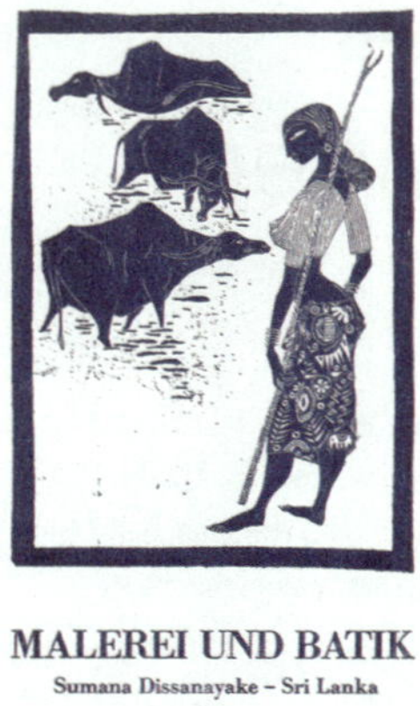

Sumana Dissanayake, Malerei und Batik, Faltblatt zur Ausstellung, Staatliches Museum für Völkerkunde Dresden, August bis September 1978

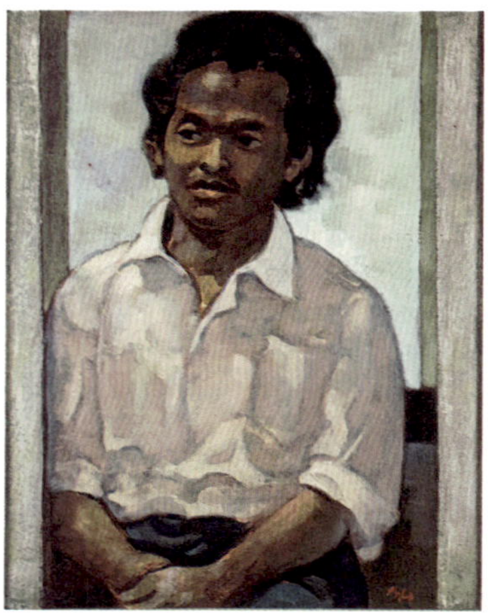

Alfred Hesse, Franciscus Effendi (Student aus Djarkarta), 1971, Öl auf Hartfaserplatte, 68,3 × 53,7 cm, Kunstfonds, Staatliche Kunstsammlungen Dresden, Inv.-Nr. M39/2002 Franciscus Effendi studierte 1973–1975 an der HfBK Dresden.

Zwischen der imaginierten und propagierten ›Sozialistischen Weltgemeinschaft‹ einerseits, die sich in der DDR vorbildhaft auch im künstlerischen Schaffen manifestieren sollte, und den realen, praktikablen Formen des transkulturellen Austauschs andererseits zeichnet sich ein Spannungsfeld ab, in dem sich internationale Verflechtungen in der Kunst genauer untersuchen lassen. Einerseits werden dadurch unbekannte Freiräume über eurozentristische Narrative hinaus beleuchtet, andererseits wird ein System von Unfreiheiten, Kontaktbeschränkungen, Zwängen und Diskriminierungen sichtbar, das bis in unsere Gegenwart reicht. So schützte die Maxime des sozialistischen Miteinanders auf Augenhöhe nicht vor Paternalismus, Exotismus, Stereotypen und Rassismus. Anschließend an das von Quinn Slobodian herausgegebene Standardwerk *Comrades of Color. East Germany in the Cold War World*[5] können anhand der Kunst die Kontinuitäten von Rassismen in den Bildwelten des Sozialismus herausgearbeitet werden. Diese wiederum lassen sich an aktuelle Debatten zum neokolonialen Gebaren des Westens und zur rassistischen Sozialisierung in Deutschland anschließen, ohne das Problem des Rassismus in Deutschland in die DDR und Ostdeutschland auszulagern, dessen Ursachen zu relativieren und so das Siegernarrativ Westdeutschlands weiter zu bestätigen. Vielmehr geht es um die Sichtbarmachung von Widersprüchen und Brüchen im großen linken Gegenprojekt des 20. Jahrhunderts, welches Säkularismus,

3 Siehe auch Jérôme Bazin, Pascal Dubourg Glatigny, Piotr Piotrowski: Introduction. Geography of Internationalism, in: Dies. (Hgg.): Art beyond Borders. Artistic Exchange in Communist Europe (1945–1989), Budapest 2016, S. 1–28.

4 Chelsea Haines, Gemma Sharpe: Art, Institutions, and Internationalism, 1945–73, in: ARTMargins 8:2019, Heft 2, S. 3–14.

5 Quinn Slobodian (Hg.): Comrades of Color. East Germany in the Cold War, New York 2015.

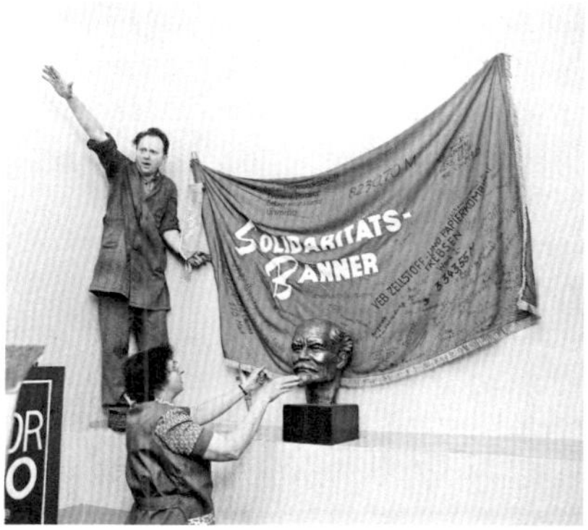

Solidaritätsbanner der Industriegewerkschaft Druck und Papier, Gebietsvorstand Grimma, 1975, Foto: Gerhard Weber

Universalismus und Egalitarismus propagierte, diese Werte jedoch in seiner staatsgebundenen Form nicht einlöste.

Der Blick auf die internationalen Beziehungen der DDR fördert viele weitere Leerstellen, Hierarchien und Ausschlüsse zutage. Eine nur schwer aufzulösende Gewichtung ergibt sich bei dem Thema der transnationalen Kontakte durch die Tatsache, dass diese in der Regel staatlich und institutionell gelenkt, beschränkt und kontrolliert wurden und daher von vornherein jene ausschlossen, die mit dem Staat in Konflikt standen. Benachteiligt der Fokus auf die internationalen Verbindungen demnach also nicht erneut die in der DDR marginalisierten, unangepassten Künstler*innen?

Die in der jüngeren Kunstgeschichte überwiegende Einteilung der Kunst der DDR in ein offizielles und ein dissidentisches Lager verfehlt jedoch die komplexen Lebensrealitäten der Künstler*innen. Selten lassen sich diese ausschließlich einem dieser Pole zuordnen, sie zeichnen sich vielmehr durch wechselnde Strategien zwischen Anpassung und Eigensinn aus, mit denen sie in den repressiven Machtstrukturen der Diktatur ihr künstlerisches Auskommen suchten. Die Spuren des Internationalismus in ehemals staatssozialistischen Ländern müssen außerdem in ihren Versuchen verstanden werden, die sozialistische Welt nicht nur zu bebildern, sondern auch kritisch-konstruktiv auf das Projekt ›Sozialismus‹ einzuwirken. Die notwendigerweise politisierten Künstler*innen teilten dabei nicht *die eine* Vision dieses Projekts, sondern schufen individuelle Zugänge und Vorstellungen. Eine solche Form von Mitgestaltung und Handlungsmacht wird vielen in den offiziellen Sphären des Kulturbetriebs agierenden Kunstschaffenden rückblickend oft abgesprochen. Einerseits gab es im Staatssozialismus durchaus Möglichkeitsräume. Andererseits fällt eine ungleiche Beurteilung auf, wenn Werke aus anderen sozialistisch-internationalistischen Kontexten heute als emanzipatorische Neuentdeckungen in die Revision des westlichen Kunstkanons eingehen, während Werke aus der DDR, die als ›konform‹ gelten, als bloße Propaganda abgewertet werden. Im Kalten Krieg setzten beide Seiten Kunst als ideologische Waffe ein.[6] Diese Verhältnisse müssen also differenzierter betrachtet werden, auch im Hinblick auf die Deklaration politischer und kultureller Selbstbestimmung afrikanischer und asiatischer Staaten im Rahmen der Bandung-Konferenz 1955.[7]

Die Kunst der DDR im globalen Kontext

Die Ausstellung *Revolutionary Romances?* hat viele Schwesterprojekte, auf deren Arbeit wir verweisen und aufbauen. Zu nennen ist etwa das Forschungsprojekt *Decolonizing Socialism: Entangled Internationalism* an der HEAD Genève unter der Leitung von Doreen Mende. Es untersucht künstlerische Praktiken entlang einer Ost-Süd-Achse der sozialistischen Geografien des Kalten Krieges.[8] Einen ähnlichen Ansatz verfolgt das Forscher*innen-Netzwerk *Multiple Artistic Mobilities – Travelling Artists from / to African Countries and European German-Speaking Countries* an der Universität Zürich.[9] Das Museum der bildenden Künste Leipzig zeigte 2023 die Ausstellung *Re-Connect. Kunst und Kampf im Bruderland*, die sich

6 Vgl. dazu Anselm Franke, Nida Ghouse, Paz Guevara, Antonia Majaca (Hgg.): Parapolitics. Cultural Freedom and the Cold War, London 2021.

7 Siehe dazu auch das »Special Issue on Art, Institutions, and Internationalism, 1945–73«, ARTMargins 8:2019, Heft 2.

8 https://entangledinternationalism.org/ (Stand: 11.10.2023); siehe dazu auch den Beitrag von Doreen Mende in diesem Band, S. 159–162.

9 https://www.khist.uzh.ch/de/chairs/moderne/forschung/mam.html (Stand: 11.10.2023).

vorrangig mit der Einwanderungsgeschichte der DDR und dem migrantischen Kunstschaffen vor und nach 1989/90 beschäftigte.[10] Auch das Haus der Kulturen der Welt in Berlin widmet unter dem Titel *Echos der Bruderländer* den Visionen und Illusionen antiimperialistischer Solidarität ein multidisziplinäres Ausstellungs- und Veranstaltungsprogramm.[11] Diese und weitere Projekte unterstreichen das aktuelle Interesse, die Kultur der DDR auch in ihren globalen Bezügen zu beschreiben und zu analysieren. Aus der Beschäftigung mit diesem Thema lassen sich neue Modelle für einen differenzierten Umgang mit Kunst aus der DDR entwickeln und diese an gegenwärtige postkoloniale, rassismus- und ideologiekritische Diskurse anknüpfen.[12] Die Besonderheit von *Revolutionary Romances?* besteht darin, dass die Ausstellung hauptsächlich auf der Recherche in den (eigenen) Sammlungsbeständen der SKD basiert. Im Kontext des Ausstellungsthemas wird dadurch auch die Sammlungsgeschichte mit ihren Auslassungen, Kategorisierungen, aber ebenso mit ihren Zufälligkeiten sichtbar. Zuvor unbeachtete Werke werden endlich aus den Depots geholt und bringen vergessene oder verdrängte Geschichten an die Öffentlichkeit.

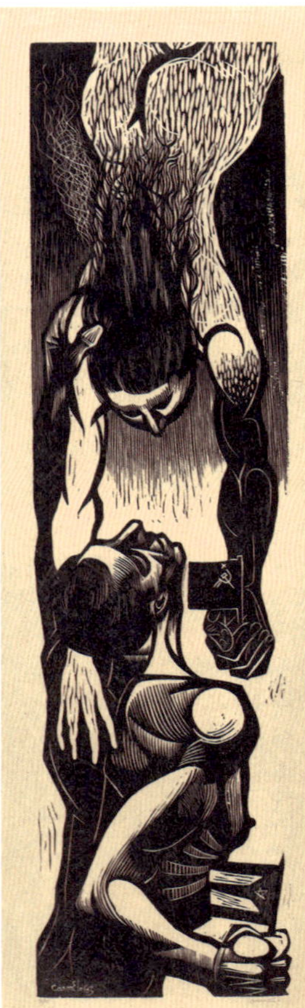

Carmelo González, Países hermanos [Brüderliche Länder], 1963, Holzschnitt, 96 × 24 cm, Kupferstich-Kabinett, Staatliche Kunstsammlungen Dresden, Inv.-Nr. A 1965-216

Der Ausstellung vorangegangen ist eine Reihe von forschungsbasierten Projekten und Veranstaltungen. Bereits 2020 versammelte eine Ausgabe der *Dresdener Kunstblätter* erste Rechercheergebnisse aus den Sammlungen der SKD.[13] Eine kleine Forschungsausstellung im Albertinum präsentierte 2022 eine exemplarische Werkauswahl zum Thema.[14] Im Mittelpunkt standen dabei die Beziehungen zwischen der DDR und Chile, Vietnam, Kuba sowie Südafrika. Parallel dazu waren zeitgenössische Künstler*innen eingeladen, durch Interventionen in der Sammlungspräsentation des Albertinum dieses Kapitel ostdeutscher Kunstgeschichte aus Perspektive der Gegenwart zu reflektieren.[15] Während der Ausstellung fand im Juni die internationale Konferenz *Die globale DDR. Eine transkulturelle Kunstgeschichte (1949–1990)* im Albertinum statt.[16] Die Vorträge dieser Konferenz sind in Teilen in dieses Buch eingeflossen. Das Jahresprogramm wurde im Herbst 2022 mit der Tagung *Into the Cold. Alternative Artistic Trajectories into (Post-)Communist Europe* abgeschlossen. Internationale Wissenschaftler*innen und Kurator*innen sowie die zeitgenössischen Künstler*innen Slavs and Tatars, Jasmina Cibic und Yevgeniy Fiks, die mit postsozialistischen Ansätzen arbeiten, präsentierten unterschiedliche Möglichkeiten eines produktiven Umgangs mit schwierigen Geschichtsschreibungen im

10 Re-Connect. Kunst und Kampf im Bruderland, Ausst.-Kat. Museum der bildenden Künste Leipzig, hg. v. Marcus Hurttig, Sithara Weeratunga, München 2023.

11 https://www.hkw.de/programme/echos-der-bruderlaender (Stand: 11.10.2023).

12 Siehe dazu auch 1 Million Rosen für Angela Davis, Ausst.-Kat. Kunsthalle im Lipsiusbau, Dresden, hg. v. d. Staatlichen Kunstsammlungen Dresden, Kathleen Reinhardt, Hilke Wagner, Mailand 2020.

13 Dresdener Kunstblätter 64:2020 Heft 3: »Romantisch Revolutionär«.

14 Revolutionary Romances. Transkulturelle Kunstgeschichten in der DDR | Prolog, Albertinum, Dresden, 13.4.–17.7.2022 (verlängert bis 4.9.2022).

15 Gezeigt wurden Werke und Installationen von Sung Tieu, Ângela Ferreira, Laura Horelli und Emeka Ogboh.

16 Veranstaltet als Kooperation der TU Dresden und dem Albertinum der Staatlichen Kunstsammlungen Dresden, gefördert von der Fritz Thyssen Stiftung, Albertinum, Dresden, 9.–11.6.2022. Aufzeichnung der Beiträge: https://voices.skd.museum/en/voices-mag/the-global-gdr-a-transcultural-history-of-art-1949-1990/ (Stand: 11.10.2023).

Nachgang des Kalten Krieges.[17] Auf *voices*, der Digitalplattform der SKD, lief begleitend ein Filmprogramm, das von Künstler*innen und Kurator*innen wie Arlette Quỳnh-Anh Trần, Maria Berrios und Mia Yu kuratiert wurde.

Nicht zuletzt stellt auch das Forschungsprojekt *Art in Networks – The GDR and its Global Relations* eine wertvolle Ressource für *Revolutionary Romances?* dar. Eine vom Europäischen Sozialfonds geförderte Gruppe von Nachwuchswissenschaftlerinnen hat unter der Leitung von Kerstin Schankweiler an der TU Dresden 2022 eine digitale Forschungsplattform aufgebaut, auf der die internationalen Netzwerke von Künstler*innen, Museen und anderen kulturellen Akteur*innen in der DDR sichtbar werden.[18] In über 60 Videointerviews berichten Zeitzeug*innen, Kurator*innen und Wissenschaftler*innen von persönlichen Erlebnissen und Erfahrungen, wobei auch kritische und widersprüchliche Perspektiven zur Sprache kommen. Einige dieser Interviews wurden in die Ausstellung integriert.

Die Ausstellung im Albertinum

Die Ausstellung im Dresdner Albertinum nähert sich dem hier umrissenen Untersuchungsfeld in fünf Kapiteln an. Zu sehen sind über 200 Werke aus den 1950er bis 1990er Jahren, unter anderem von Künstler*innen aus der DDR, Kuba, Chile, Vietnam, Indien, Irak, Libyen, Mosambik und Burma (Myanmar). Ausgehend vom Sammlungsbestand der SKD,[19] ergänzt um ausgewählte Leihgaben, nimmt die Ausstellung die künstlerische Praxis, die Themen und Motive der tatsächlichen wie vermeintlichen ›Revolutionary Romances‹ in den Blick. Flankiert werden die einzelnen Kapitel von zeitgenössischen Positionen, die zum Teil als Auftragswerke geschaffen wurden. Diese erweitern als kritische Revision das Themenfeld und stellen die Verbindung zu gegenwärtigen Fragestellungen in der Kunst her.

Das erste Kapitel *Ideale und Ikonen* zeigt exemplarisch, wie die Künstler*innen politisch gebrauchte und ideologisch aufgeladene Begriffe wie ›Solidarität‹ und ›Völkerfreundschaft‹ in eingängige Bildformeln übersetzt und zugleich mit dem Feindbild des westlichen Imperialismus kontrastiert haben. Die Propaganda dieses Internationalismus war stets auch mit den intellektuellen und politischen Protagonist*innen verknüpft, die den Ideen durch ihr Charisma Überzeugungskraft verliehen. Ihre glorifizierten Porträts waren fester Bestandteil der sozialistischen Bilderproduktion. Marx, Engels und Lenin (S. 33) repräsentierten dabei das historische Vermächtnis, Zeitgenoss*innen wie Fidel Castro, Angela Davis, Che Guevara, Patrice Lumumba oder Tamara Bunke verkörperten die Kämpfe der Gegenwart und eine verheißungsvolle Zukunft. Den Abschluss des Kapitels bildet die Arbeit *Cultura Profiláctica* des kubanischen Künstlers Hamlet Lavastida (*1983), der in seinen Papierschnitten Fotos, Logos und Symbole aufgreift, die indexikalisch auf die repressive Politik im bis heute totalitär regierten Kuba verweisen und damit die historischen Ideale und Ikonen kritisch kommentieren (S. 92/93).

Um die Verbindung von *Kunst und Solidarität* geht es im zweiten Kapitel. In den Konflikten des Kalten Krieges propagierte die DDR unablässig ihre Verbundenheit mit den ›um ihre Freiheit kämpfenden Völkern‹. Im Alltag der DDR waren Solidaritätsbekundungen omnipräsent, das Echo in der Bevölkerung positiv und die Spendenbereitschaft beachtlich. Aber im Laufe der Zeit erstarrte der medial und gesellschaftlich überstrapazierte Solidaritätsgedanke in einem entleerten Ritual, das sich für viele Menschen im vom Staat geforderten monatlichen Erwerb von Solimarken erschöpfte, wie es Wenke Seemann (*1978) in ihrer Rauminstallation eingangs der Ausstellung verdeutlicht (S. 108/109). Auch in

17 Gefördert von der Terra Foundation for American Art und dem Goethe-Institut, Albertinum, Dresden, 13.10.2022. Aufzeichnung der Beiträge: https://voices.skd.museum/en/voices-mag/revolutionary-romances-into-the-cold-alternative-trajectories-into-post-communist-europe/ (Stand: 11.10.2023).

18 Projektmitarbeiterinnen: Pauline Hohn, Nora Kaschuba, Jule Lagoda und Elke Neumann, https://artinnetworks.webspace.tu-dresden.de/de (Stand: 11.10.2023).

19 Der Großteil der gezeigten Werke stammt aus dem Kupferstich-Kabinett, dem Kunstfonds und dem Albertinum in den SKD.

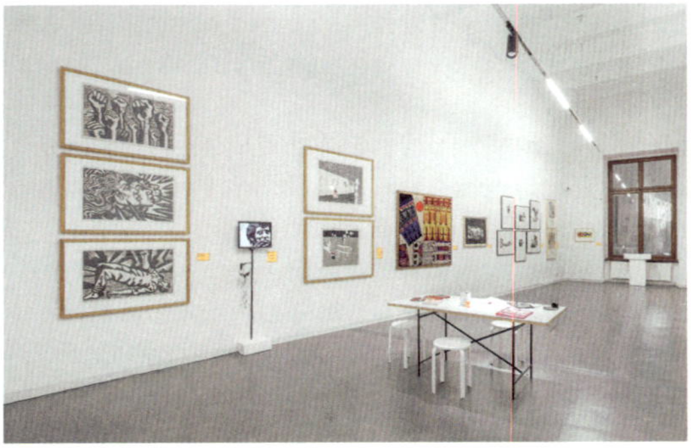

Revolutionary Romances, Prolog-Ausstellung, Albertinum, Dresden, 13.4.–4.9.2022, Foto: Klemens Renner

der Kunst der DDR war die ›Solidarität‹ allgegenwärtig und die Grenze zur Propaganda fließend. Viele Künstler*innen arbeiteten zu diesem Thema, weil es staatlich gefördert wurde, Ausstellungen und Ankäufe versprach. Dies schloss jedoch tatsächliche Gefühle der Solidarität und persönliche Anteilnahme als Motivation nicht aus. Integriert in dieses Kapitel ist die Installation *Les étudiants Africains et le Socialisme* von Georges Adéagbo (*1942), die sich mit den Beziehungen der DDR zu sozialistischen ›Bruderländern‹ in Afrika beschäftigt (S. 76/77). Die vietnamesische Künstlerin Arlette Quỳnh-Anh Trần (*1987) spekuliert in ihrer Videoarbeit *PLATTENLOTUS* über die Zukunft der Stadt Vinh, die im Vietnamkrieg zerstört und danach mit Unterstützung der DDR als sozialistische Modellstadt wiederaufgebaut wurde (S. 114/115).

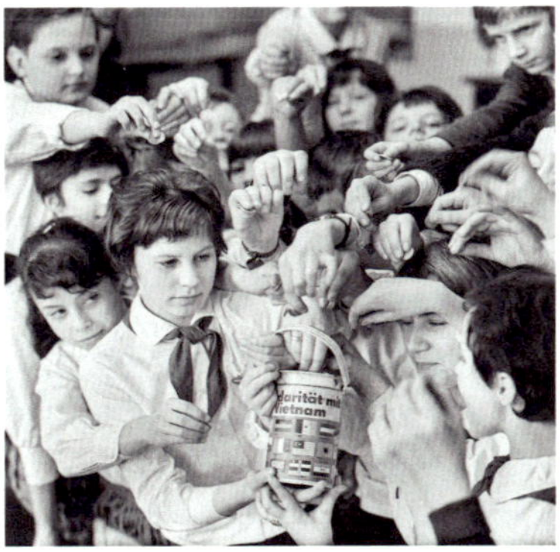

Spendensammlung der jungen Pioniere für Vietnam, Dresden, 1966, Foto: Erich Höhne & Erich Pohl

Mit *Reisen und Kontakte* ist das dritte Kapitel überschrieben. In der DDR war die Reisefreiheit stark eingeschränkt. Wie der gesamte Kulturbetrieb unterlag auch das Reisen staatlicher Bürokratie und politischer Kontrolle. Es war oft mit langwierigen Antrags- und willkürlichen Genehmigungsverfahren verbunden. Vor allem Reisen in befreundete ›Bruderländer‹ in Asien, Afrika oder Lateinamerika stellten ein großes Privileg dar. Während systemtreue Künstler*innen wie Lea Grundig die Welt ausgiebig bereisen konnten (S. 84), hatten unangepasste Künstler*innen kaum Chancen, Studienreisen in entfernte Länder zu unternehmen.[20] In der Ausstellung werden exemplarisch Porträts und Landschaften gezeigt, die auf Reisen von Künstler*innen aus der DDR nach China, Kuba, Vietnam und Kambodscha entstanden sind. Und wenn die Künstler nicht reisen durften, konnte immerhin die Kunst Grenzen überwinden: Die ostdeutschen Mail Art-Künstler*innen schickten ihre Werke in Postenkarten-Format in die Welt (S. 61) und konnten auf diese Weise mit einem internationalen Netzwerk in Verbindung treten.[21] Sonya Schönberger (*1975) spürt in ihrem Video *Geschmortes Herz* den Reisen der »verdienten Werktätigen des Volkes« auf dem DDR-Kreuzfahrtschiff MS Völkerfreundschaft nach (S. 106). In Sven Johnes (*1976) mehrteiliger Fotoarbeit geht es noch einmal um die wiederaufgebaute vietnamesische Stadt Vinh, die der Künstler 2009 besuchte und im Zustand einer »zugewachsenen Utopie« vorfand (S. 88/89).

Seit Beginn der 1950er Jahre kamen Menschen aus vielen Ländern zum Studieren und Arbeiten in die DDR. Ihnen ist das vierte Kapitel *Gäste auf Zeit?* gewidmet. Das ›Ausländerstudium‹ und die ›Arbeitskräftekooperation‹ galten als Ausdruck gelebter Völkerfreundschaft und sollten helfen, ein positives Bild der DDR und des Sozialismus in der Welt zu verbreiten. Zwischen 1949 und 1989/90 erhielten rund 50 Studierende aus Asien, Afrika und Lateinamerika eine künstlerische Ausbildung an der Hochschule für Bildende Künste Dresden. Sie kamen aus China, Vietnam, Kambodscha, Burma (Myanmar), Indonesien, der Mongolei, Äthiopien, Mosambik, dem Irak, Libyen, dem Libanon, Israel / Palästina, Brasilien,

20 Zu den Reisemöglichkeiten ostdeutscher Künstler*innen siehe auch den Beitrag von Nora Kaschuba, Jule Lagoda und Kerstin Schankweiler in diesem Band, S. 147–153.

21 Siehe zum Mail Art-Verkehr zwischen der DDR und Lateinamerika den Beitrag von Elena Shtromberg in diesem Band, S. 49–55.

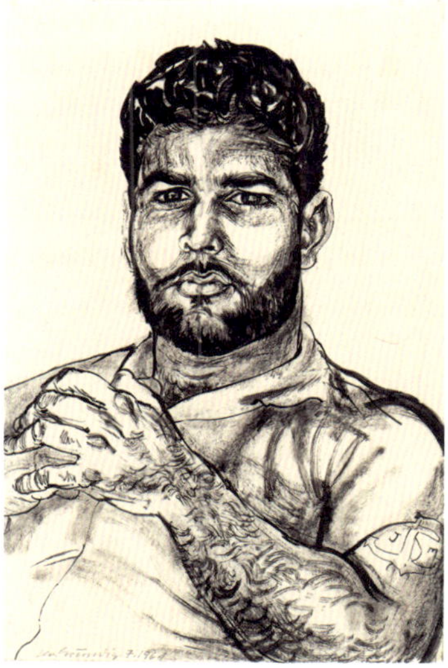

Lea Grundig, Bildnis eines Barbudo [spanische Bezeichnung für die bärtigen Revolutionäre in Kuba], 1961, Pinsel in Tusche, 42,2 × 27,6 cm, Kupferstich-Kabinett, Staatliche Kunstsammlungen Dresden, Inv.-Nr. C 1966-77

Kolumbien, Syrien und Chile. Nach dem Ende ihres Studiums mussten die Künstler*innen die DDR innerhalb von vier Wochen wieder verlassen. Nur in Ausnahmefällen konnten sie – wie die chilenischen Studierenden, die nach dem Militärputsch 1973 als Emigrant*innen in die DDR gekommen waren – einen dauerhaften Aufenthaltstitel erlangen.

Ein Beispiel ist der palästinensische Künstler Abed Abdi (*1942), der 1964 durch Vermittlung von Lea Grundig aus Haifa in die DDR reiste, um an der Dresdner Kunsthochschule zu studieren. Im Jahr 1966 wurden Arbeiten von ihm in der Gruppenausstellung *Gaststudenten in der Hochschule für Bildende Künste* präsentiert. Als Student gehörte Abdi außerdem zu einer Arbeitsgruppe, die unter der Leitung von Gerhard Bondzin das ikonische Wandbild *Der Weg der Roten Fahne* (1969) am Dresdner Kulturpalast umsetzte. Der armenisch-libanesische Künstler Emmanuel Guiragossian (*1954) begann 1974 mit einem Stipendium sein Studium in Dresden und schloss sein Diplom mit großformatigen Ölgemälden unter dem Titel *Meine Schmerzen – Libanon* ab, die sich mit dem Genozid an der armenischen Bevölkerung auseinandersetzen. Während seiner Dresdner Zeit war er mit A. R. Penck befreundet, von dem er bis heute voller Hochachtung spricht.[22] Martha Ketsela (*1955) aus Äthiopien absolvierte 1980 ein sechsmonatiges Praktikum an der Akademie, an dessen Ende die Grafikmappe *Das Glück der Erde* entstand (S. 90/91). Der Chilene César Olhagaray (*1951) verließ seine Heimat nach dem Militärputsch, in dessen Folge er zeitweise inhaftiert war. In Dresden begann er 1974 ein Studium der Malerei und Grafik (S. 99). Unterrichtet wurde er unter anderem von Hernando León (*1933), der bereits von 1959 bis 1961 in Dresden studiert hatte, danach in Chile lebte, bevor auch er das Land nach dem Putsch verlassen musste. Zusammen mit seiner Frau, der Künstlerin Margarita Pellegrin (S. 102/103), kehrte er nach Dresden zurück, wo er von 1974 bis 1992 als Dozent an der Kunsthochschule tätig war (S. 165). Anders als diese Beispiele vermuten lassen, ist das Kapitel der ausländischen Studierenden an der Dresdner Kunsthochschule bisher nicht grundlegend erforscht worden. Einen ersten Zugang bieten Interviews mit den ehemaligen Studierenden, die in diesem Ausstellungskapitel präsentiert werden. Erstmalig ist auch eine kleine Auswahl ihrer Studien- und Abschlussarbeiten zu sehen. Sie sind ein Zeugnis für die Diversität in der Kunstszene der DDR, die in kunsthistorischen Betrachtungen meist keine Rolle spielt und nahezu vergessen scheint.

In der Öffentlichkeit wurde ein harmonisches Bild vom Alltag der Studierenden und Vertragsarbeiter*innen vermittelt. Offiziell den Bürger*innen der DDR gleichgestellt, waren sie jedoch in vielen Belangen benachteiligt. Das betraf nicht zuletzt ihr Privatleben. Persönliche Kontakte jenseits von Studium und Arbeit waren unerwünscht, Liebesbeziehungen mit DDR-Bürger*innen nicht vorgesehen – dennoch gab es sie, die echten Romances. Ein von den Behörden verhinderter Heiratswunsch eines vietnamesischen Vertragsarbeiters und einer Dresdnerin steht im Zentrum einer neuen Installation, die Sung Tieu (*1987) für die Ausstellung entwickelt hat (S. 110/111). Auch wenn die ›Gäste auf Zeit‹ nicht wirklich in die Gesellschaft der DDR integriert wurden, waren sie offenbar begehrte Modelle für ostdeutsche Maler*innen. Zahlreiche Bildnisse von Menschen aus anderen Ländern und Kulturen spiegeln den Wunsch nach Internationalität und Weltoffenheit der ›kleinen‹ DDR. Obwohl

22 Interview mit Emmanuel Guiragossian, 22.6.2022: https://artinnetworks.webspace.tu-dresden.de/de/beitraege/ein-kuenstlerleben-zwischen-beirut-dresden-und-berlin (Stand: 18.10.2023).

diese Porträts konkrete Personen zeigen, verkörpern sie auch stereotype Sichtweisen (S. 19, 36, 107). Sie betonen das offensichtliche ›Anderssein‹ im ostdeutschen Milieu und exotisieren die Dargestellten. Stark verallgemeinernde Titel wie *Afrikanischer Student* oder *Afrikanische Freundinnen* vernachlässigen das Individuum zugunsten einer oberflächlichen Zuschreibung eurozentristischer Prägung. In der 2-Kanal-Videoprojektion *Re-Writing Gaze* von Dana Lorenz (*1984) wird unser zuschreibender Blick von fünf Protagonist*innen erwidert und auf diese Weise das Machtgefüge von Anschauen und Angeschaut-Werden zur Disposition gestellt (S. 96/97).

Zum Kulturaustausch mit dem Globalen Süden gehörte eine umfangreiche Ausstellungstätigkeit. In der DDR fanden neben großen kulturgeschichtlichen Ausstellungen über Kunst aus Mexiko, Nigeria oder China auch viele Präsentationen mit zeitgenössischer Kunst aus Asien, Afrika und Lateinamerika statt. Angesichts dieser Präsenz stellt sich die Frage, ob diese Kunst von den Museen in der DDR auch gesammelt wurde. Das letzte Kapitel *›Brüderlich‹ gesammelt?* geht dieser Frage anhand einiger Werke aus dem Bestand der SKD nach. In der Sammlung des Albertinum befinden sich einige Gemälde von Künstlern aus Indien (S. 34), dem Irak (S. 73), Burma (Myanmar), Indonesien, Kuba und Nordkorea. Diese Werke wurden jedoch nicht aktiv durch das Museum erworben, sondern gelangten als Vermächtnisse und Schenkungen in die Sammlung oder wurden dem Albertinum vom Kulturministerium übereignet. Die Kunst aus Ländern des Globalen Südens war zu DDR-Zeiten weder ein Sammlungs- noch ein Forschungsschwerpunkt des Museums, und bis heute sind diese Bilder, ihre Themen und Motive sowie die Biografien der Künstler*innen in Dresden nicht hinreichend wissenschaftlich bearbeitet.

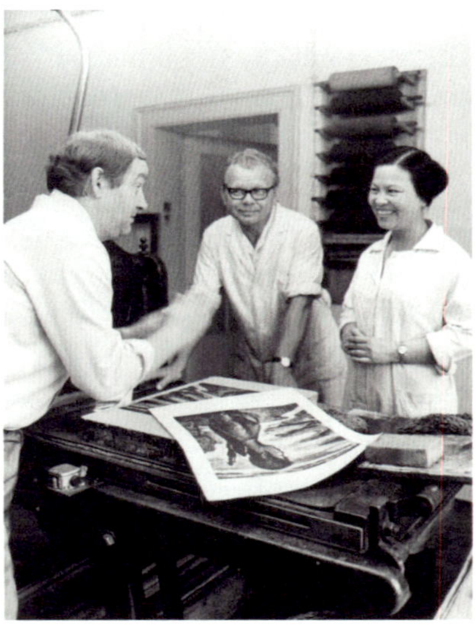

Trinh Kim Vinh (re.), Professor Gerhard Kettner (li.) und der Drucker Roland Erhardt (Mitte) in der Lithowerkstatt der Hochschule für Bildende Künste Dresden, 1973
Trinh Kim Vinh studierte 1971–1973 an der HfBK Dresden.

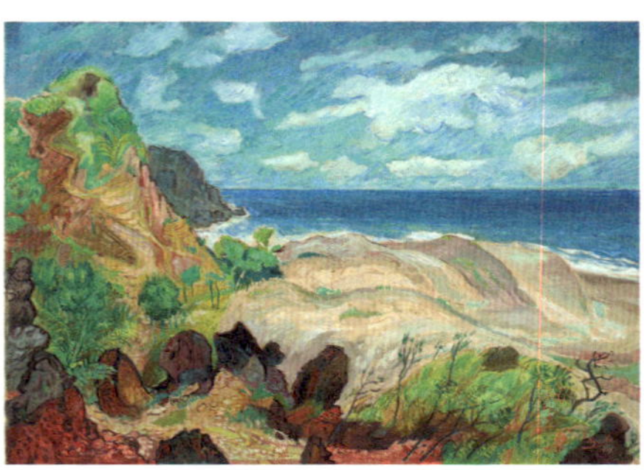

Permadi Lyosta, Dünenlandschaft, 1959, Öl auf Leinwand, 85 × 120,5 cm, Albertinum, Staatliche Kunstsammlungen Dresden, Gal.-Nr. 3556
Das Bild des indonesischen Künstlers wurde dem Albertinum 1963 vom Ministerium für Kultur der DDR übereignet.

Ausblick

Die Aufarbeitung der Geschichte der DDR erfährt nach einem ersten Höhepunkt in den 1990er Jahren aktuell wieder vermehrt Aufmerksamkeit in der Literatur, dem Theater, der Gegenwartskunst und den Wissenschaften. Natürlich war die kritische Auseinandersetzung mit der DDR nie aus der Öffentlichkeit und der wissenschaftlichen Forschung verschwunden. Aber es mag am Generationenwechsel und dem größer werdenden Abstand liegen, dass sich gerade auch jüngere Menschen heute für die Geschichte des SED-Staates in einem erweiterten Kontext interessieren. Dieser Blickwechsel rückt nun auch bisher nur marginal behandelte Themen in den Mittelpunkt, die von feministischen und dekolonialen Ansätzen geprägt sind und damit auch eine breitere Reflexion unserer neoliberalen Gegenwart anstoßen. Auch für den Bereich der bildenden Kunst in der DDR ist es unerlässlich, den Fokus zu verschieben: Während seit den 1990er Jahren der sogenannte ›Bilderstreit‹ die Debatten dominierte und dabei das deutsch-deutsche Verhältnis im Zentrum stand,[23] rücken nun transnationale Zusammenhänge und eine binnendifferenzierte Perspektive auf kulturelle Diversität in den Blick.

Revolutionary Romances? verbindet die Kunstwerke und Zeugnisse einer fehlgeschlagenen realsozialistischen Utopie mit dem Verlangen nach vielfältigeren Blicken auf Kunstgeschichten heute. Der differenzierte, selbstkritische Blick am Beispiel der Staatlichen Kunstsammlungen Dresden zeugt deshalb nicht nur von Neugier gegenüber deren Komplexitäten und Verflechtungen, er markiert zugleich neue Untersuchungsfelder, welche die Herausforderungen unserer Gegenwart in sich tragen.

23 Karl-Siegbert Rehberg, Paul Kaiser (Hgg.): Bilderstreit und Gesellschaftsumbruch. Die Debatten um die Kunst aus der DDR im Prozess der deutschen Wiedervereinigung, Berlin/Kassel 2013; Kathleen Reinhardt: Can the Artists Help Survive? – New Approaches to Art of the GDR, Looking Back while Moving Forward (2019), http://mezosfera.org/can-the-artists-help-survive-new-approaches-to-art-of-the-gdr-looking-back-while-moving-forward/ (Stand: 15.11.2023).

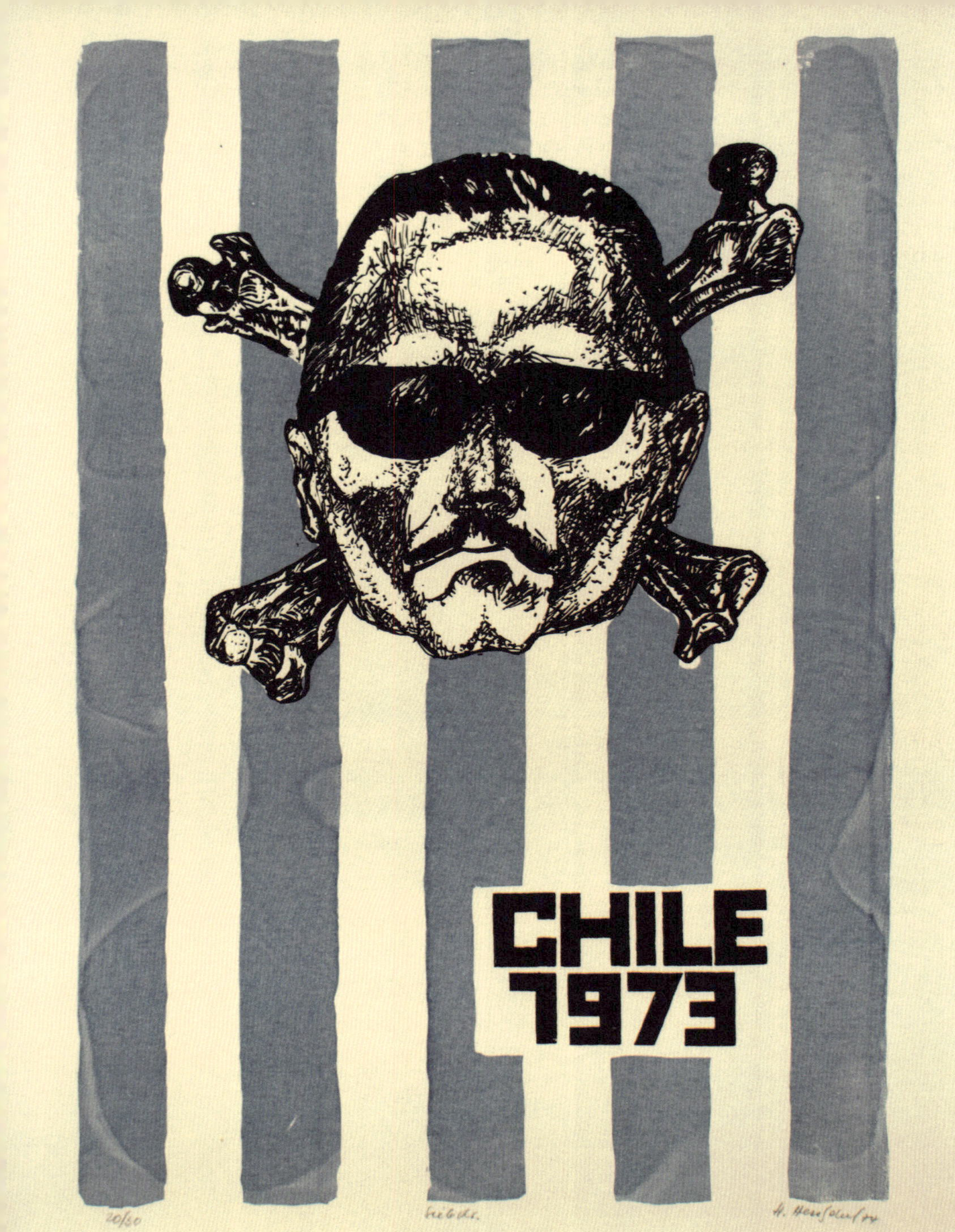

Hartmut Henschel, Chile 1973, 1974, Siebdruck, 59,7 × 42 cm, Kunstfonds, Staatliche Kunstsammlungen Dresden, Inv.-Nr. L 06432

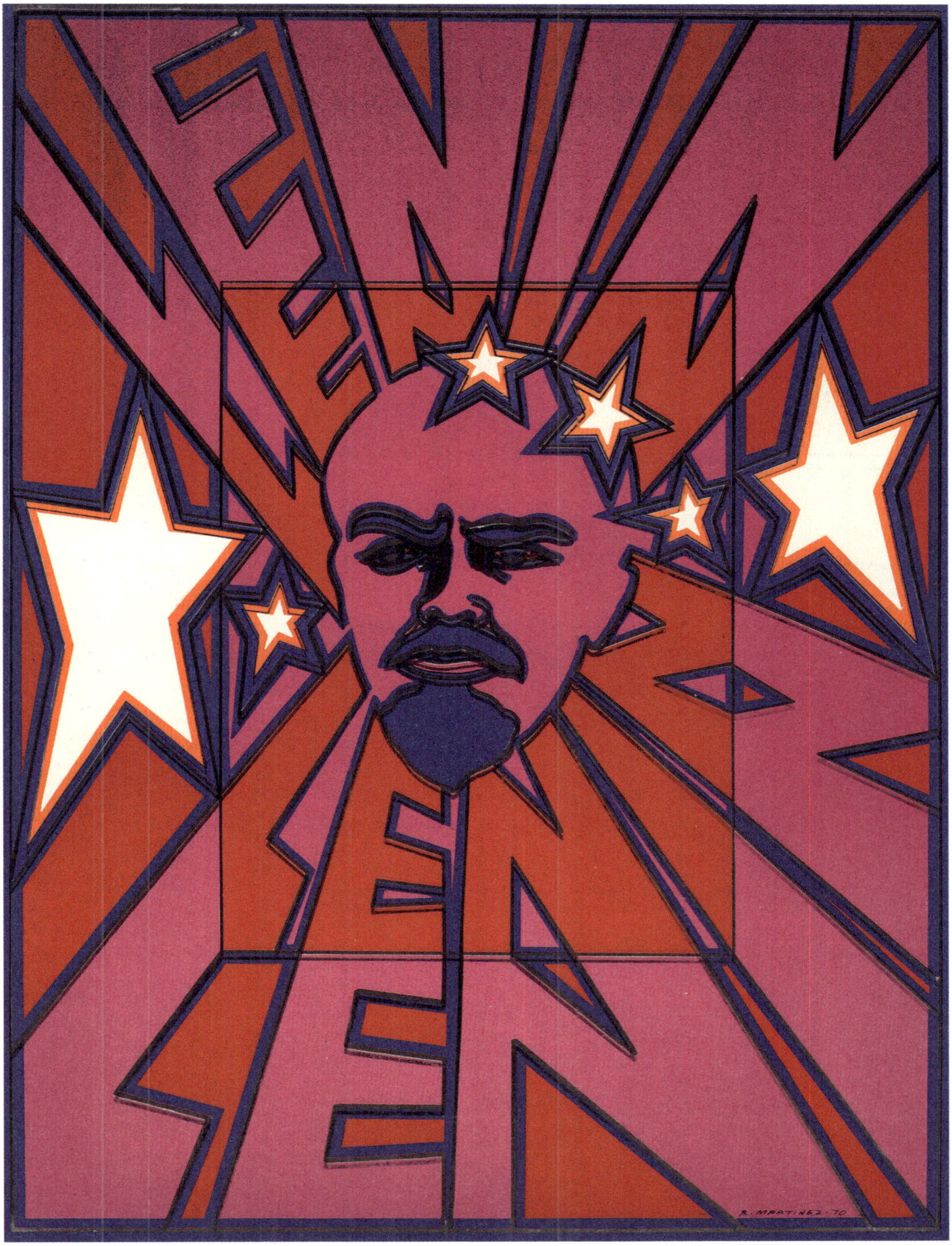

Raúl Martínez, Lenin, 1970, Filmplakat, Siebdruck in Farbe, 58,5 × 43,5 cm,
Kupferstich-Kabinett, Staatliche Kunstsammlungen Dresden, Inv.-Nr. A 2020-16

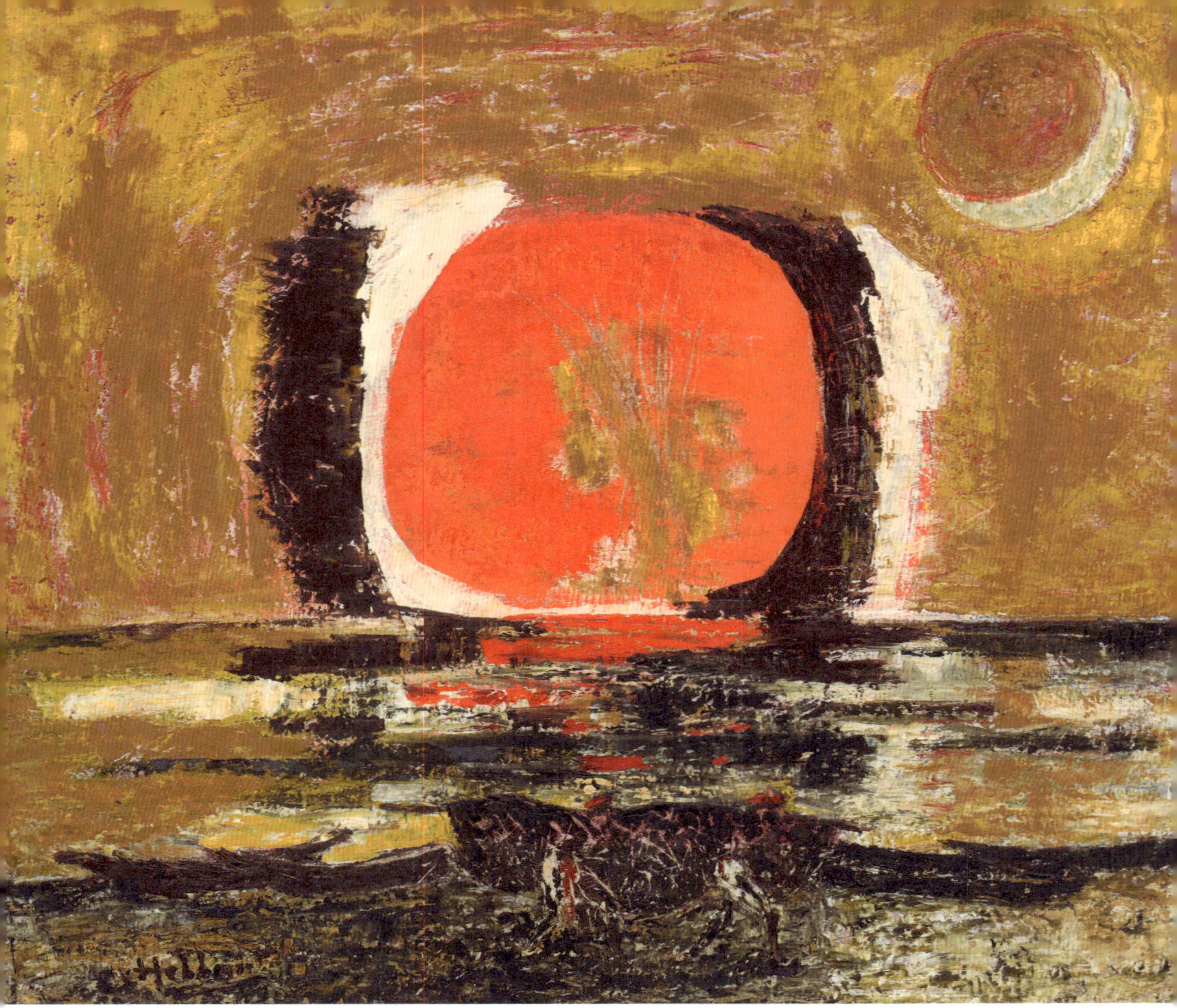

Kattingeri Krishna Hebbar, Der Abend, 1967, Öl auf Leinwand, 76 × 88,5 cm, Albertinum, Staatliche Kunstsammlungen Dresden, Gal.-Nr. 3856

Die Auswahl, die über das Ministerium getroffen wurde, hatte keine Schwerpunkte. Es war eine Mixtur von unterschiedlichen Genres, von unterschiedlichen Arten Kunst zu machen. [...] Es gab auch keine Länderschwerpunkte. Das Zentrum hatte keinen Einfluss auf die Auswahl – es musste gemacht werden, was kam. Die Qualität dessen, was aus dem Ausland kam, war eigentlich recht gut und gerade für die Besucher in der DDR immer auch mit einer gewissen ›Exotik‹ behaftet, weil es oft Kunst war, die nicht in den offiziellen Kanon der DDR-Kunst oder des Kunstverständnisses passte – überhaupt nicht. Aber es wurde gemacht, weil die DDR zeigen wollte, schaut mal alle her, wie weltoffen wir sind.

Peter Hartmann über die Ausstellungen mit Kunst aus dem Ausland, die das Zentrum für Kunstausstellungen der DDR in Ost-Berlin und anderen ostdeutschen Städten organsiert hat, Interview im Rahmen des Forschungsprojektes *Art in Networks – The GDR and its Global Relations*, siehe S. 171.

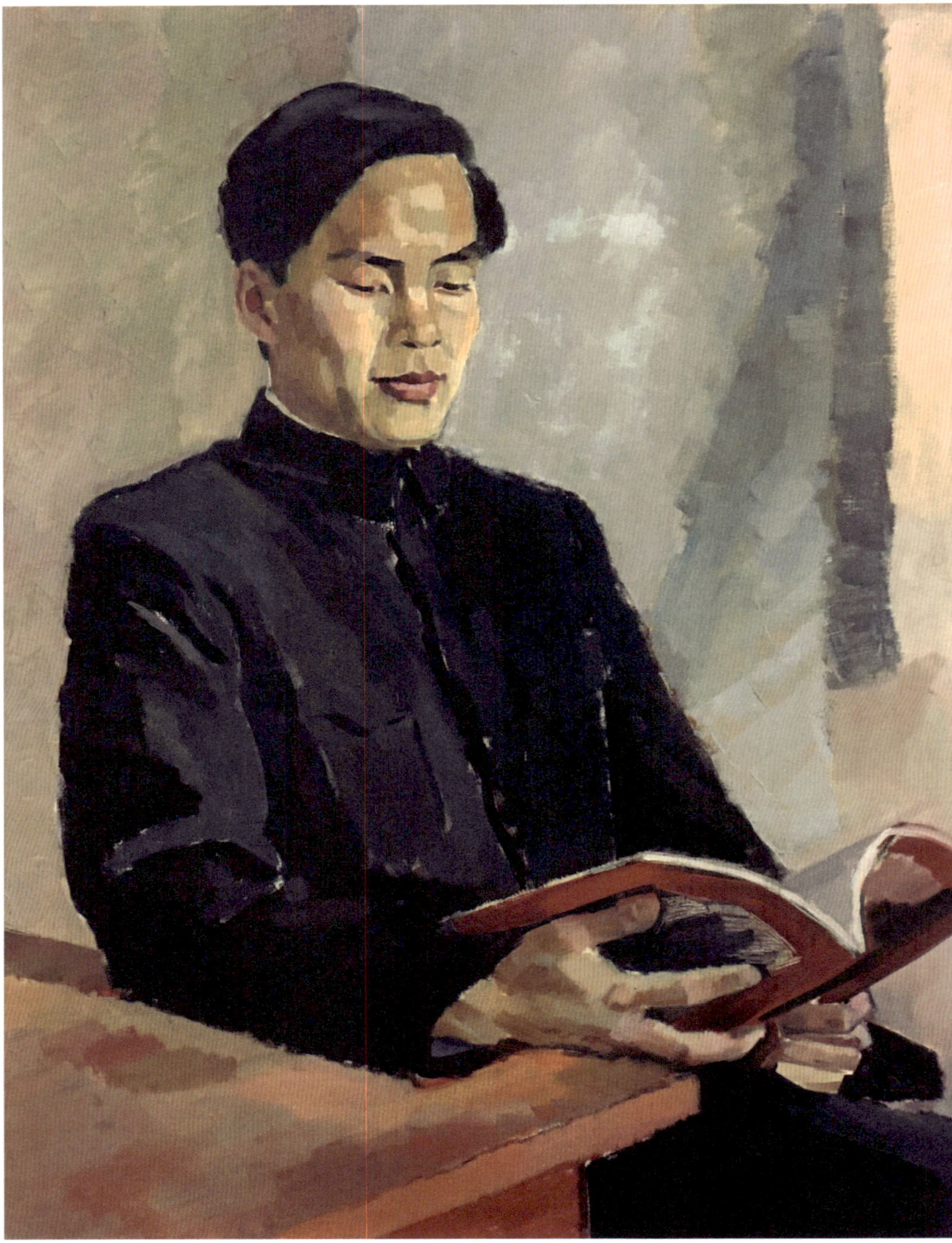

Eva Schulze-Knabe, Liang Yun-chin (Chinesischer Kunststudent), 1959, Öl auf Leinwand, 105 × 80 cm, Kunstfonds, Staatliche Kunstsammlungen Dresden, Inv.-Nr. 192/80
Liang Yun-chin studierte 1956–1961 an der HfBK Dresden.

Christian Saehrendt

Die Auswärtige Kulturpolitik der DDR im Globalen Süden: Bildende Kunst im Einsatz für ein ›Sozialistisches Weltsystem‹

»Das Sozialistische Weltsystem, das internationale Proletariat und die nationalen Befreiungsbewegungen fließen zu einem machtvollen Strom zusammen und bestimmen die Hauptrichtung der historischen Entwicklung.«[1]

Jahrzehntelang schien eine globale geopolitische Blockkonfrontation wie jene des Kalten Krieges eine abgeschlossene historische Episode zu sein: der Westen unter Führung der USA gegen ein Sozialistisches Weltsystem, dessen Rückgrat die UdSSR bildete. Doch seit Frühjahr 2022 ist die Welt wieder entlang jener historischen Bruchlinie gespalten. Das Sozialistische Weltsystem kehrt als antiwestliches Weltbündnis wieder, nunmehr ganz ohne sozialistische Ideologie und fokussiert auf militärische Kooperation und Rohstoffhandel.[2] Deutlich wurde dies nach der russischen Invasion in die Ukraine und der folgenden westlichen Sanktionspolitik, die in Afrika und Asien kaum mitgetragen wird. Auch das offiziell noch immer kommunistische China lässt Sympathien und Unterstützung für Russland erkennen. Dadurch wurde unübersehbar, welch großen Einfluss Russland in Asien und Afrika mittlerweile wieder hat, was zum guten Teil an der prosozialistischen Prägung jener Eliten liegt, die vor 1990 ausgebildet wurden und heute in zahlreichen Staaten des Globalen Südens an der Macht sind. In diesen oftmals überalterten autokratischen Regimen gibt es immer noch viele ehemalige Absolventen und Absolventinnen sowjetischer Universitäten und Parteischulen. Zudem hat das russische Regime in den letzten 15 Jahren seine Beziehungen zu Afrika und in den Nahen Osten intensiviert. Noch stärker ist der Einfluss Chinas auf den Globalen Süden, den es sich durch wirtschaftliche Kooperation und scheinbar großherzige Kreditvergabe erarbeitet hat. In einigen Ländern wie der Volksrepublik Kongo hatte China auch schon zur Zeit des Kalten Krieges Fuß gefasst und agierte damals in Konkurrenz zur Sowjetunion.

Als in den 1950er und 1960er Jahren viele Kolonien unabhängig wurden, ergab sich für den Ostblock eine historische Chance, das eigene Gesellschaftssystem nach Süden zu exportieren, damit zu einem tatsächlichen Sozialistischen Weltsystem zu werden und langfristig eine strategische Überlegenheit gegenüber dem Westen zu erreichen. Dabei engagierte sich die DDR als Juniorpartner der UdSSR und bemühte sich, durch umfangreiche Hilfe den Staatsaufbau, die Wirtschaft und Infrastruktur in den neuen Nationen voranzubringen. Nicht nur durch Unterstützung und Zusammenarbeit in den Bereichen Technik, Staatssicherheit, Wirtschaft und Verwaltung sollte langfristiger Einfluss auf die neuen Eliten jener Staaten gesichert werden, sondern auch durch Wissenschafts-, Kultur- und Ideologieexport. Kunst, Bildung und marxistische Schulung gehörten zum außenpolitischen Instrumentarium der DDR. Ausstellungsaustausch, Stipendienprogramme und Hilfe

1 *Woche der Solidarität mit den um ihre Befreiung kämpfenden Völkern in Mosambik, Angola und Guinea* in der DDR, Oktober 1972. Redebeiträge und Materialien. Bundesarchiv Berlin-Lichterfelde (BArch) DZ 8 Nr. 204.

2 Söldner der russischen Firma Wagner agierten in den vergangenen Jahren u.a. in den früheren bzw. zeitweilig sozialistisch orientierten Staaten Syrien, Sudan, Mosambik und Mali. Vgl. Marat Gabidullin: Wagner. Putins geheime Armee. Ein Insiderreport, Berlin 2022, S. 30 f. In der Zentralafrikanischen Republik sicherte sich die Firma in Gegenzug für ihre Dienste Schürfrechte für Diamanten und Gold (Andrea Böhm und Michael Thumann: Putins bester Schurke, in: Die Zeit, 9.2.2023, S. 6). Mit Südafrika führte die russische Marine in Februar 2023 Manöver vor der Küste des Landes im Indischen Ozean durch (Christian Putsch: Russland weitet seinen Einfluss in Südafrika aus, in: Neue Zürcher Zeitung 13.2.2023, S. 6), während in Johannesburg der erste afrikanische Sender von Russia Today etabliert wird. Vgl. Christoph Plate: Putins Propagandaoffensive in Afrika: https://www.zeit.de/politik/ausland/2022-08/russland-afrika-propaganda-wladimir-putin (Stand: 9.8.2022).

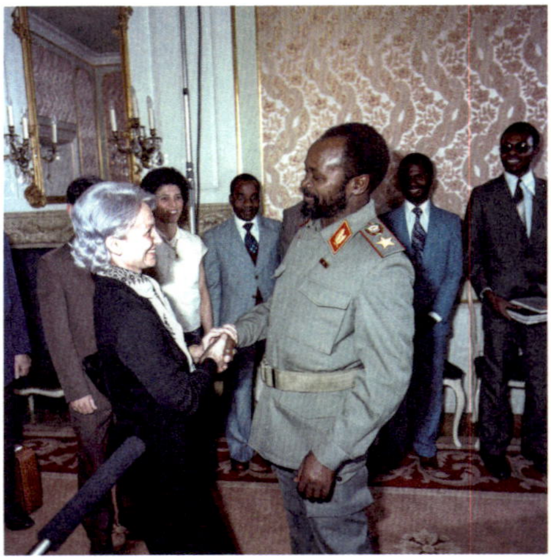

Die Ministerin für Volksbildung der DDR, Margot Honecker, begrüßt den Präsidenten der Volksrepublik Mosambik, Samora Machel, während seines DDR-Besuchs in der Schule der Freundschaft in Staßfurt, 3. März 1983, Foto: Hubert Link

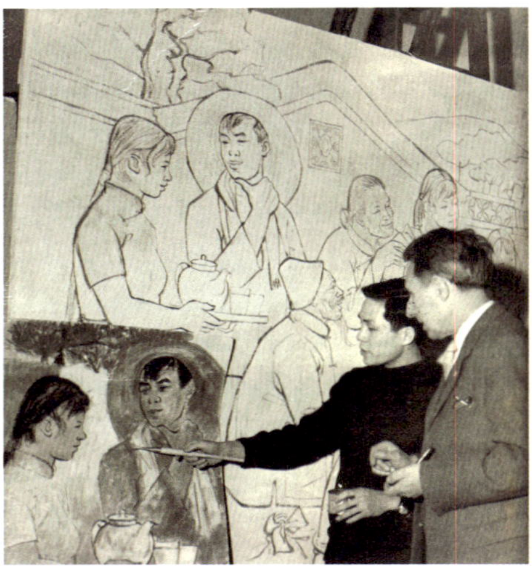

Liang Yun-chin bespricht mit Professor Heinz Lohmar seine Diplomarbeit an der HfBK Dresden, 1961

beim Aufbau neuer Kunstakademien dienten als Instrumente einer Politik, die die Festigung und fortschreitende Integration eines Sozialistischen Weltsystems zum Ziel hatte. Einerseits konnte die DDR auf diese Weise versuchen, nachhaltigen und langfristigen Einfluss auf die Wirtschaftspolitik der neuen Nationalstaaten zu nehmen, um sich Rohstoffe und Absatzmärkte zu sichern. Andererseits konnte sie durch demonstrativen Internationalismus ihr Image verbessern und weltpolitische Bedeutung behaupten. Vielleicht war damit die Hoffnung auf einen ›Charisma-Transfer‹ verbunden: Die bürokratisch früh erstarrte DDR imaginierte sich als junge Nation, die moskauhörige SED als deutsche antiimperialistische Befreiungsbewegung, in einer Front mit den jungen Nationalstaaten Afrikas und Asiens, brüderlich vereint im Kampf gegen die alten Kolonialmächte und deren Rassismus. Die populären Revolutionsführer des Südens Fidel Castro, Che Guevara, Ho Chi Minh, Samora Machel, aber auch die US-amerikanische Bürgerrechtlerin Angela Davis, waren Helden und Heldinnen, mit denen sich das Politbüro vorteilhaft in Szene setzen konnte.

Zu den Schwerpunktregionen der Auswärtigen Kulturpolitik der DDR zählten neben Asien und Lateinamerika die ehemaligen portugiesischen Kolonien in Afrika sowie Länder des Nahen Ostens. Einige Beispiele für diese Kulturarbeit sollen im Folgenden beleuchtet werden. Als das portugiesische Kolonialreich nach über 400 Jahren zusammenbrach, entbrannte ein geopolitischer Kampf um seine Erbmasse, den der Ostblock zeitweilig für sich entscheiden konnte. Vor allem Angola und Mosambik, 1975 unabhängig geworden, wurden zu engen Verbündeten der Sowjetunion und der DDR, die sich dort intensiv engagierten. Bereits den Befreiungskampf in diesen Ländern hatte die DDR auf verschiedenen Ebenen unterstützt. Der Arzt und Dichter António Agostinho Neto (1922–1979), Gründungsmitglied und Vorsitzender des MPLA (Movimento Popular de Libertação de Angola), wurde der erste Präsident Angolas. Kurz zuvor hatte er noch die DDR besucht. Da sich die Öllieferungen aus der Sowjetunion permanent verteuerten, war die DDR daran interessiert, sich andere Rohstoff- und Energiequellen zu erschließen. Angola konnte in dieser Hinsicht ein wichtiger Handelspartner werden. Das Außenhandelsvolumen beider Staaten stieg noch im gleichen Jahr sprunghaft an. Ein dichtes Netz von Beziehungen parteipolitischer und staatlicher Organisationen beider Länder wurde geknüpft, viele Delegationen besuchten wechselseitig Berlin und Luanda.[3] Bereits beim ersten MPLA-Parteitag 1977

3 Johannes Kuppe: Teure Freunde. Zum Staatsbesuch von Angolas Staatspräsident in der DDR, in: Deutschland Archiv 11: 1981, S. 1130–1133, hier S. 1130 f.

war eine DDR-Delegation präsent. Angola lehnte sich auch unter Führung von Netos Nachfolger José Eduardo dos Santos ab 1979 immer stärker an den Ostblock an und blieb anlehnungsbedürftig, weil im Land ein langwieriger Bürgerkrieg tobte.[4] Die Zusammenarbeit der DDR mit dem südafrikanischen Land fand auch auf der kulturellen Ebene statt. Mehrfach wurde Kunst aus Angola in der DDR präsentiert. Während Erich Honecker auf Staatsbesuch in Luanda weilte,[5] gewährte die Ausstellung *Angola – traditionelle Kunst – Kunst der Gegenwart* im Frühjahr 1979 im Völkerkundemuseum Dresden einen Überblick über die Kunstgeschichte des Landes.[6] Das Museum bot Kunst aus Afrika und Asien regelmäßig eine Plattform.[7] Die Plastiken, Metallarbeiten und die Malerei zeugten laut der DDR-Presse von den »vielgestaltigen Bemühungen, das nationale Kulturerbe Angolas sorgsam zu wahren und eine revolutionäre Kultur zu entwickeln«.[8] Eine kulturhistorische Ausstellung mit 750 Artefakten aus allen Epochen, von der Antike bis in die Gegenwart, von Werkzeugen und Haushaltsgegenständen bis hin zur Kunst (»von der Kamelglocke bis zum Agitationsposter«) aus Angola, Mosambik und Äthiopien fand im Herbst 1980 im Berliner Ausstellungszentrum am Fernsehturm statt.[9] 1981 wurde anlässlich des Staatsbesuchs von Präsident dos Santos in der DDR ein Arbeitsplan über die kulturelle und wissenschaftliche Zusammenarbeit unterzeichnet, der die Partnerschaft beider Länder vertiefen sollte.[10]

Die portugiesische Kolonie Mosambik hatte sich 1975 für unabhängig und zur Volksrepublik erklärt. Im Februar 1979 besuchte Erich Honecker nach Angola auch Mosambik und unterzeichnete dort einen Vertrag über Freundschaft und wirtschaftliche Zusammenarbeit. Im Folgejahr starteten ostdeutsche Fachkräfte in der Provinz Niassa eines der größten landwirtschaftlichen Entwicklungshilfeprojekte in Afrika. Wie erwähnt, war die DDR daran interessiert, sich in Angola und Mosambik alternative Rohstoff- und Energiequellen zu sichern. Die wirtschaftliche Integration dieser Staaten in das Gefüge des sozialistischen Wirtschaftsverbundes RGW (Rat für gegenseitige Wirtschaftshilfe) konnte in dieser Hinsicht von großem Nutzen sein, wenngleich erhebliche Vorleistungen und Investitionen zu tätigen waren. Während in Angola die Ölförderung von Interesse war, ging es in Mosambik um Schürfrechte für den Bergbau, weil im Abbaugebiet Moatize die größten Steinkohlevorkommen Afrikas vermutet wurden. Der Kohlebergbau in jenem Gebiet erfolgte seit 1977 weitgehend unter der Regie der DDR, die Fördermenge sollte zu gleichen Teilen zwischen beiden Ländern aufgeteilt werden. Die Fachkräfte aus der DDR richteten einen medizinischen Stützpunkt und einen Rettungsdienst für Bergarbeiter ein, und die einheimischen Manager und Vorarbeiter erhielten mehrere Dutzend Fertighäuser aus der DDR. Hinzu kamen Großküche, Schule und Kindergarten. 1980 folgten ein Kultur- und Sozialzentrum sowie ein Kino. So entstand in Moatize eine sozialistische Musterstadt auf afrikanischem Boden.[11] Im Jahr 1982 gestaltete der ostdeutsche Entwicklungshelfer Harald Heinke gemeinsam mit dem mosambikanischen Künstler Mankew Valente Mahumana (1934–2021) ein großes Wandgemälde am Kulturzentrum Moatize, das mosambikanische und ostdeutsche Bergleute bei der gemeinsamen Arbeit zeigte.[12] Kulturarbeit flankierte auf diese Weise die Wirtschaftsbeziehungen beider Staaten. Im mosambikanischen Ministerium

4 Allein 1976 wurden Waffen- und Geldhilfen im Wert von 107 Mio. DM geleistet. Vgl. Hermann Wentker: Außenpolitik in engen Grenzen. Die DDR im internationalen System, München 2007, S. 462 f.

5 Erich Honecker und Agostinho Neto: DDR und Angola brüderlich verbunden in: (ADN), Neues Deutschland, 19.2.1979, S. 1.

6 Ausstellung *Angola – traditionelle Kunst – Kunst der Gegenwart* im Völkerkundemuseum Dresden 24.2.–25.3.1979, anschließend in Budapest. Bundesarchiv Berlin-Lichterfelde (BArch) DR 123 Nr. 118.

7 »In der Regel liefen die Kooperationen zu blockfreien Staaten vermittelt über das Ministerium für Hoch- und Fachschulwesen, (dem das Museum für Völkerkunde Dresden als Forschungseinrichtung damals unterstand), das Ministerium für Kultur oder das Zentrum für Kunstausstellungen der DDR.« Information von Petra Martin Kustodin Staatliche Ethnographische Sammlungen Sachsen, per E-Mail an den Autor, 17.11.2016.

8 ADN-Meldung, in: Die Neue Zeit, 24.2.1979, S. 8.

9 Ausstellungszentrum am Fernsehturm 1.10.–26.10.1980, Bundesarchiv Berlin-Lichterfelde (BArch) DR 123 Nr. 143.

10 Kuppe 1981 (wie Anm. 3), S. 1132.

11 Vgl. Rostende Erbstücke aus DDR-Zeiten (23.8.2002): https://www.nzz.ch/article8CI86-ld.221414 (Stand: 18.4.2023).

12 Harald Heinke: Mankeu Valente Mahumane – über den künstlerischen Lebensweg des mosambikanischen Malers, in: INDABA. Das SADOCC-Magazin für das südliche Afrika 66:2010, S. 20–25, hier S. 22.

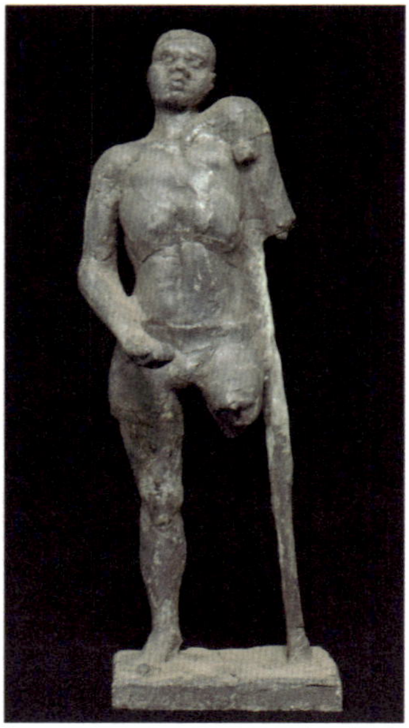

Wolfgang Eckardt, Verwundeter FRELIMO-Kämpfer, 1983, Bronze, 80 × 16 cm, Foto: Egon Fischer

für Erziehung und Kultur waren zudem zeitweilig DDR-Berater tätig, die den Auftrag hatten, an einem neuen Bildungssystem für den ›sozialistischen Menschen‹ in Afrika mitzuwirken.

Der Kulturaustausch mit afrikanischen und arabischen Ländern war zwar eine staatliche Angelegenheit, doch kam es hierbei auch maßgeblich auf das persönliche Engagement Einzelner an, die im Rahmen ihrer Auslandsreisen Freundschaften schlossen und sich für die künstlerische Zusammenarbeit einsetzten. Der ostdeutsche Entwicklungshelfer und Hobbymaler Harald Heinke hielt sich zwischen 1979 und 1985 in Mosambik auf. Er hat zahlreiche Eindrücke vom dortigen Alltag in seinen Bildern wiedergegeben und sich mit dem in Mosambik bekannten Maler Mankew Valente Mahumana angefreundet.[13] Auch Wolfgang Eckardt (1919–1999) gehörte zu den engagierten Einzelnen, die den künstlerischen Dialog zwischen den beiden Ländern in Gang brachten.[14] Der Bildhauer und Schöpfer der Gedenkstätte revolutionärer Matrosen am Rostocker Stadthafen sammelte Spenden, um mosambikanischen Holzschnitzern Werkzeuge zu kaufen.[15] Auf eigene Kosten sowie mit Unterstützung des Fischkombinates Rostock und des Verbandes Bildender Künstler der DDR reiste er dreimal nach Mosambik, um Kontakte zu Künstlern wie Mankew zu pflegen. 1982 besuchte Eckardt ein Makonde-Dorf in der Nähe von Pemba: »Da saß er nun auf ebener Erde im Kreis der Gastgeber. Sie erklärten ihm ihre Technik des Schnitzens und er zeigte ihnen, wie man das bei uns macht«, hieß es in einem ostdeutschen Pressebericht. Damals war Eckardt mit einem Jeep 1500 km ins Landesinnere gefahren. 1987 stellte er in Maputo aus, unter anderem Plastiken, zu denen ihn seine beiden vorangegangenen Reisen inspiriert hatten, einschließlich eines Porträts des ein Jahr zuvor verstorbenen Staatspräsidenten Samora Machel. 4000 Besucher und Besucherinnen sahen diese Ausstellung, erinnerte sich Eckardt: »Nach der Eröffnung stellte ich immer wieder fest, dass die Besucher die Plastiken in die Hand nahmen – ein für uns ungewohntes Bild.«[16] Mosambikanische Künstler besuchten Eckardt in Rostock, so auch Mankew, der 1984 auf Einladung der Liga für Völkerfreundschaft in die DDR kam. Der Maler und Keramiker Noel Langa (*1938) und sein Bruder Naftal Langa (1932–2014), ein Bildhauer, stellten im Frühjahr 1988 in der Rostocker Kunsthalle aus.

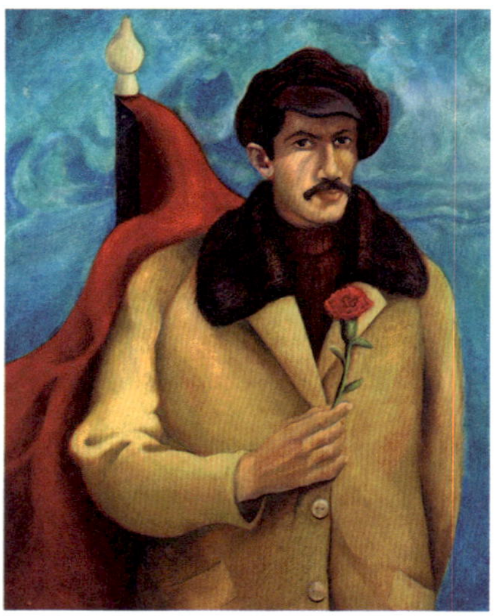

Sami Hakki, o.T. (Selbstbildnis mit roter Fahne), 1968, Öl auf Leinwand auf Hartfaser, 90 × 70 cm, Kustodie der Hochschule für Bildende Künste Dresden, Inv.-Nr. A 0255
Sami Hakki studierte 1966–1972 an der HfBK Dresden.

13 Ebd.
14 Protokoll der Beratung der Freundschaftsgesellschaft DDR-VRM vom 28.11.1986, Bundesarchiv Berlin-Lichterfelde (BArch) DY 13 Nr. 3068.
15 Horst-Dieter Seffner: Garnelen und Maipapa vor Südafrika, in: Matthias Voß (Hg.): Wir haben Spuren hinterlassen. Die DDR in Mosambik, Münster 2005, S. 314–318, hier S. 317.
16 Wolfgang Eckardt, Schnitzeisen nach Maputo, in: Der Sonntag, 28.8.1988, S. 24.

Eckardts Frau, Ilse-Dore Eckardt, beschrieb die Treffen mit den mosambikanischen Künstlerkollegen als stets herzlich und ungezwungen.[17]

1978 hatte das Ost-Berliner Ministerium für Auswärtige Angelegenheiten eine Liste mit 15 außereuropäischen Staaten erstellt, die es als ›sozialistisch orientiert‹ einstufte und zu denen intensivere Beziehungen aufgebaut werden sollten. Als Kriterien galten eine zumindest teilweise verstaatlichte Wirtschaft, ein genossenschaftlicher Wirtschaftssektor und eine führende Kaderpartei. Im Nahen Osten hatte sich die DDR bereits seit Mitte der 1950er Jahre auf Syrien und den Irak konzentriert, diese Beziehungen sollten in den kommenden Jahren verstärkt werden. Das im Nahen Osten unter jungen Militärs und städtischen Eliten populäre panarabische und linksnationalistische Gedankengut der Baath-Partei bot der DDR einige vielversprechende ideologische Anknüpfungspunkte. Die Regimes in Damaskus und Bagdad waren allerdings weniger am marxistischen Ideologieimport interessiert, vielmehr stand dort die Etablierung pragmatischer Entwicklungsdiktaturen im Vordergrund. Dabei versuchten Sowjetunion und DDR, nicht nur durch technologische und ökonomische Hilfe langfristigen Einfluss auf die arabischen Eliten auszuüben, sondern auch durch Kultur und Bildung. Syrien war bereits seit Ende der 1950er Jahre Schwerpunktland der DDR-Kulturpolitik geworden, das betraf sowohl die Bildung als auch die bildende Kunst. Wechselseitige Besuche von Künstlern und Künstlerinnen in den Partnerländern und Ausstellungen wurden organisiert, Beratung und Hilfe beim Aufbau von Kulturzentren und Kunstschulen in Syrien gewährt. Die syrischen Künstler und Künstlerinnen und das arabische Publikum sollten im Geiste des sozialistischen Realismus geprägt und zu einer dezidiert politischen Kunst inspiriert werden. Nicht nur stieß die Aufbauhilfe der DDR auf vielfältige Hindernisse in Syrien, gelegentlich mangelte es auch an kompetenten Entwicklungshelfern. So sollte 1966 für drei Jahre ein Gastdozent an die Universität Damaskus vermittelt werden, um dort den Aufbau der Kunstakademie voranzubringen. Die syrische Regierung bot ein gutes Monatsgehalt, doch fand sich an der Dresdner Hochschule für Bildende Künste niemand mit ausreichenden englischen oder französischen Sprachkenntnissen.[18] Mit der Eröffnung des Kultur- und Informationszentrums der DDR in Damaskus wurde die kulturelle Präsenz der DDR institutionalisiert. Eine erste Bilanz zur Jahresmitte 1968 führte bereits 132 Veranstaltungen mit 33 000 Besuchern und Besucherinnen auf, wobei das Zentrum mit syrischen Kulturzentren kooperierte und die meisten Veranstaltungen außerhalb des Zentrums stattgefunden hatten.[19] Einen letzten Höhepunkt erreichten die offiziellen Kulturbeziehungen Syriens und der DDR 1987 mit dem Porträtauftrag des Staatsoberhauptes Hafez al-Assad an den Berliner Maler und Kunsthochschuldirektor Walter Womacka (1925–2010).[20]

Auch zum Nachbarland Irak, wo ein mit Damaskus verfeindeter Flügel der Baath-Partei herrschte, hatte die DDR enge Beziehungen. Der Irak hatte als einer der ersten Staaten die DDR anerkannt. 1963 kam die Baath-Partei erstmals in Bagdad an die Macht, sie titulierte ihre Machtergreifung rückblickend als »sozialistische Revolution«.[21] Saddam Hussein regierte ab 1979 als Diktator. Trotz erheblicher politischer Differenzen und einer gewissen Unberechenbarkeit des Regimes in Bagdad hatte sich ab Mitte der 1960er Jahre ein beachtlicher Kulturaustausch zwischen beiden Staaten entwickelt, der seinen Höhepunkt 1978, kurz vor Beginn von Saddams Alleinherrschaft, erreichte. Mit der Eröffnung eines Kultur- und Informationszentrums 1968 in Bagdad hatte Kultur aus der DDR einen festen Repräsentationsort im Irak bekommen. In den folgenden Jahren kam es zu einer dichten Folge

17 Gespräch des Autors mit Ilse-Dore Eckardt 8.4.2016.

18 Anfrage des Ministeriums für Kultur an die HfBK Dresden vom 3.6.1966, Absage der HfBK vom 28.6.1966, Archiv HfBK Dresden 03/0073.

19 Bericht über die Veranstaltungstätigkeit des Zentrums im ersten Halbjahr 1968 vom 26.6.1968, Bundesarchiv Berlin-Lichterfelde (BArch) DY 13 Nr. 2091.

20 Walter Womacka: Farbe bekennen. Erinnerungen, Berlin 2004, S. 244.

21 Arabische Sozialistische Baath Partei, Der politische Bericht, verabschiedet vom 8. regionalen Kongress, Bagdad 1974 (deutsche Übersetzung durch das irakische Informationsministerium), S. 99 u. 178.

von wechselseitigen Ausstellungen.[22] Die Kulturpartnerschaft mit der DDR war Teil des Plans der Baath-Partei, den Irak auf allen Ebenen als moderne arabische Hegemonialmacht zu etablieren und internationales Prestige zu akkumulieren. Im Laufe des ersten Golfkriegs (1980–1988) dünnte sich der Kulturaustausch aus. Trotz schwindender Möglichkeiten, ideologisch und politisch Einfluss zu nehmen, hielt die DDR aber bis zuletzt an den Beziehungen zur Saddam-Diktatur fest.

Zusammenfassend lässt sich sagen, dass die DDR angesichts begrenzter Ressourcen erhebliche Anstrengungen unternahm, mit Ländern des Globalen Südens in kulturelle Beziehungen zu treten. Dazu war oftmals nur ein Zeitfenster von maximal 10 bis 15 Jahren gegeben. Es gab einen regen Austausch von Kulturdelegationen, eine große Zahl von wechselseitigen Kunstausstellungen und eine Reihe von afrikanischen und arabischen Absolventen und Absolventinnen von DDR-Kunsthochschulen wie zum Beispiel Sami Hakki, die beide Kulturen kennenlernten und das Potenzial hatten, zwischen beiden Partnerländern Brücken zu bauen. In Afrika und im Nahen Osten waren die Kulturbeziehungen der DDR zu Syrien, dem Irak und der Palästinensischen Befreiungsorganisation (PLO) in Beirut besonders eng, gefolgt von Äthiopien, Angola und Mosambik. Eher sporadischen Charakter hatten die Kontakte zu Tansania, Somalia, Ghana, Mali, Guinea und einigen weiteren Ländern. In der Regel fand der Kulturaustausch zwischen staatlichen, politischen oder kommunalen Organisationen statt. Eine nachhaltige Kooperation der Kunsthochschulen, etwa ein Austausch von Studenten und Studentinnen, wechselseitige Gastvorträge oder die Angleichung der Lehrpläne hat es nur in geringem Umfang gegeben – möglicherweise mangels Ressourcen und wegen bürokratischer Hindernisse. Dort, wo kaum staatliche Strukturen existierten, lag der Kulturaustausch in den Händen einzelner engagierter Künstler und Künstlerinnen, die gegebenenfalls auch internationale persönliche Freundschaften schlossen. Allerdings gilt es zu bedenken, dass die Kulturpolitik in den Beziehungen des Realsozialismus zu den jungen Nationen in Afrika und Asien keinen Vorrang besaß, sondern eher flankierende und dekorative Funktionen hatte – Wirtschafts- und Sicherheitspolitik standen eindeutig im Vordergrund. Die Stabilität dieser sicherheitspolitischen und ökonomischen Verbindungen wird gerade heute wieder sichtbar, wo Russland beziehungsweise seine Söldnerfirma PMC Wagner in vielen ehemaligen sozialistischen Ländern Afrikas und des Nahen Ostens wieder präsent ist und afrikanische Staaten aus wirtschaftlichen Gründen die Nähe Russlands suchen. Hingegen hat die Kulturpolitik weniger sichtbare Spuren hinterlassen. Erfolge und nachhaltige Wirkungen der DDR-Kulturpolitik in Afrika und Nahost sind heute schwer greifbar. Das Zeitfenster war in den meisten Fällen zu klein, die allgemeinen Umstände zu kulturfeindlich, weil Bürgerkriege, wirtschaftliche Not und Ressourcenknappheit Kulturarbeit auf der Prioritätenliste der beteiligten Länder nach hinten rücken ließen. Ein geregelter Kulturaustausch, der auch die Provinz und das breite Publikum der beteiligten Länder in Afrika und Nahost erreichte, war etwas für Friedenszeiten – die dann auf sich warten ließen. Und so hinterließ die ideologisch und staatlich motivierte Auswärtige Kulturpolitik der DDR gerade im Persönlichen und Individuellen ihre tiefsten Spuren: bei den entstandenen Künstlerfreundschaften und in den Biografien jener, die in der DDR studieren oder ausstellen konnten.

22 Vereinbarung über die Zusammenarbeit vom VBK und der Gewerkschaft der Künstler der Republik Irak 1986–88 vom 18.3.1986, Archiv Stiftung Akademie der Künste Berlin (AdK), VBK ZV Nr. 458.

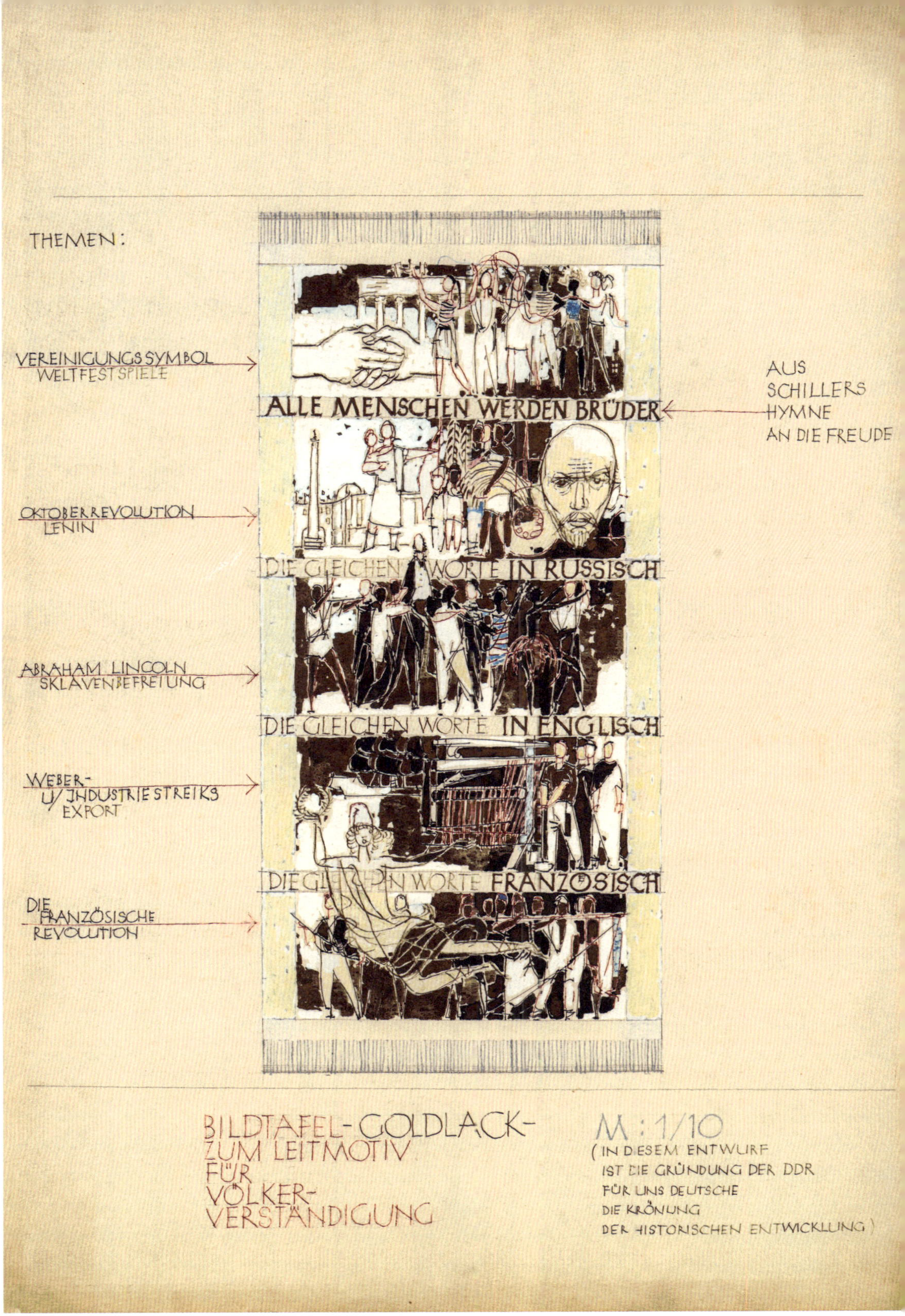

Bert Heller, Alle Menschen werden Brüder, Entwurf für einen Wandteppich, o.J., Deckfarbe, Goldlack, Farbstifte auf gelbem Papier, 60×40 cm, Kupferstich-Kabinett, Staatliche Kunstsammlungen Dresden, Inv.-Nr. C 1974-251

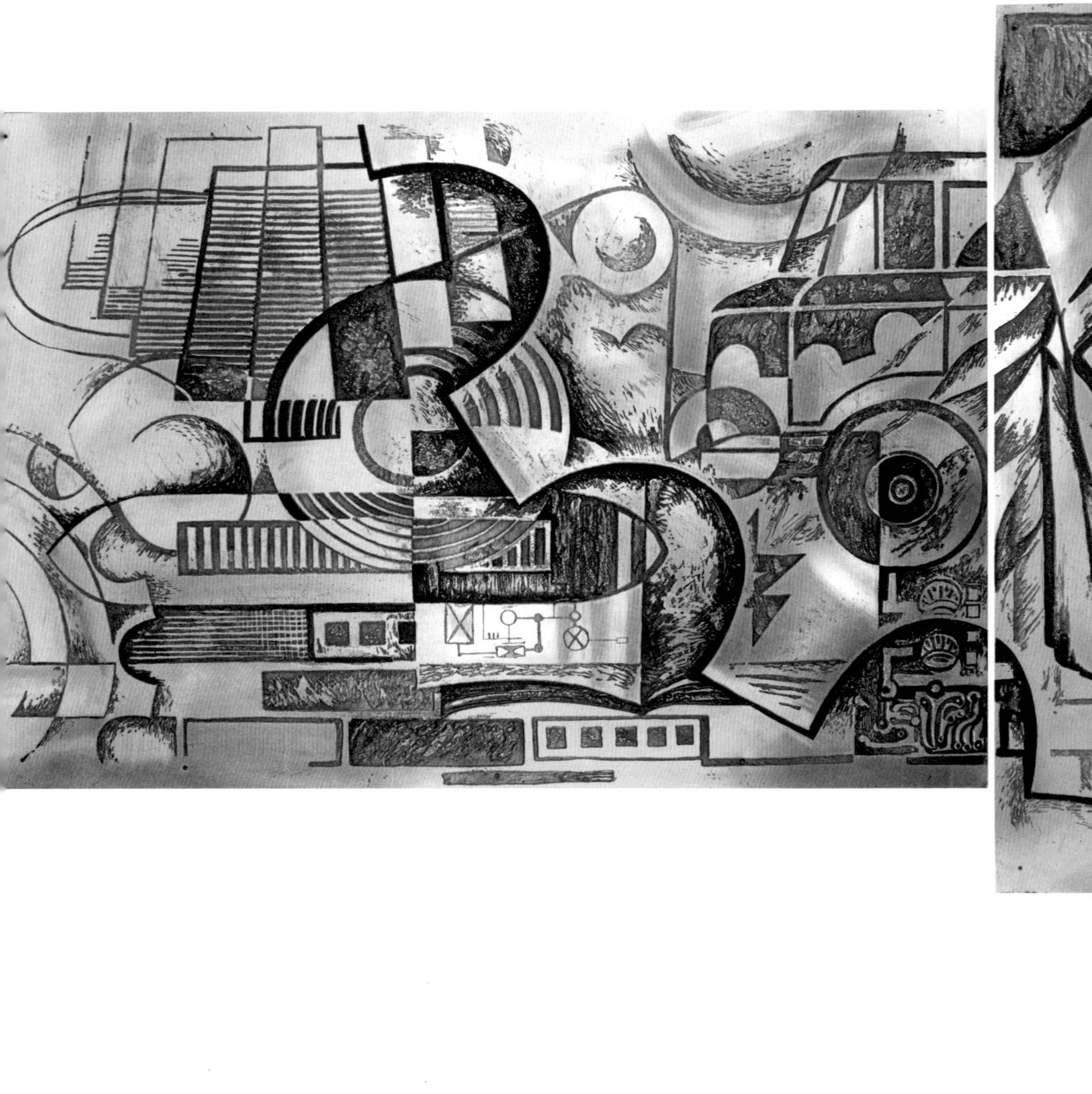

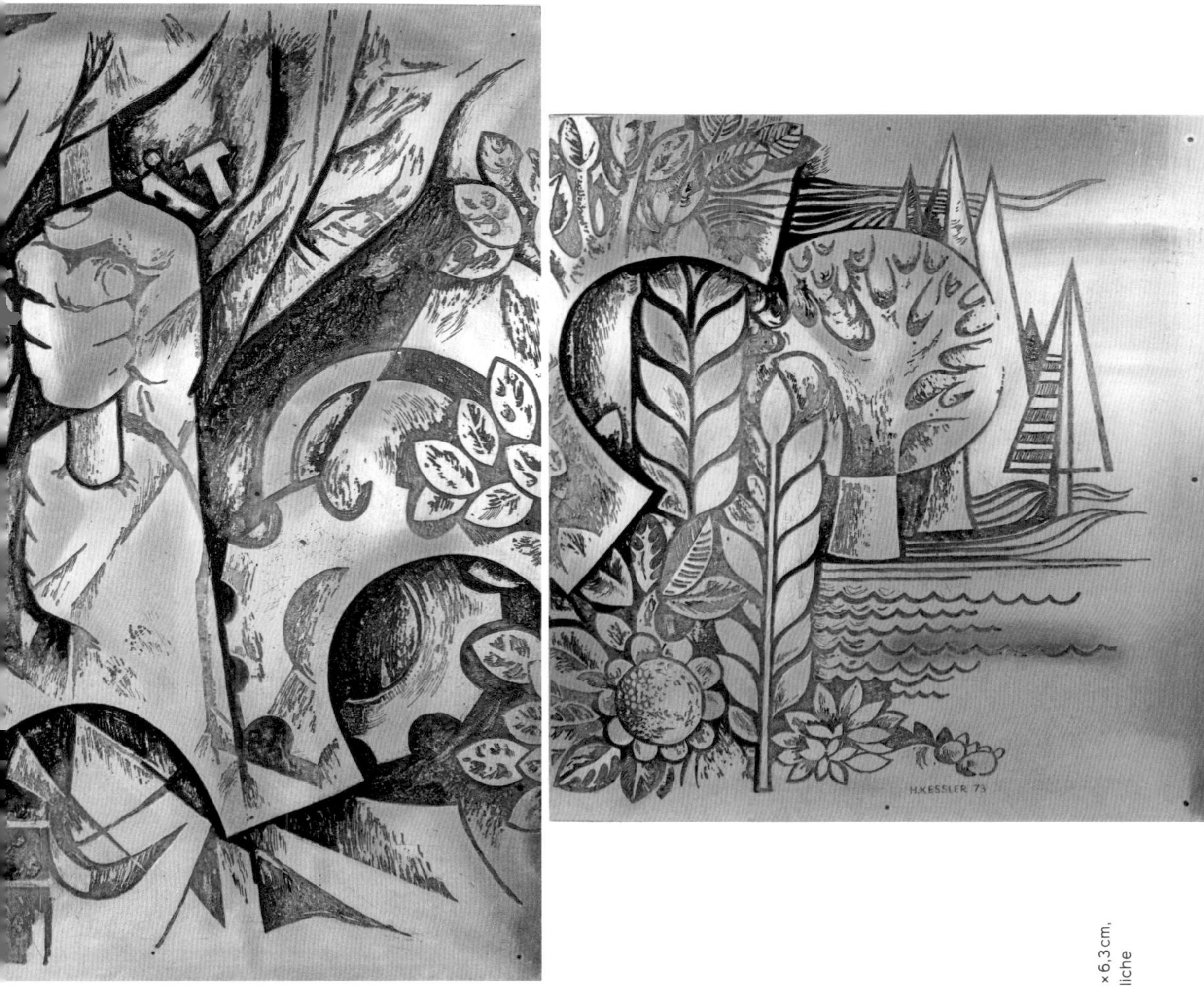

H. Kessler, Solidarität, 1973, Leichtmetall, geätzt. 3-teilig, li. Tafel: 59,5 × 85,5 × 6,3 cm, mittlere Tafel: 79,5 × 59,7 × 9 cm, re. Tafel: 53,8 × 60 × 6,3 cm, Kunstfonds, Staatliche Kunstsammlungen Dresden, Inv.-Nr. L 03458

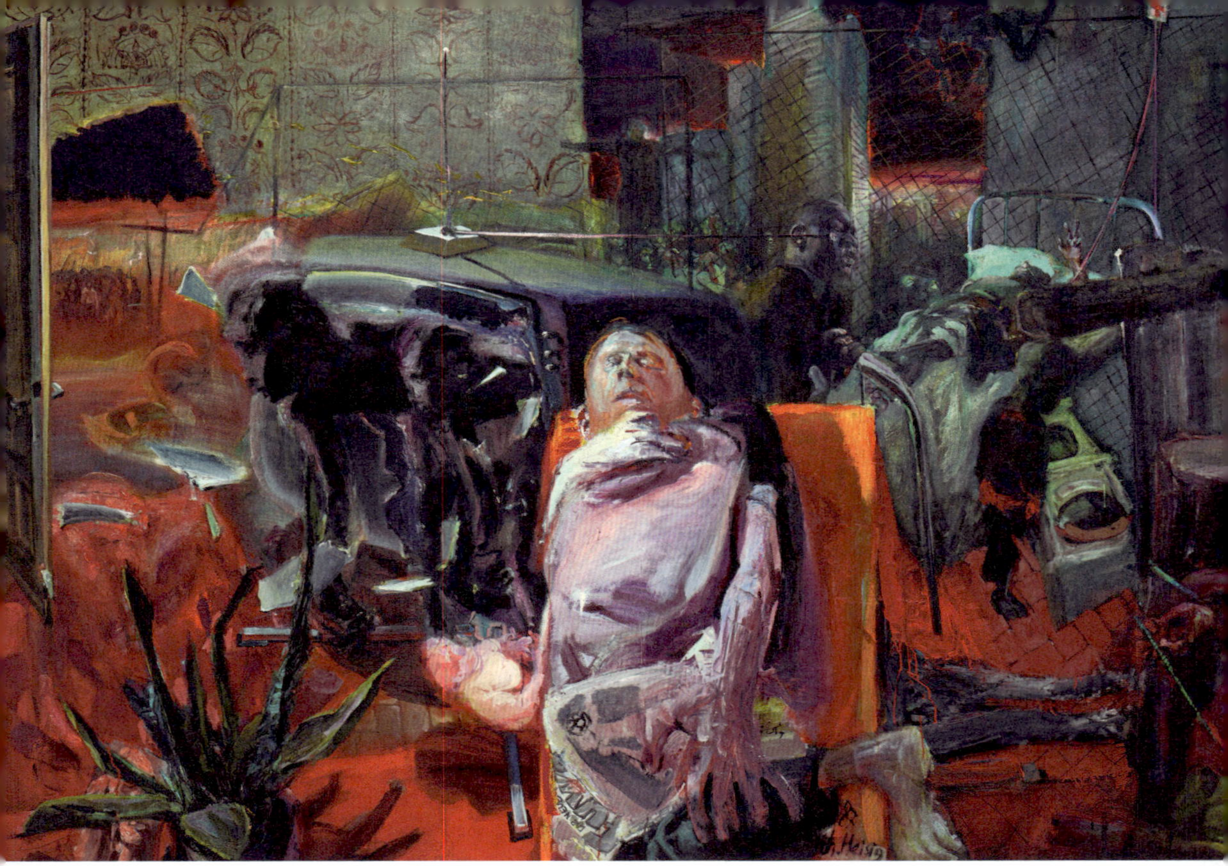

Johannes Heisig, Ein Irrtum (für Eugen in Pretoria), 1987, Mischtechnik auf Leinwand, 190 × 270 cm, Albertinum, Staatliche Kunstsammlungen Dresden, Inv.-Nr. 88/21

Die 80er Jahre brachten einen großen Erfolg der DDR-Kunst im Ausland mit sich, weil eine Generation junger Künstler bestimmend war, die sehr attraktive Kunst produzierte. Die führte im Inland zu großen Diskussionen und wurde im Ausland als interessante, aus der DDR kommende Kunst, die man nicht erwartet hatte, aufgenommen. Und das verstärkte das Image der DDR-Kunst in den 80er Jahren enorm. Das führte im Inneren zu Spannungen und im Äußeren zu einer verstärkten Anerkennung der DDR-Kunst.

Der Kunstwissenschaftler Hans-Jörg Schirmbeck über Ausstellungen mit Kunst aus der DDR im Ausland, Interview im Rahmen des Forschungsprojektes *Art in Networks – The GDR and its Global Relations*, siehe S. 171.

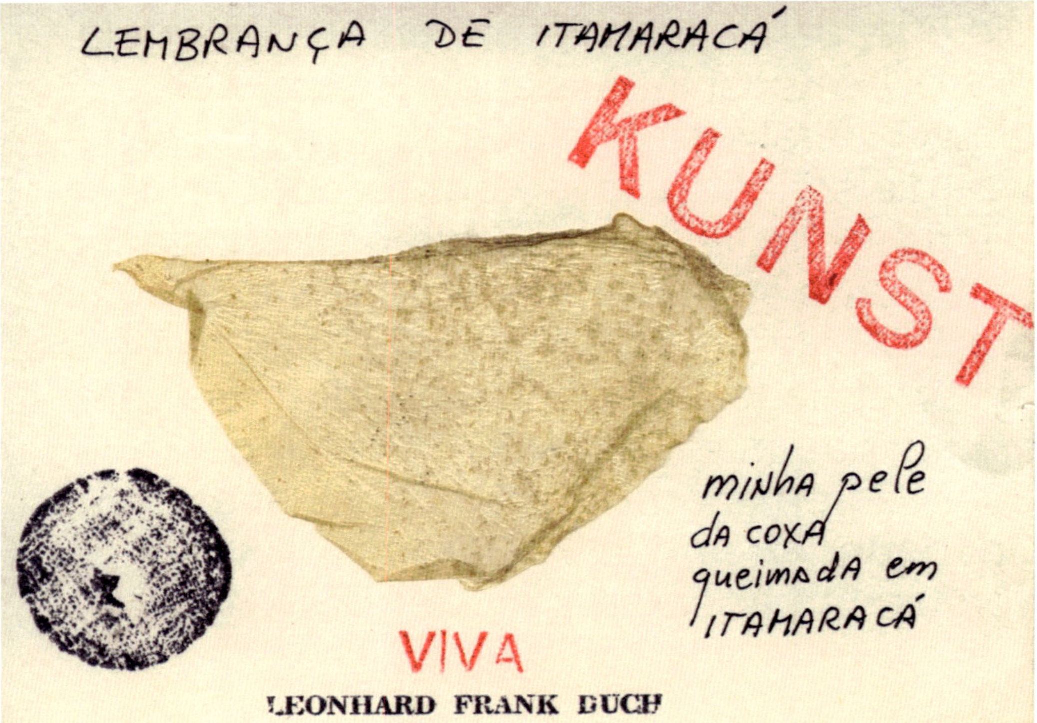

Leonhard Frank Duch, Mail Art an Robert Rehfeldt, 1975, Papier mit Stempel und Schrift, 7,6 × 10,5 cm, Mail Art Archive of Ruth Wolf-Rehfeldt and Robert Rehfeldt

Elena Shtromberg

The Global Postal[1]

Ich möchte mit der Betrachtung eines recht ungewöhnlichen Objekts beginnen, einer Postkarte, die im Rahmen eines längeren Mail Art-Austauschs zwischen den Künstlern Leonhard Frank Duch (*1940) in Brasilien und Robert Rehfeldt (1931–1993) in der DDR verschickt wurde. Auf den ersten Blick sieht Duchs Postkarte wie ein touristischer Gruß aus Itamaracá aus, einer Insel direkt vor der Küste der nordbrasilianischen Stadt Recife, in der der Künstler lebte. Besonders sticht das Wort »KUNST« hervor, das in leuchtend roten Lettern wie ein behördliches Siegel auf die Karte gestempelt wurde, um den vorliegenden Gegenstand als Kunstwerk auszuweisen. Im Zentrum der Karte befindet sich ein Element, das sich erst im Zusammenspiel mit dem Text darunter identifizieren lässt: »Haut von meinem Oberschenkel mit Sonnenbrand«, außerdem die handschriftlichen Worte: »Souvenir aus Itamaracá«. Das Ganze ist humorvoll, aber auch irritierend. Es lädt dazu ein, sich die Einzelheiten genauer anzusehen. Die Insel Itamaracá ist offensichtlich ein Ort, an dem man Urlaub macht, zu viel Sonne abbekommt und daher einen Sonnenbrand davonträgt. Die zahlreichen Anspielungen auf Urlaub in diesem Gruß bekommen eine ungewöhnliche, leicht ›perverse‹ Wendung, wenn man realisiert, dass ein echtes Stück toter Haut des Künstlers auf der Postkarte befestigt wurde, auf die weiter unten das Wort »VIVA« (lebendig) gestempelt wurde. Die Beschaulichkeit des Strandurlaubs wird durch die fast forensische Qualität der an der Karte befestigten Haut, eine verstörende körperliche Spur des Künstlers, gestört. Das kuriose Kommuniqué wird noch merkwürdiger, wenn man erfährt, dass sich auf Itamaracá, vom Künstler als schöner, abgeschiedener Strand beschrieben, das Militärgefängnis Barreto Campelo befand. Dort wurden von 1973 bis 1979 jene inhaftiert, denen vorgeworfen wurde, sich gegen die brasilianische Militärregierung aufzulehnen. Die Postkarte weckt die Neugier des Empfängers, indem sie Erwartungen durchkreuzt und es schwer macht, sich auf den Mythos vom Urlaub im Tropenparadies einzulassen. Die vom Körper abgelöste Haut verweist auf Tod oder Verletzungen, ein Unbehagen, das Robert Rehfeldt als Empfänger sicherlich spürte. Er hatte Duch nie persönlich getroffen und trat nun in engen Kontakt mit einem Teil vom Körper des Absenders am anderen Ende der Welt.

Der Künstler Leonhard Frank Duch wurde 1940 in Berlin geboren. Seine Familie wanderte 1951 nach Brasilien aus, wo er eine Kunstschule besuchte und ein prominentes Mitglied des Mail Art-Netzwerks wurde.[2] In den 1970er Jahren – einem in Brasilien durch die Militärdiktatur geprägten Jahrzehnt – gehörte er zu einer kleinen Gruppe von Künstler*innen der frühen Mail Art, eines internationalen Kommunikationssystems, das weitgehend jenseits staatlicher Kontrolle und Aufmerksamkeit und abseits des Kunstmarktes agierte.[3] Als inoffizieller Kunst-Kreislauf erlaubte Mail Art es Künstler*innen, die in autoritären Regimen lebten, gesellschafts- und regierungskritische Positionen grafisch kreativ und konzeptuell einfallsreich zum Ausdruck zu bringen, die anderenfalls Sanktionen nach sich gezogen hätten. Wichtiger noch: Die Künstler*innen konnten ihre Arbeiten an jeden Ort schicken, den die Post erreichte, wodurch ihr Werk Grenzen überschreiten konnte, auch wenn die Reisefreiheit der Künstler*innen selbst eingeschränkt war. Ironischerweise ermöglichte die Post als staatlich verwaltetes soziales System, das man eher mit schwerfälliger Bürokratie assoziiert, ein günstiges alternatives Forum für diesen offiziell unerwünschten Austausch. Die in den umfangreichen Netzwerken der Mail Art aktiven

1 Der Titel dieses Essays geht zurück auf ein Stamp-Art-Projekt, das Ed Varney 1984 in Vancouver realisiert hat.

2 Zu Duchs Biografie siehe das Interview, das die Autorin mit ihm geführt hat: http://www.thirdtext.org/schtromberg-duch (Stand: 21.4.2023).

3 Erst in den letzten Jahren haben sich Museen und Sammler*innen entschieden, dass diese Kommuniqués Aufmerksamkeit verdienen.

Künstler*innen stammten oft aus lateinamerikanischen, asiatischen und europäischen Ländern – also aus ausgesprochen unterschiedlichen Gesellschaften und politischen Systemen. Angesichts der einzigartigen Anlage dieses Netzwerks ist es nicht verwunderlich, dass Duch in Kontakt mit Ruth Wolf-Rehfeldt (*1932) und Robert Rehfeldt kam. Das Künstler*innenpaar aus Ost-Berlin pflegte einen regen Mail Art-Austausch. Zu ihrem Netzwerk gehörten auch Künstler*innen aus Lateinamerika. Bereits mit seiner ersten Mail Art-Aktion im Jahr 1975 stieß Duch auf Robert Rehfeldt. Er antwortete auf einen Kettenbrief, auf dem die Adressen einiger Künstler*innen abgedruckt waren, darunter die von Rehfeldt, der seinerseits prompt antwortete.[4] Robert Rehfeldt und Ruth Wolf-Rehfeldt waren bekannt für ihre Mail Art-Aktivitäten. 1975 organisierte Robert Rehfeldt die erste von mehreren Mail Art-Ausstellungen in der DDR, von denen viele in der Galerie Arkade in Ost-Berlin stattfanden. Die Exponate wurden später in selbstverlegten Publikationen dokumentiert und wie Fanzines gedruckt und kopiert, um sie dann an die Beteiligten sowie weitere Interessent*innen in Lateinamerika und anderswo zu schicken. Der große internationale Einflussbereich dieses Netzwerks lässt es als einen Vorläufer von Kommunikationszirkeln erscheinen, wie sie später durch das Internet möglich wurden. Im Rahmen der Ausstellung *Revolutionary Romances?*, die den globalen Einfluss der DDR untersucht, bietet die Mail Art eine einzigartige Perspektive auf das Netzwerk des Austauschs mit Lateinamerika, vor allem für die Hochphase der Mail Art-Aktivitäten in den 1970er und 1980er Jahren. In diesem Essay werden einige der zahlreichen Knotenpunkte innerhalb dieser Konstellation skizziert, die einen ergiebigen Austausch von Kunst als Kommunikation und die vielfältigen offiziellen und inoffiziellen Verbindungen zwischen ostdeutschen und lateinamerikanischen Künstler*innen ermöglichten. Damit soll eine Grundlage für die weitere kritische und wissenschaftliche Auseinandersetzung geschaffen werden.

Mail Art gehörte – wie auch Plakate und Drucke – zu den zahlreichen Medien, über die regelmäßig grafische Kunst zwischen Lateinamerika und der DDR ausgetauscht wurde. Ein prominentes Beispiel für den offiziellen Austausch war die *INTERGRAFIK*-Triennale, die von 1965 bis 1990 stattfand und vom Solidaritätskomitee der DDR finanziert wurde. Wie Annabel Ruckdeschel in ihrem Beitrag ausführt, nahmen daran internationale Künstler*innen mit Werken zum Thema Frieden teil.[5] Obwohl die Solidaritäts- und Befreiungsikonografie bei den *INTERGRAFIK*-Ausstellungen dominierte, gab es auch Unerwartetes zu sehen, das aus dem experimentellen Umgang mit Poesie und dem Spiel mit den Konventionen der Grafik hervorging. Ein herausragendes Beispiel ist ein Plakat von Klaus Storde (*1947) aus dem Jahr 1978, auf dem »CHILE« in den Farben der Landesflagge geschrieben ist. Die Buchstaben sind farbig so gestaltet, dass im Wort »CHILE« der solidarische Appell »HILF« sichtbar wird. Das Plakat signalisiert Gefahr.[6] Plakate waren im grafischen Austausch zwischen den beiden Regionen sehr prominent vertreten, darunter auch solche, die revolutionäre Filme oder Veranstaltungen etwa in Kuba, Mexiko und Nicaragua ankündigten und in der DDR Verbreitung fanden.[7]

Der inoffizielle Austausch von Grafik zwischen diesen beiden Regionen, der durch das Mail Art-Netzwerk angestoßen wurde und viele verschiedene Formate umfasste, ermöglicht die Erkundung eines ganzen Spektrums politischer und persönlicher Beziehungen, die in der Heimat der Künstler*innen ihren Ausgang nahmen und mithilfe des Postsystems Staatengrenzen überschritten. Somit bietet die Mail Art einen Einblick in eine Form der Kommunikation, die erfolgreich die komplexen politischen Beschränkungen und die

4 Gespräch mit der Autorin, 14.7.2022.

5 Vgl. S. 133–140 in diesem Band.

6 Seit dem Putsch 1973 wurde Chile von einer Militärjunta regiert, die dem Diktator Augusto Pinochet unterstand. Sein Regime reagierte mit großen Repressionen auf jede Aktivität der chilenischen Bevölkerung, die ihm subversiv schien.

7 Zu DDR-Plakaten in Lateinamerika, darunter auch Klaus Stordes *Chile! Hilf*, siehe die virtuelle Ausstellung *Transnational Poster Art: Former East Germany (GDR) and Latin America 1970–1989* der Stanford Libraries: https://web.stanford.edu/~nauerbac/ddr%20kunst_exhibit_sept10/exhibit/GDRposters/posterart.html (Stand: 21.4.2023).

Horacio Zabala, Hoy, el arte es una carcel (1) [Heute ist die Kunst ein Gefängnis], Postkarte an Robert Rehfeldt über die Galerie Arkade, 1970, Papier, Filzstift, Duchdruck, 9,9 × 15 cm, Kupferstich-Kabinett, Staatliche Kunstsammlungen Dresden, Inv.-Nr. B 1979-15/196a

strikte Zensur von öffentlichen Äußerungen überwinden konnte, denen andere künstlerische Medien stärker unterworfen waren.

Wie die grafischen Beiträge zur *INTERGRAFIK* nahmen Werke der Mail Art oft Bezug auf politische Repression und Schwierigkeiten, mit denen Künstler*innen in autoritären Staaten konfrontiert waren. Auf einer Postkarte von Duch sieht man den Künstler hinter Gitterstäben, ein großer roter Stempel verkündet: »I am an Artist« (Ich bin ein Künstler).[8] Dieses Werk lässt sich vielfältig interpretieren. Es legt nahe, dass die Künstlerexistenz mit dem Leben im Gefängnis vergleichbar sei. Es könnte auch das Plädoyer eines Eingesperrten sein, dass er doch nur Künstler sei und nichts verbrochen habe oder gar – noch beunruhigender – dass er nur im Gefängnis sitze, gerade weil er ein Künstler ist. All diese möglichen Lesarten nehmen Bezug auf die vielen Bürger*innen, darunter zahlreiche Künstler*innen, die in den lateinamerikanischen Militärdiktaturen der 1960er bis 1980er Jahre eingesperrt wurden, weil man sie staatsfeindlicher Tätigkeiten beschuldigte.

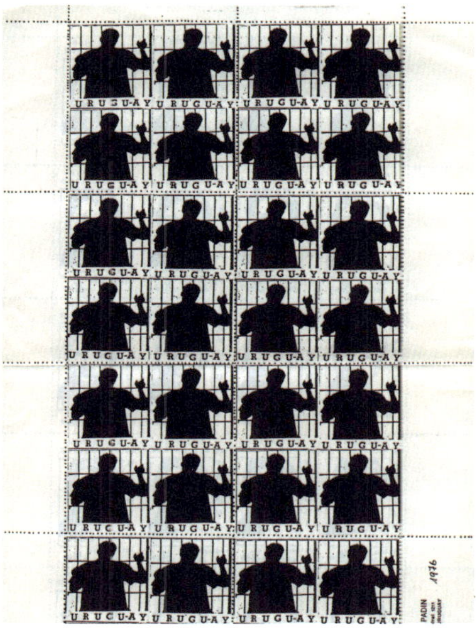

Clemente Padín, Mail Art an Ruth Wolf-Rehfeldt, 1976, Papier, Briefmarken, 34 × 22 cm, Mail Art Archive of Ruth Wolf-Rehfeldt and Robert Rehfeldt

Dass die Ikonografie der Gitterstäbe und die Gefängnisthematik häufiger in der Mail Art jener Zeit zu finden sind, zeigt auch eine Folge von sechs Postkarten des argentinischen Künstlers Horacio Zabala (*1943). 1978 schickte er diese über die Galerie Arkade an Robert Rehfeldt. Die Postkarten mit der Datierung 1/IV/78 bis 6/IV/78 enthalten dieselbe Erklärung: »Hoy el arte es una carcel«, gefolgt von der deutschen Übersetzung: »Heute ist Kunst ein Gefängniss [sic!]«. Besonders gegenwärtig war die Thematik, nachdem 1977 mit den beiden uruguayischen Künstlern Clemente Padín (*1939) und Jorge Caraballo (*1941) zwei wichtige Akteure des Mail Art-Kreises inhaftiert worden waren – ein Fall, der viel Aufmerksamkeit in der Presse fand.[9] Padín kam ins Gefängnis, weil er Briefmarken in Umlauf gebracht hatte, mit denen er das Militärregime in Uruguay (1973–1984) kritisierte. Den Rehfeldts schickte er 1976 das Bild eines anonymen Gefangenen, das im Medium Briefmarke vervielfältigt

8 Das Werk befindet sich im persönlichen Archiv des Künstlers. Zu ähnlichen Beispielen siehe Jorge Bucksdricker (Hg.): I AM AN ARTIST: Leonhard Frank Duch e a Arte Correio, Florianópolis 2020.

9 Die Künstler wurden von einem Militärgericht verurteilt, das sich auf Artikel 58, Abschnitt II des uruguayischen Militärstrafgesetzes berief: den Angriff auf die Moral und das Ansehen der Armee. Vgl. Geoffrey Cook: The Padín / Caraballo Project, in: Correspondence Art. Source Book for Network of International Postal Art Activity, San Francisco 1984, S. 369–373. Siehe auch: https://artpool.hu/MailArt/chrono/1984/Cook.html (Stand: 21.4.2023).

Robert Rehfeldt, Freedom for Artists / C. Padin / J. Caraballo, Uruguay, 1978, Papier, Buchdruck, Stempeldruck, 10,5 × 14,6 cm, Kupferstich-Kabinett, Staatliche Kunstsammlungen Dresden, Inv.-Nr. B 1979-15/17

wurde – ein Werk, das die Inhaftierung des Künstlers vorwegnahm, der ein Jahr später zu vier Jahren Gefängnis verurteilt wurde. Während der Haft war es ihm untersagt, künstlerisch tätig zu werden oder per Post zu kommunizieren. Diese Ungerechtigkeit löste international Empörung aus. Mail Art-Künstler*innen machten sich für Padín und Caraballo stark und forderten deren sofortige Freilassung. Robert Rehfeldt schickte eine Karte mit einem fotokopierten Bild, das Rembrandt hinter Gittern zeigt, verbunden mit der Forderung »Freedom for Artists« (Freiheit für Künstler). Das Ausmaß und die Beharrlichkeit, mit der Künstler*innen auf der ganzen Welt reagierten, scheint nicht ohne Wirkung geblieben zu sein. Die Regierung geriet international unter Druck, und Padíns Gefängnisstrafe wurde 1979 in Hausarrest umgewandelt.[10] Dennoch entstand ein bleibender Schaden, denn Padíns wertvolles Mail Art-Archiv wurde beschlagnahmt und wahrscheinlich zerstört, jedenfalls blieb es verschwunden. Trotz seiner eingeschränkten Möglichkeiten war Padín weiterhin aktives Mitglied des Mail Art-Netzwerks und reiste wenige Jahre nach Ende seines Hausarrests mit finanzieller Unterstützung des DAAD (Deutscher Akademischer Austauschdienst) nach West-Berlin, wo er 1984 die Ausstellung *Mailart aus Lateinamerika* in der DAAD Galerie kuratierte, an der neben vielen anderen Künstler*innen auch der Chilene Guillermo Deisler (1940–1995) und Duch teilnahmen.[11] Die Ausstellung trug zur Bekanntheit des Mail Art-Netzwerks in Deutschland bei und stärkte zudem die Sichtbarkeit von Akteur*innen wie Deisler, der Chile 1974 verlassen hatte und im Exil lebte.

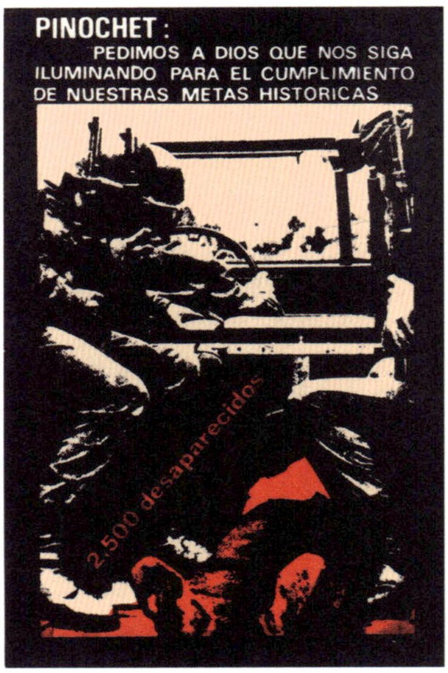

Guillermo Deisler, 2500 Desaparecidos [2500 Vermisste], 1970er Jahre, Postkarte, Siebdruck, 15,6 × 10,1 cm, Kupferstich-Kabinett, Staatliche Kunstsammlungen Dresden, Inv.-Nr. B 1979-15/75

Deisler ist eine bemerkenswerte Figur im Austausch zwischen Lateinamerika und der DDR, wo er nach seiner Emigration zeitweise lebte. Er pflegte Kontakte mit anderen Künstler*innen, insbesondere auch mit anderen exilierten Chilen*innen.[12] Als entschiedener Kritiker der Repressionen in Chile produzierte er in den 1970er Jahren diverse Postkartenfolgen, die das Pinochet-Regime und andere lateinamerikanische Militärregime anprangerten. Während seines Aufenthalts in der DDR in den 1980er Jahren arbeitete

10 Die Reaktionen aus der Mail Art-Szene, mit denen für die Freilassung der beiden Künstler protestiert wurde, fanden auf verschiedenen Foren statt, auch in konventionell publizierten Magazinen. Das populäre Magazin *DOC(K)S* z.B., das vom französischen Künstler Julien Blaine herausgegeben wurde und sich der visuellen Poesie und der Mail Art widmete, veröffentlichte eine Sonderausgabe zum Fall Padín und Caraballo. Die Titelseite der am 1.4.1978 erschienenen Ausgabe zeigt einige Mail Art-Werke, die zur Unterstützung der Künstler entstanden waren, darunter auch das hier erwähnte Werk von Robert Rehfeldt und Duchs *Buracoarte*, auf das im Folgenden noch eingegangen wird.

11 Einige Seiten dieses Katalogs sind online verfügbar unter: https://artpool.hu/MailArt/chrono/1984/LatinAmerika.html (Stand: 21.4.2023).

12 Etwa die Künstler Hernando León, der an der Hochschule für Bildende Künste Dresden unterrichtete, und César Olhagaray, der 1974 Asyl in der DDR erhielt und bei León studierte.

er mit Karla Sachse (*1950) und Joseph W. Huber (1951–2002) zusammen, zwei wichtigen Akteur*innen der ostdeutschen Mail Art-Szene. Nachdem er 1986 nach Halle gezogen war, konzipierte Deisler ein kollaboratives Portfolio internationaler Mail Art und visueller Poesie, das unter dem Titel *UNI/vers(;)* ab 1987 bis zu seinem Tod im Jahr 1995 in 35 Ausgaben erschien. Deisler lud Künstler*innen per Post zur Mitarbeit ein und bat sie, ihm jeweils 100 Original-Exemplare ihres Beitrags zu schicken und per Stempel zu signieren. Aus diesen Exemplaren, darunter auch seine eigenen Werke, stellte er dann die 100er-Auflage der jeweiligen Ausgabe zusammen und schickte diese an die Teilnehmer*innen und andere Sammler*innen. Alle 35 Portfolios zeugen vom grafischen Einfallsreichtum der globalen Künstler*innengemeinschaft jener Zeit.[13]

Trotz der verhältnismäßig freien Kommunikation, die das internationale Postsystem den Künstler*innen ermöglichte, lässt sich im Rückblick sehr klar erkennen, dass die Post in Lateinamerika und anderswo überwacht wurde. Der Grafiker und Mail Art-Künstler Jürgen Gottschalk (*1951) aus Dresden wurde beispielsweise nicht nur observiert, sondern mit Berufsverbot belegt, 1984 schließlich für zwei Jahre inhaftiert und später ausgebürgert.[14] Dennoch waren Künstler*innen weiterhin in dem Netzwerk aktiv und kommunizierten subversive Informationen auf konzeptuell vielschichtige Weise, wodurch dieser Austausch fortbestehen und sogar zunehmen konnte. Ein Beispiel für eine solche grafische Raffinesse ist Duchs Projekt *Buracoarte* (Lochkunst). An alle etwa 300 Künstler*innen in seinem Netzwerk schickte er eine Postkarte mit einem großen schwarzen ›Loch‹ in der Mitte. Auf der Rückseite wies Duch die Adressat*innen in verschiedenen Sprachen an: »Füll das Loch dringend mit irgendwas und schick es mir zurück, okay?«. Die zurückgesandten Postkarten stellte er zu einer Ausstellung im Rahmen des *Zweiten Winter-Festivals* der UNICAP (Katholische Universität von Pernambuco) im Jahr 1979 zusammen und veröffentlichte später im Selbstverlag eine fotokopierte Sammlung sämtlicher Werke und schickte diese an alle Teilnehmer*innen. In seinem eigenen Beitrag zur *Lochkunst* platzierte Duch ein Bild von sich selbst hinter Gittern in dem Loch – ein Kommentar zu den schwierigen Umständen, denen er sich in der brasilianischen Diktatur ausgesetzt sah. Diese Sichtweise wird durch den Beitrag eines weiteren brasilianischen Künstlers, J. Medeiros, bekräftigt, der die Postkarte mit einem Zeitungsartikel über den Geheimdienst DOPS (Department of Political and Social Order) ergänzte, der wegen seiner ›erfinderischen‹ Foltermethoden berüchtigt war.[15] Allein der Begriff »DOPS« und das Satzfragment »lieferte die Leichen subversiv Tätiger« wirkten alarmierend auf die (brasilianische) Öffentlichkeit. Auch wenn nicht der komplette Artikel wiedergegeben wird, ist die Botschaft deutlich.

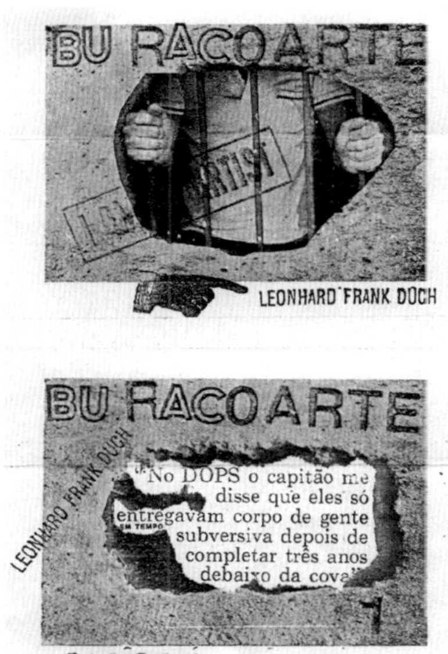

Buracoarte [Lochkunst], Postkarten von **Leonhard Frank Duch** (oben) und **J. Medeiros** (unten), 1978

Die Auswirkungen des Versands einer Postkarte mit einem schwarzen Loch aus Brasilien an Hunderte von Leuten sind politisch und symbolisch aufgeladen, da Brasilien als Ort

13 Online verfügbar unter: https://monoskop.org/Univers (Stand: 21.4.2023).

14 Vgl. dazu Cordelia Marten: Conceptual Art in East Germany – Robert Rehfeldt and his network of artists (2007), online verfügbar unter: https://www.wkv-stuttgart.de/uploads/media/marten_en.pdf und Stefanie Schwabe: International Contact with Mail Art in the Spirit of Peaceful Coexistence: Birger Jesch's Mail Art Project (1980–81), in: Jérôme Bazin u.a. (Hgg.): Art beyond Borders: Artistic Exchange in Communist Europe (1945–1989), Budapest, New York 2016, S. 255–263.

15 Das Department of Political and Social Order war die Geheimpolizei der brasilianischen Regierung.

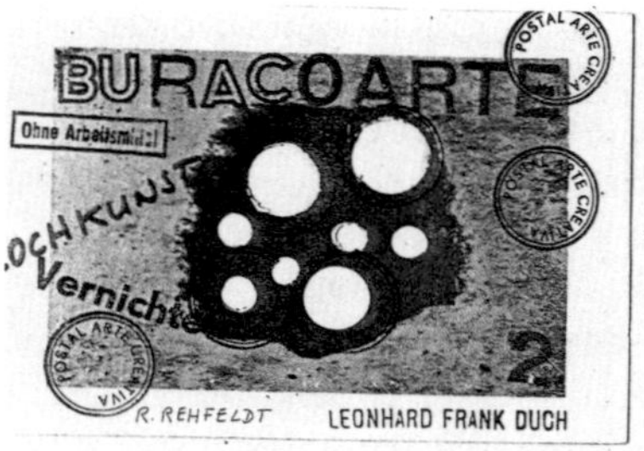

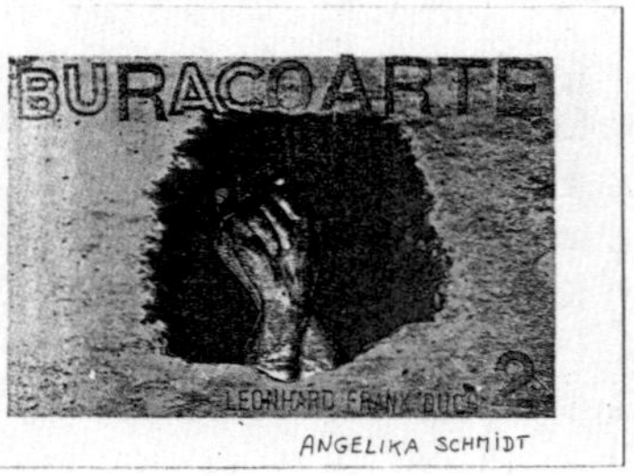

Buracoarte [Lochkunst], Postkarten von **Robert Rehfeldt** (oben) und **Angelika Schmidt** (unten), 1978

traumatischer Erfahrungen erscheint und die Verzweiflung im Zusammenhang mit der zunehmenden Gewalt während der Diktatur deutlich wird. Was an Duchs Projekt besonders auffällt ist, dass er nicht nur seine Botschaft verschickte, sondern alle Empfänger*innen bat, auf das Loch zu reagieren, es zu besetzen, womit auch immer. Robert Rehfeldt versah die Postkarte mit der handschriftlichen Ergänzung »LOCHKUNST« sowie dem Stempel »Vernichten« und schickte sie so aus der DDR zurück. Innerhalb des Lochs platzierte Rehfeldt weitere Löcher in unterschiedlichen Größen, die wie Einschusslöcher aussehen und durch den runden Stempel »Postal Arte Creativa« ergänzt sind. Eine Postkarte der westdeutschen Künstlerin Angelika Schmidt ist optimistischer. Bei ihr kommt aus dem Loch ein Handschlag hervor, ein Motiv der Solidarität, möglicherweise auch der Versöhnung. Indem sie solche Begegnungen der Bilder und Ideen ermöglichten, schufen Duch und andere Mail Art-Künstler*innen ein Forum für den kommunikativen Austausch innerhalb der internationalen Kunstgemeinschaft, das die globale Reichweite der Post nutzte, ungeachtet der zahlreichen politischen, ökonomischen und sozialen Grenzen.

Dieser Austausch, im Besonderen zwischen der DDR und Brasilien sowie dem übrigen Lateinamerika, fand zunehmend Beachtung, nachdem Brasilien 1973 die DDR offiziell anerkannt hatte. In der Folge war die Kunst aus der DDR mit einigen Beiträgen auch auf der *Biennale von São Paulo* – der zentralen Plattform für europäische und westliche Künstler*innen in Lateinamerika – vertreten.[16] Zuvor hatte Brasilien lange gezögert, ein kommunistisches Land offiziell anzuerkennen, weil die herrschenden Militärs jede Spur des Kommunismus in der eigenen Gesellschaft beseitigen wollten. Doch schließlich befand man, dass die ökonomischen Möglichkeiten, über die DDR die osteuropäischen Märkte zu erschließen, diesen Schritt rechtfertigten. 1977 konnte die DDR Werke von zwei Künstlern auf der *Biennale von São Paulo* zeigen. Einige Jahre später, bei der 16. Ausgabe der Biennale im Jahr 1981, waren fünf DDR-Künstler*innen beteiligt. Bei dieser Ausstellung verzichtete der Kurator Walter Zanini auf Länderrepräsentanzen und organisierte die Kunstwerke in thematischen Räumen, wobei ein großer Bereich der Mail Art vorbehalten war. Über 500 Künstler*innen schickten Werke, darunter Künstler*innen, die in diesem Essay behandelt werden, wie Duch und Deisler und aus der DDR Ruth Wolf-Rehfeldt, Robert Rehfeldt, Joseph W. Huber und Rolf Staeck (*1943).[17] Staecks Postkarte war eindeutig in ihrer Kritik. Sie zeigt einen von einem Wiegemesser abgetrennten Kopf, der über einer Gruppe von Militärs schwebt, Blut scheint herabzutropfen und bildet eine Aureole um die Soldaten.[18] Der Text in der Mitte ist ein Zitat aus dem Gedicht *Walking around* (1933) des chilenischen Schriftstellers Pablo Neruda, das vom Konflikt zwischen Individuum und Gesellschaft handelt und ein Gefühl der Hoffnungslosigkeit vermittelt. Rehfeldts Beitrag war weniger direkt in seiner Kritik. Er enthält eine Textcollage mit einem Bild von Joseph

16 Vgl. die Titelseite der wichtigen Tageszeitung *Estado de São Paulo* vom 23.10.1973, auf der die offizielle Anerkennung bekanntgegeben wurde.

17 Staeck wurde 1983 kulturelle Untergrundtätigkeit vorgeworfen, wenig später siedelte er ins westdeutsche Heidelberg um, wo sein Bruder, der bekannte Plakatkünstler Klaus Staeck, lebte.

18 Zu Staecks und weiteren Beiträgen aus dem Bereich siehe den online verfügbaren Katalog der *16a Bienal de São Paulo (1981) – Exposição Arte Postal*: https://issuu.com/bienal/docs/name4dc6c4/ (Stand: 21.4.2023).

Beuys, der ein wichtiger Einfluss für ihn war.[19] Rehfeldt versah viele seiner Mail Art-Werke mit dem Stempel »CONTART«, eine Kombination von ›Contact‹ und ›Art‹, die eine Art Markenzeichen für sein Werk wurde.

Nach dem Fall der Berliner Mauer ließen die Aktivitäten des Mail Art-Netzwerks in den 1990er Jahren deutlich nach, denn für Künstler*innen wie Duch verlor die Kommunikation über die Ost-West-Trennlinie hinweg an politischer Dringlichkeit. Ruth Wolf-Rehfeldt entschied sich 1991 bewusst, ihre künstlerische Tätigkeit einzustellen. Andere Künstler*innen, die in dem Netzwerk sehr aktiv waren, erweiterten hingegen ihr grafisches Repertoire und arbeiten auch heute noch in verschiedensten Medien. Die Sprach- und Bildbotschaften, die in den privaten und institutionellen Mail Art-Archiven liegen, ermöglichen weiterhin einen faszinierenden Einblick und neue Denkanstöße zu den Möglichkeiten und Einsätzen eines künstlerischen Austauschs. Kunstwerke der Mail Art inspirieren uns noch immer dazu, sie zu untersuchen. Sie erfüllen eine Archivfunktion als Dokumente und Spuren von Begegnungen, die in einem Kontext entstanden, der darauf angelegt war, einen solchen Dialog nach Kräften zu verhindern. Ich möchte mit der dankenden Erwähnung schließen, dass meine eigene Beschäftigung mit den über die Kontinente verschickten Werken mich dazu gebracht hat, viele verschiedene Mail Art-Sammlungen zu sichten, die sich in ihren Beständen und ihrer Anlage sehr unterscheiden. Zwar gibt es kein Zentralarchiv der Mail Art, doch viele Künstler*innen, die in diesem Feld tätig waren, haben sorgfältig gesammelt und katalogisiert, überzeugt vom Wert dieser poetischen, ästhetischen und manchmal subversiven Postsendungen, die in ihrer Zirkulation allen Widrigkeiten zum Trotz Grenzen überschritten und weiterhin dazu einladen, sie genauer zu erforschen.[20]

19 Ebd.

20 Die Archive für Mail Art sind vollkommen dezentral und befinden sich oft bei den Künstler*innen selbst, es gibt aber einige Beispiele für Online-Archive mit wichtigen Beständen, vgl. https://www.lomholtmailartarchive.dk/; https://artpool.hu/institute/about.html; https://mailartists.wordpress.com/; https://mailartists.wordpress.com/ (Stand: 21.4.2023).

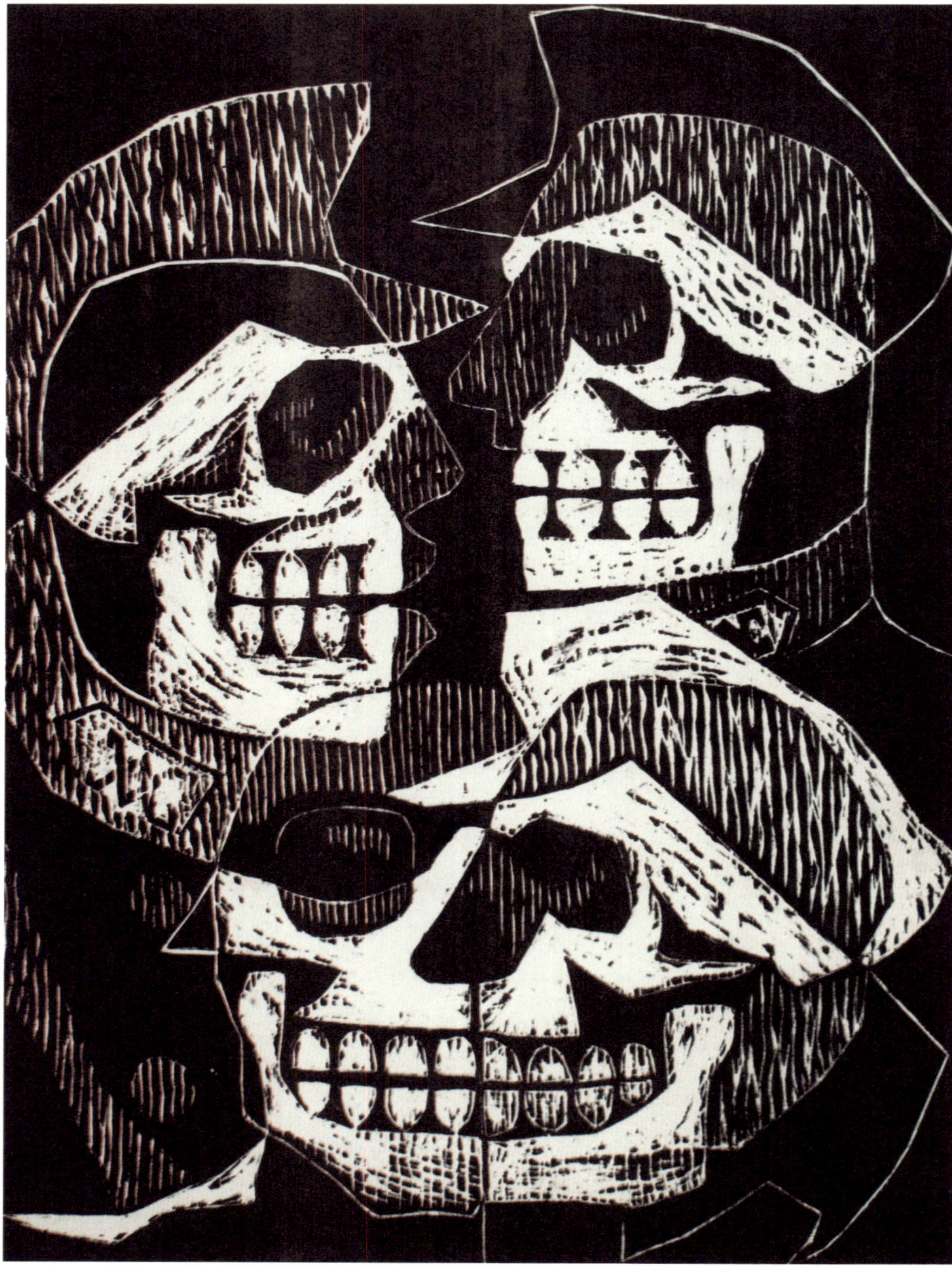

Hector Tobar, Die ehrenwerte Junta, Blatt 4 aus der Folge *Zur Geschichte der KP Chiles*, 1975, Holzschnitt, 79,8 × 58,8 cm, Kunstfonds, Staatliche Kunstsammlungen Dresden, Inv.-Nr. 1d/1/76

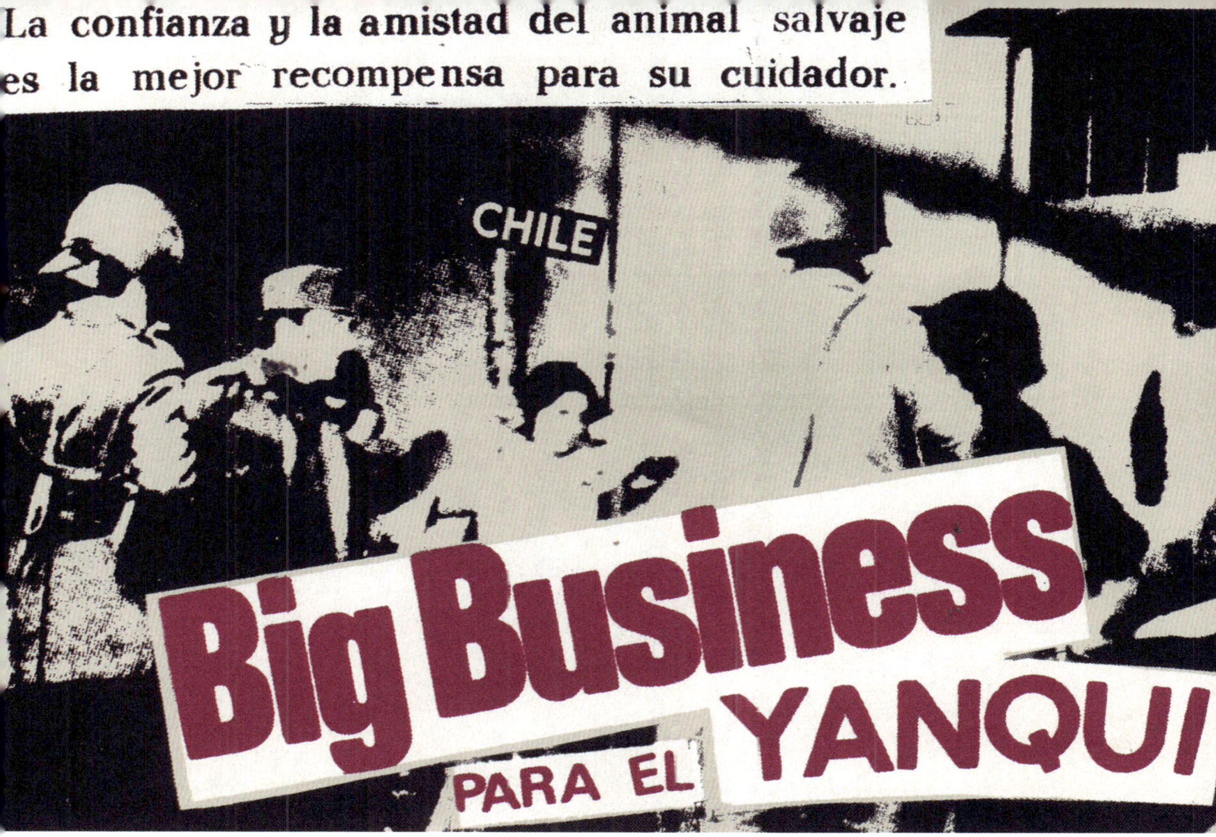

Guillermo Deisler, Big Business para el yanqui [Großes Geschäft für die Yankees], 1970er Jahre, Postkarte, Siebdruck, 9,6 × 11,4 cm, Kupferstich-Kabinett, Staatliche Kunstsammlungen Dresden, Inv.-Nr. B 1979-15/76

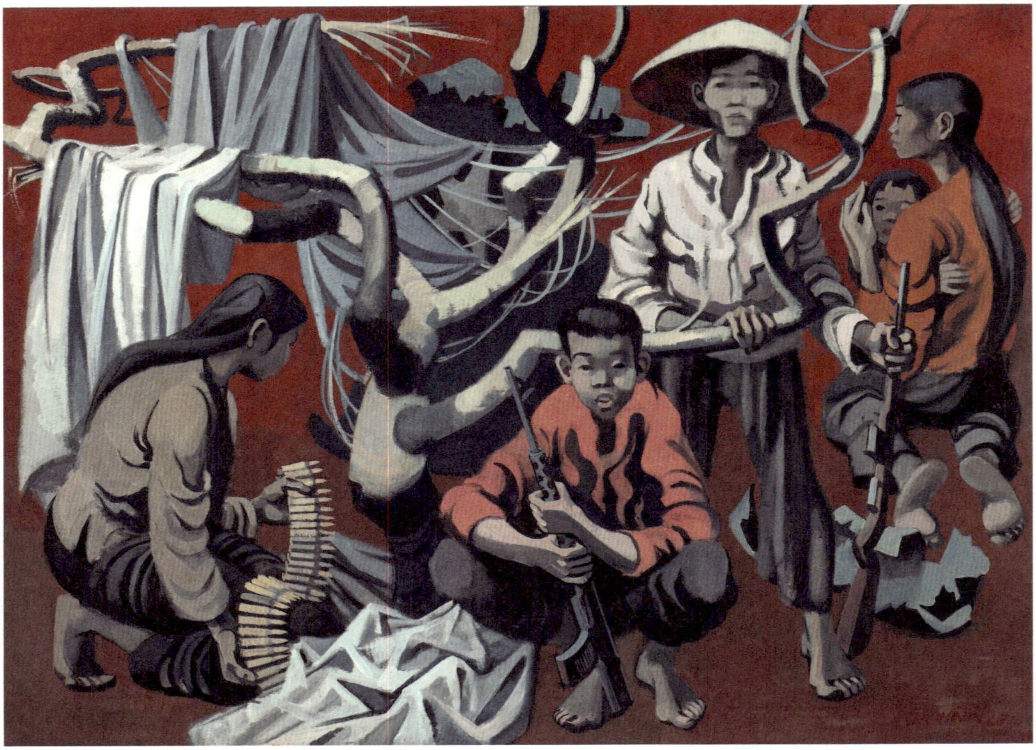

Gerhard Bondzin, Die Unbesiegbaren, 1967, Mischtechnik auf Leinwand, 157 × 215 cm, Albertinum, Staatliche Kunstsammlungen Dresden, Gal.-Nr. 3686

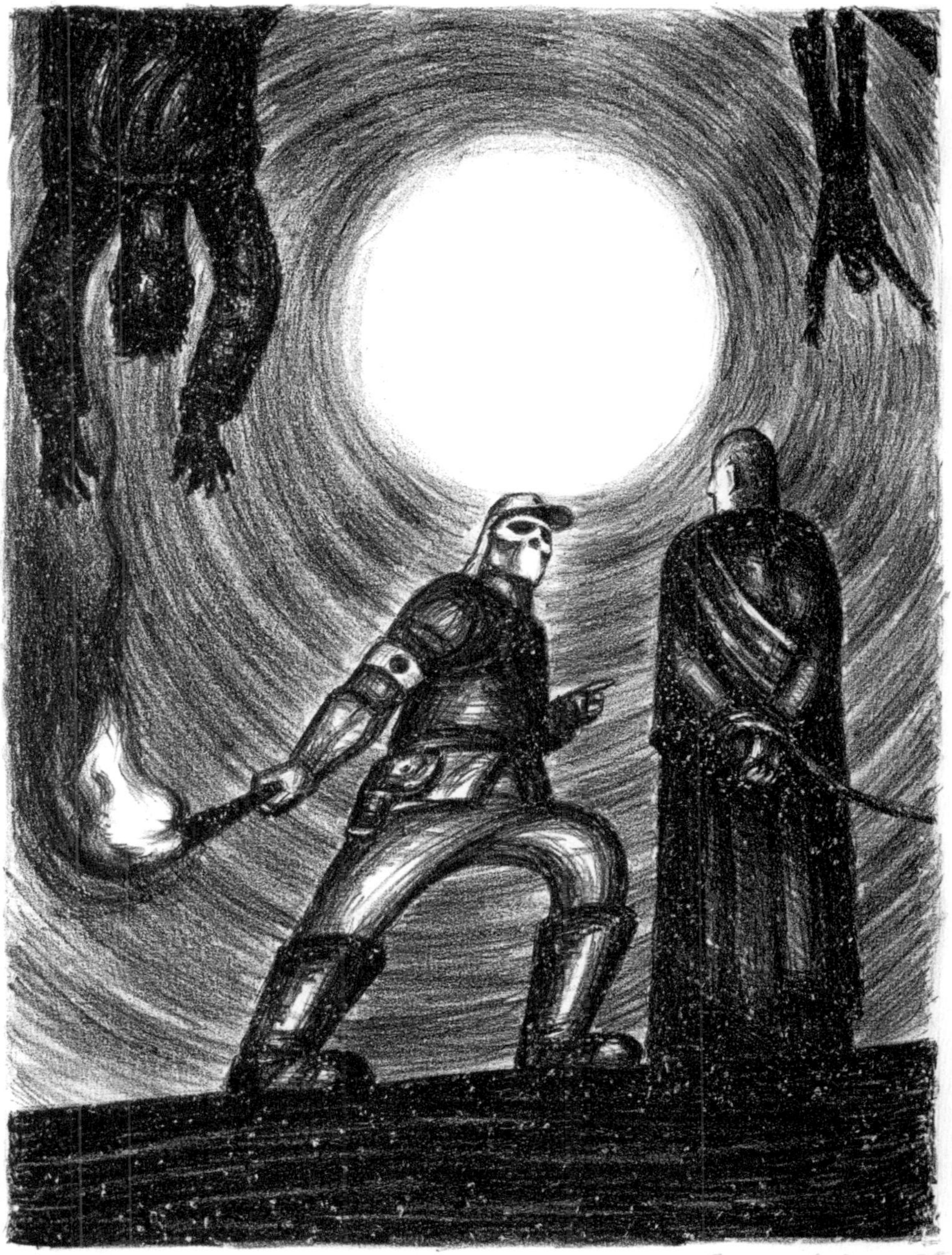

U Sein Linn, o. T., aus einer 10-teiligen Folge zum Befreiungskampf gegen die japanische Besatzung in Burma (1942–1945), 1975, Lithografie, 50 × 37,5 cm, Kustodie der Hochschule für Bildende Künste Dresden, Inv.-Nr. B 2330
U Sein Linn studierte 1973–1975 an der HfBK Dresden.

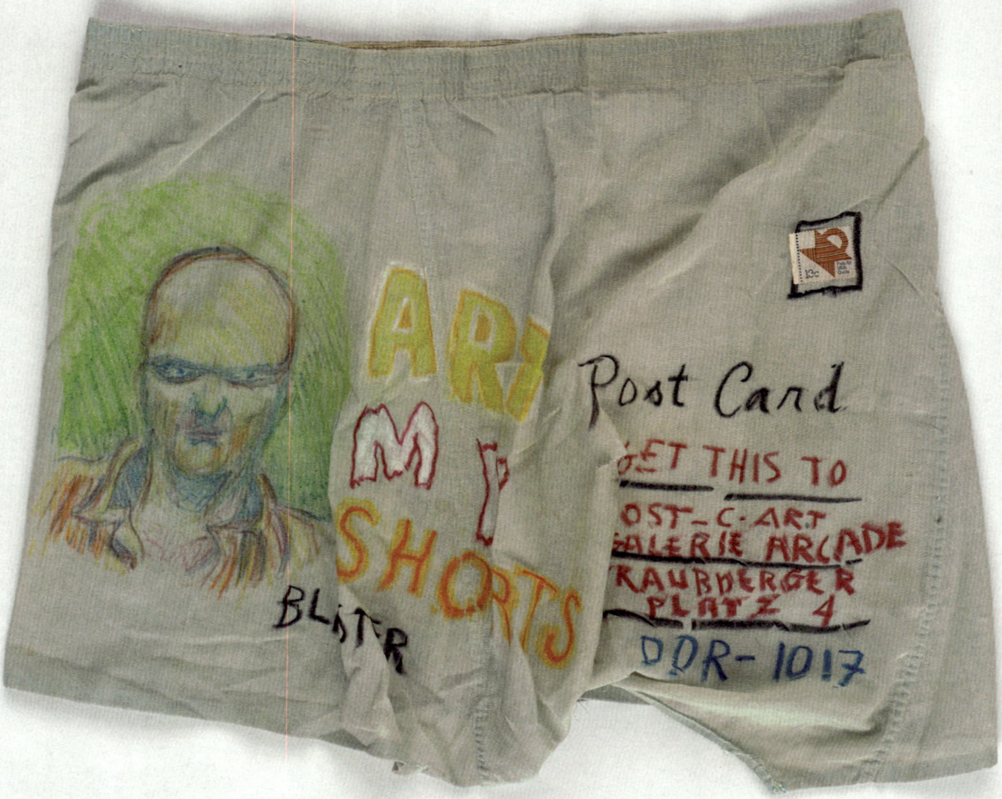

Blaster Al Ackermann, Art my Shorts [Meine Unterhose zur Kunst machen], 1978, Mischgewebe, Briefmarke, farbige Stifte, ca. 42 × 48 cm, Kupferstich-Kabinett, Staatliche Kunstsammlungen Dresden, Inv.-Nr. B 1979–15/24

Das Besondere an der Mail Art ist, dass sie unkommerziell ist, dass sie offen ist für jeden, der mitmachen möchte, und keine Grenzen zieht. Und dass sie international natürlich auch versucht, Grenzen zu überwinden. Grenzen der Sprache, der Kulturen, Landesgrenzen, politische Grenzen. Die Freiheit war uns das Wichtigste.

Der Künstler Lutz Wohlrab über die Bedeutung der Mail Art in der DDR, Interview im Rahmen des Forschungsprojektes *Art in Networks – The GDR and its Global Relations*, siehe S. 171.

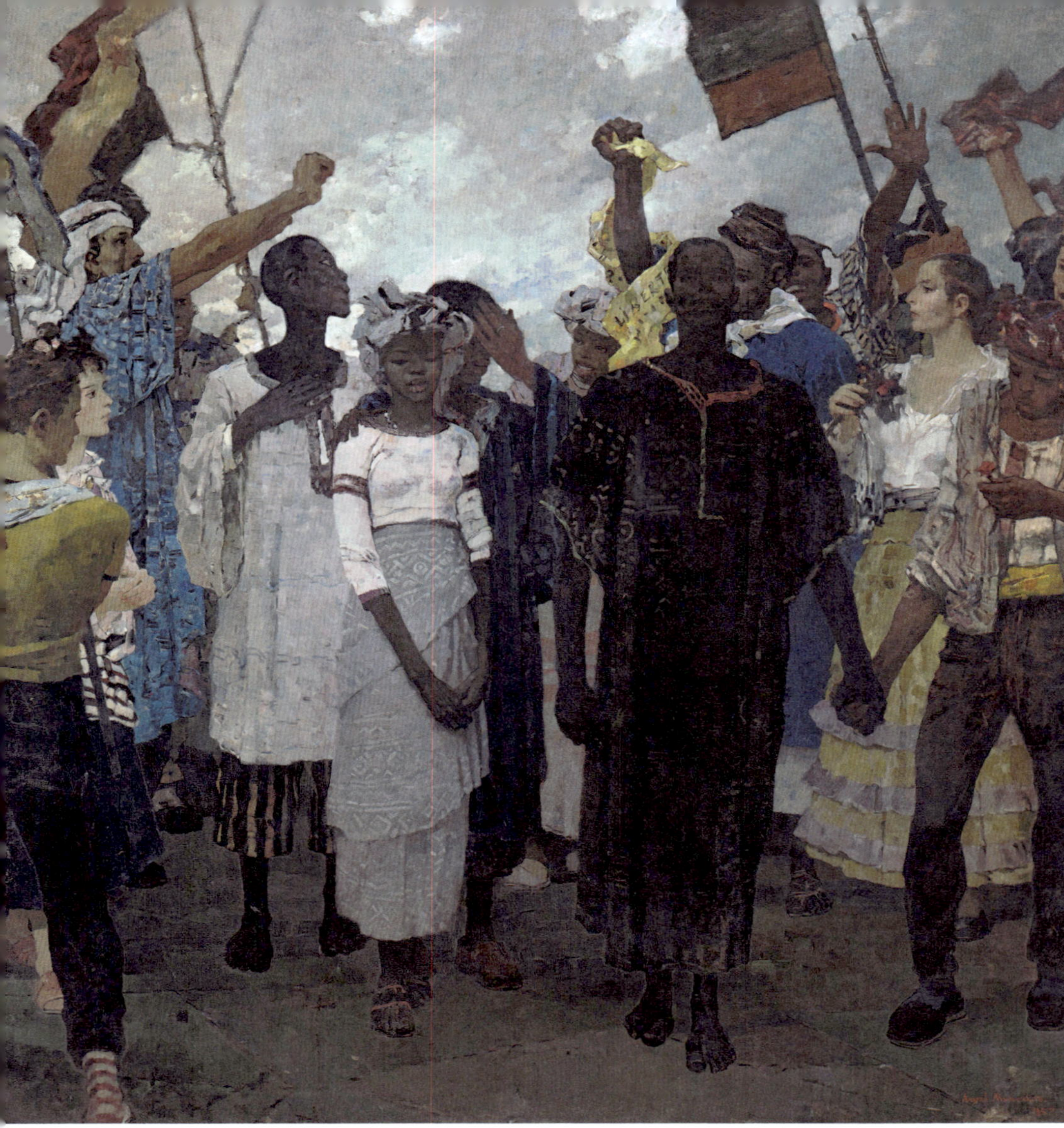

Andrei Mylnikov, Das Erwachen (Für Frieden und Unabhängigkeit), 1957, 300 × 280 cm, Staatliches Russisches Museum, St. Petersburg, PM RCP6R9

Petra Lange-Berndt

Studio H & S im globalen Geflecht: Dokumentarfilme über den Kongo, DDR 1965–1966

Ab 1960 erlangten eine Reihe ehemaliger europäischer Kolonien südlich der Sahara, beispielsweise Kamerun, Togo, der Kongo, die Republik Dahomey (heute Benin) und Nigeria, ihre Unabhängigkeit. Es gab die Hoffnung, dass die einstige Weltordnung an ein Ende gekommen sei. Panafrikanismus und die Organisation für Afrikanische Einheit machten von sich reden. Parallel kam es nach dem Zweiten Weltkrieg zu einem verstärkten Austausch mit der Sowjetunion. Dabei definierte die offizielle kommunistische Politik westlichen Imperialismus als Produkt kapitalistischer Strukturen und suchte neue politische Allianzen: In Moskau eröffnete 1960 die Russische Universität der Völkerfreundschaft und ermöglichte einen Austausch mit Studierenden aus Afrika.[1] In diesem Kontext erstellte der Künstler Andrei Mylnikov 1957 das monumentale Ölgemälde *Das Erwachen von Afrika. Für Frieden und Unabhängigkeit*, das als Zeichen der Solidarität eine Gruppe selbstbewusster Schwarzer Protagonist*innen in Szene setzt.[2] Zu sehen ist eine in traditionelle Gewänder gekleidete Gruppe, die unter dem Jubel einer Menge frontal auf die Betrachter*innen zuschreitet und von Vertreter*innen der arabischen und lateinamerikanischen Gemeinschaft sowie des sowjetischen Imperiums willkommen geheißen wird.[3] Bei dieser Politik ging es nicht alleine um die Unterstützung einer gerechten Sache, sondern im Sinne einer sozialistischen Globalisierung kämpften die Großmächte auch in Zeiten der Dekolonisierung weiterhin um Einfluss in diesem Teil der Erde.[4]

Massenmedien wie Fotografie, Film und Fernsehen spielten in diesem Kontext eine zentrale Rolle. Eine Reihe sowjetischer Protagonist*innen produzierte auf zahlreichen Reisen Material für Nachrichten- und Dokumentarfilme, etwa *Du und ich, Afrika* (Regie: Danilov L., UdSSR 1963).[5] In dieser Zeit entschied sich auch der DDR-Journalist Walter Heynowski (*1927) dazu, das Thema anzugehen. Während seiner Tätigkeit beim DDR-Fernsehen hatte er in der Tradition des Dokumentarfilmers Andrew Thorndike Beiträge konzipiert, die durch ihre audiovisuelle Beweisführung wie Anklagen vor einem Gericht funktionieren.[6] Den 35-minütigen, in Schwarz-Weiß gedrehten Kurzfilm *Kommando 52*, der im Folgenden im Mittelpunkt steht, erstellte Heynowski 1965 für das DEFA-Studio für Wochenschau und Dokumentarfilme – gemeinsam mit dem westdeutschen Kameramann Peter Hellmich, der seit 1953 für das DEFA-Dokumentarfilmstudio im Westen arbeitete, und unterstützt durch die Schnittmeisterin Traute Wischnewski. *Kommando 52* ist in mehrfacher Hinsicht ein zentrales Werk, so markiert es die Formierung des Studio H & S, eines regierungsnahen Kollektivs, dem neben Heynowski, Hellmich und Wischnewski der Journalist Gerhard Scheumann (1930–1998) angehörte.[7] Die Mitglieder besaßen einen einzigartigen

1 Vgl. allgemein Christian Saehrendt: Kunst im Kampf für das ›Sozialistische Weltsystem‹. Auswärtige Kulturpolitik der DDR in Afrika und Nahost, Stuttgart 2017.

2 W. B. Blek: Der Monumentalmaler und Lyriker Andrej Mylnikow, in: Bildende Kunst 1960, Heft 4, S. 241–245, hier S. 245.

3 Ebd., S. 242.

4 Vgl. Mark Nash: Things Fall Apart, in: Ders. (Hg.): Red Africa. Affective Communities and the Cold War, London 2016, S. 6–19; Immanuel R. Harisch, Eric Burton: Sozialistische Globalisierung. Tagebücher der DDR-Freundschaftsbrigaden in Afrika, Asien und Lateinamerika, in: Zeithistorische Forschungen / Studies in Contemporary History 17:2020, Heft 3, S. 578–591.

5 Alexander Markow: Our Africa, in: Nash 2016 (wie Anm. 4), S. 44–47, hier S. 44.

6 Rüdiger Steinmetz: Die Film- und Fernseh-Dokumentaristen Walter Heynowski und Gerhard Scheumann, in: Ders., Tilo Prase (Hgg.): Dokumentarfilm zwischen Beweis und Pamphlet. Heynowski & Scheumann und Gruppe Katins, Leipzig 2002, S. 13–158, hier S. 31.

7 Gerhard Scheumann war an *Kommando 52* nur marginal beteiligt, vgl. Steinmetz 2002 (wie Anm. 6), S. 48. Peter Hellmich und Gerhard Scheumann betätigten sich beide als Informelle Mitarbeiter für das Ministerium für Staatssicherheit, vgl. Christian Bunnenberg: Der »Kongo-Müller«. Eine deutsche Söldnerkarriere, Berlin 2007, S. 87.

Sonderstatus sowie zahlreiche Privilegien. Sie operierten bis 1982 als globale Klassenkämpfer an den Fronten des Kalten Krieges. Ab dem 1. Mai 1969 agierte das Studio H & S unabhängig von der DEFA, arbeitete jedoch in engem Austausch mit dem DDR-Außenministerium, der Abteilung Außenpolitik im Zentralkomitee der SED und gelegentlich auch mit der Auslandsabteilung des Ministeriums für Staatssicherheit.[8] Dieser Verbund wurde durch Werke berühmt, die sich (Anti-)Kolonialismus und Befreiungskämpfen im Globalen Süden, etwa in Vietnam und Chile, widmen. Auch *Kommando 52* beschäftigt sich nicht mit dem Ideal eines friedlichen, transnationalen Zusammentreffens, wie es Mylnikov in seinem Gemälde inszeniert. Stattdessen dokumentiert das Werk in aller Drastik mit der sogenannten Kongokrise einen äußerst blutigen und komplexen Konflikt der damaligen Gegenwart. Nach Erlangung der Unabhängigkeit wählte das Land 1960 Patrice Lumumba als ersten Premierminister des postkolonialen Staates. Schnell wurde der Politiker jedoch auf Druck aus den USA und durch die ehemalige Kolonialmacht Belgien – es ging um wirtschaftliche Interessen – vom ersten Präsidenten des Landes, Joseph Kasa-Vubu, abgesetzt. Schließlich ermordete ein Erschießungskommando Lumumba in Anwesenheit belgischer Offiziere und Beamter; es folgten bürgerkriegsähnliche Auseinandersetzungen. Die Lumumba nahestehende und mit dem Sozialismus sympathisierende Bewegung Mouvement National Congolais kämpfte gegen die Sammlungsbewegung des Ministerpräsidenten Moïse Tschombé. Was Heynowski und Hellmich an diesen Zusammenhängen besonders interessierte war, dass Tschombé nach dem Abzug der einst im Kongo stationierten, von Afrika gestellten UN-Truppen nicht nur von der Armee des Generalstabschefs Joseph-Désiré Mobutu, sondern auch von westlicher Seite und mit Billigung der USA und Belgiens durch *weiße* Söldner unterstützt wurde. Zu dieser Gruppe gehörten unter anderen westdeutsche Männer, die sich bewaffneten Einheiten wie dem Söldnerkommando 52 anschlossen. Im November 1965 ernannte sich der Diktator Mobuto schließlich mit der Hilfe westlicher Geheimdienste zum Staatspräsidenten und wickelte die Söldnereinheiten ab.[9]

Diese Auseinandersetzungen stellten während des Kalten Krieges einen brutalen Stellvertreterkrieg der damaligen Weltmächte dar, und *Kommando 52* ist ein politisch klar positioniertes Werk. Der Film war in der DDR ein großer Erfolg und erhielt auf der Leipziger Dokumentarfilmwoche, wo er am 16. November 1965 uraufgeführt wurde,[10] mit der Goldenen Taube die höchste Auszeichnung. In Westdeutschland war er als Propaganda und sogenannter ›Sperrfilm‹ offiziell verboten.[11] Basis der Arbeiten des Studio H & S bildeten vor allem in den 1970er Jahren Reisen in die jeweiligen Länder sowie eine Interaktion mit den Beteiligten. Mitte der 1960er Jahre, in Zeiten des Mauerbaus, als die DDR jenseits des Ostblocks noch um die völkerrechtliche Anerkennung als souveräner Staat ringen musste, war im Zusammenhang mit *Kommando 52* eine Reise in den Kongo jedoch nicht möglich. Daher konnten Walter Heynowski und Peter Hellmich nur über Umwege arbeiten. Im Film selbst wie in der Presse erklärte das Duo, die ausgewerteten Dokumente hätten kongolesische Patrioten erbeutet und diese in die Bundesrepublik adressierte Postsendung sei dann abgefangen und an Hellmich übergeben worden.[12] Diese Darstellung entsprach jedoch nicht der Wahrheit. Stattdessen unternahmen die Filmemacher eine Expedition in die westdeutsche Medienlandschaft.[13] Ab September 1964 erschienen in den wöchentlich erscheinenden Zeitschriften *Quick* und *Revue* Berichte über deutsche Söldner im Kongo, illustriert mit Bildern,

8 Vgl. allgemein Studio H & S (Hg.): Die Filme Heynowski & Scheumann, Peter Hellmich 1965–1978. deutsch, english, français, español, Texte u. Redaktion: Robert Michel, Berlin 1979; Studio H & S. Filme 1964–1989, Box mit fünf DVDs und Begleitheft, hg. v. Ralf Schenk, absolut MEDIEN GmbH, TELEPOOL GmbH, DEFA-Stiftung 2014; Steinmetz 2002 (wie Anm. 6), S. 61–66; Günter Jordan, Ralf Schenk (Hgg.): Schwarzweiß und Farbe. DEFA-Dokumentarfilme 1946–92, hg. v. Filmmuseum Potsdam, Berlin 1996.

9 Matthias Steinle: Vom Feindbild zum Fremdbild. Die gegenseitige Darstellung von BRD und DDR im Dokumentarfilm, Konstanz 2003, S. 295; Bunnenberg 2007 (wie Anm. 7), S. 40–46, hier S. 58.

10 Im Kino lief der Film ab dem 10.12.1965, vgl. Bunnenberg 2007 (wie Anm. 7), S. 88.

11 Ebd., S. 89.

12 Ebd.

13 Ebd., S. 80.

die Journalisten der BRD im Kongo erstellt hatten.[14] Die Beiträge zeigen teilweise ganzseitige Schwarz-Weiß-Fotos, die trotz des Kontextes der Sensationspresse durch ihre grobe Körnung und den begleitenden Text als authentisch markiert sind. Von einem heutigen Standpunkt aus ist es schockierend, dass Leichen zu sehen sind, gleich neben Werbeanzeigen, beispielsweise für Rasierklingen der Marke Rotbart Rostfrei »für viele seidenweiche Rasuren«[15] – eine zynischere Montage ist kaum denkbar. Insgesamt nimmt die Berichterstattung die Perspektive der europäischen und vor allem der deutschen Söldner sowie ihrer in der Bundesrepublik lebenden Angehörigen ein. Laut dem Historiker Christian Bunnenberg erscheinen die Beiträge wie »verspätete Frontnachrichten vom deutschen Afrikakorps«.[16] Sie sind unkritisch und rassistisch, sie geben parteiisch allein die Perspektive der ehemaligen Kolonialmächte, ihrer Unterstützer*innen sowie Moïse Tschombés wieder, der damals auch in der Bundesrepublik empfangen wurde. Die westdeutsche Regierung hatte offenbar keine Bedenken gegenüber *weißer* Vorherrschaft – sie gehörte zu den Bündnispartner*innen des südafrikanischen Apartheid-Regimes. Und die Beobachtung, dass sich ehemalige SS-Leute unter den Söldnern befanden, war etwa dem Magazin *Quick* in Zeiten, in denen ehemalige Nazi-Größen noch immer öffentliche Ämter bekleideten, keinen weiteren Kommentar wert.[17] Diese Medienaufmerksamkeit kulminierte schließlich gegen Ende des Jahres 1964 in vier Reportagen in der Illustrierten *Stern*, die der Journalist Ernst Petry und der Fotograf Gerd Heidemann auf einer Reise in den Kongo und während eines Besuchs beim Söldnerkommando 52 anfertigten.[18] Wenn auch an dieser Stelle ebenfalls Rassismen auftauchen, ist die Perspektive eine andere, denn die Journalisten üben durchaus Kritik an Tschombé und der Verflechtung Westeuropas mit dem Konflikt. Der Bericht macht deutlich, dass Menschenrechtsverletzungen – Morde, Plünderungen, Folterungen – zu verzeichnen sind. Und eben diese *Stern*-Reportagen bilden die Grundlage für den Film *Kommando 52*. Peter Hellmich war auf das Material aufmerksam geworden und besuchte gemeinsam mit Heynowski den Reporter Gerd Heidemann in Hamburg, wo das Duo ihm Bilder, Briefdokumente und Tonbandkopien abkaufte.[19] Die ›kongolesischen Patrioten‹ entpuppen sich retrospektiv als westdeutsche Journalisten und die postalische Piraterie als mediale Zweitverwertung.

Dieses Material wurde dann zu einem Film montiert, der den Eindruck erweckt, dass sich die Filmemacher*innen direkt vor Ort aufgehalten hätten. Zu Beginn sieht das Publikum ein Foto im Entwicklerbad, langsam wird das Bild der Leiche eines Schwarzen Menschen sichtbar – wir bezeugen die Evidenz des Fotografischen. Im Rotlicht der Dunkelkammer entstehen keine Graustufen, keine Zwischentöne, sondern ein harter Schwarz-Weiß-Kontrast. Der Rhythmus der Narration mit ihrem allwissenden Erzähler, die Stimme stammt von dem Schauspieler Herwart Grosse, ist unerbittlich, wenn uns heterogene Quellen wie O-Töne der Söldner, Standbilder, Briefe, Tagebücher und 16-mm-Filme präsentiert werden.[20] Der gesprochene Kommentar bleibt karg, die Bilder, die starke emotionale Reaktionen auslösen – der Film war ab 18 Jahren freigegeben –, stehen im

14 Karl Breyer (Fotos), Peter Leukefeld (Text): Das letzte Aufgebot, in: Quick, 20.9.1964, Heft 38, S. 40–46 (mit zusätzlichen Bildern des französischen Fotografen Yves-Guy Bergès); Anonym: Tränen um den toten Sohn, in: Quick, 27.9.1964, Heft 39, S. 134; Siegfried Müller: Ich, Hauptmann Müller, in: Revue, 11.10.1964, Heft 41, S. 22–25, 94; Elfriede Müller: Mein Mann, der Hauptmann, in: Revue, 18.10.1964, Heft 42, S. 90–93; Herbert Kaufhold: Flieh, Kaffer oder stirb, in: Revue, 25.10.1964, Heft 43, S. 34–38.

15 Kaufhold 1964 (wie Anm. 14), S. 34 f.

16 Bunnenberg 2007 (wie Anm. 7), S. 78.

17 Breyer, Leukefeld 1964 (wie Anm. 14), S. 46.

18 Ernst Petry, Gerd Heidemann: Auf der Straße der Landsknechte, in: Stern, 22.11.1964, Heft 47, S. 40–50; Ernst Petry: Die Straße der Landsknechte (2), in: Stern, 29.11.1964, Heft 48, S. 93–99; ders.: Auf der Straße der Landsknechte (3), in: Stern, 6.12.1964, Heft 49, S. 112–118; ders.: Unser Vater blieb im Kongo, in: Stern, 13.12.1964, Heft 50, S. 12–19, 123–131. Der Journalist Dieter Heggemann gehörte ebenfalls zum Team, nahm an diesen Expeditionen jedoch nicht teil, vgl. Bunnenberg 2007 (wie Anm. 7), S. 11 f. Gerd Heidemann sollte im Zusammenhang mit der Publikation der gefälschten Hitler-Tagebücher im *Stern* im April 1983 erneut für Aufsehen sorgen.

19 Siehe Bunnenberg 2007 (wie Anm. 7), S. 88–91; Walter Heynowski und Gerd Heidemann berichten, dass *Stern*-Herausgeber Henri Nannen von der Aktion wusste – vgl. dazu den Fernsehbeitrag *Kongo Müller. Eine deutsch-deutsche Geschichte*, Buch u. Regie: Siegfried Ressel, ZDF in Zusammenarbeit mit arte 2011.

20 Siehe insgesamt Bunnenberg 2007 (wie Anm. 7), S. 88–92; zu Grosse vgl. https://www.defa-stiftung.de/filme/filme-suchen/kommando-52/ (Stand: 28.4.2023).

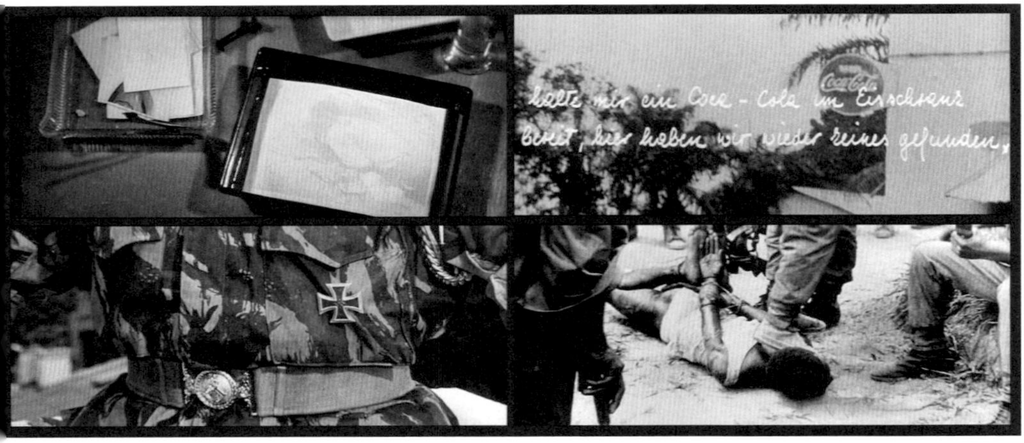

Kommando 52, Regie: Walter Heynowski, Dokumentarfilm, S/W, 35 min, DDR, DEFA-Studio für Wochenschau und Dokumentarfilme, 1965 (Filmstills)

Mittelpunkt.[21] Zu sehen sind Leichen, Leichen, nichts als Leichen, in Großaufnahme, gefoltert, verstümmelt, halb verwest. *Kommando 52* dokumentiert die Morde und das unangemessene Verhalten der Söldner eingehend, berichtet von schlimmsten Folterungen und menschenverachtenden Vorgängen selbst noch an toten Körpern. Es wird betont, dass die Söldner im Kongo in zweifacher Hinsicht auf Menschen schießen: mit Gewehren und – wie reguläre Touristen – mit Kameras; impliziert sind damit auch die westdeutschen Fotografen.[22] In diesem Sinne diente *Kommando 52* als kinematografische Waffe, als »(visuelles) Gegenfeuer«, mit dem die DDR aktiv den Kampf der sozialistischen Befreiungsbewegung unterstützte.[23] Der Film erhob nicht den Anspruch, neutral über die Ereignisse im Kongo zu berichten. Aus dem dokumentarischen Material montierten die Protagonist*innen im Sinne eines sozialistischen Realismus stattdessen eine Alternative zur Darstellung in der westlichen Sensationspresse, wie es das Studio H & S 1980 programmatisch erklärte: »Die Werkstatt bekennt sich zur Ideologie offen und vor jeder Öffentlichkeit [...]. Sie polemisiert entschieden gegen die Position eines unbeteiligten, zwischen den Parteien stehenden Objektivismus, die stets noch ihrer Vorgeblichkeit und unredlichen Zwecke überführt worden ist.«[24] Auf diesem Weg, unter Bezug auf die Praxis des Filmemachers Dziga Vertov[25] und durch verstärkten Einsatz von Sergej Eisensteins Montage der Attraktionen im letzten Drittel, also durch Kontrast- und Parallelmontagen sowie Schuss und Gegenschuss, werden klare Thesen verfolgt und wie vor Gericht mit Beweisen untermauert: Die BRD sei Akteurin des Neokolonialismus, und westdeutsche Autoritäten aus Kirche, Politik und Wirtschaft würden das Regime von Tschombé stützen und die Vorgänge im Kongo billigen.[26] Darüber hinaus wird der Aufenthalt deutscher Söldner im Kongo mit dem Einsatz der US-Armee in Vietnam in einen direkten Zusammenhang gestellt. Ein eingespielter NS-Lehrfilm aus dem Sommer 1944 führt den Fortbestand des deutschen Faschismus vor, und am Ende hört das Publikum schließlich das Geständnis der Mörder beim abendlichen Lagerfeuer, während Musik von Beethoven einsetzt und folgender Text erscheint: »Wir schämen uns als Deutsche der Verbrechen von Deutschen, die dieser Film enthüllt.«

21 Steinmetz 2002 (wie Anm. 6), S. 34; Bunnenberg 2007 (wie Anm. 7), S. 88.
22 Vgl. auch Heynowski & Scheumann: Kannibalen. Ein abendländisches Poesiealbum in Selbstzeugnissen, Berlin 1967, S. 24.
23 Steinle 2003 (wie Anm. 9), S. 296.
24 Robert Michel: Kurzfilmwerkstatt Studio H & S. Materialien eines auswärtigen Seminars, in: Filmwissenschaftliche Beiträge 21:1980, Heft 2, S. 7–32, hier S. 12; Dokumentarfilm, Dokumentarisches, in: Manfred Berger u. a. (Hgg.): Kulturpolitisches Wörterbuch (1970), Berlin 1978, S. 144–146.
25 Vgl. Seminar zum politischen Dokumentarfilm im Rahmen der Retrospektive an der Danske Filmskolen Kopenhagen, 16. u. 17. April 1977, in: Robert Michel: H & S im Gespräch. Mit Filmen im Ausland. Eine Dokumentation, in: Information 1977, Heft 4, hg. v. d. Hochschule für Film und Fernsehen der DDR, S. 4–26, hier S. 4.
26 Steinle 2003 (wie Anm. 9), S. 294–299; Bunnenberg 2007 (wie Anm. 7), S. 15 f., 88 f.

Kommando 52 traf einen Nerv der Zeit. Begleitet von einer umfangreichen DDR-Pressekampagne entstanden weitere Filme des Studios H & S mit ähnlicher Thematik: *Der lachende Mann* (1966), *PS zum lachenden Mann* (1966) und *Der Fall Bernd K.* (1967). Parallel zu den Filmen erschienen außerdem drei Bücher, darunter *Kannibalen* (1967), sowie die Schallplatte *Der lachende Mann – Bekenntnisse eines Mörders* (1966).[27] Heinz Lohmars gemaltes *Kongo-Triptychon* aus dem Jahr 1965 (S. 94/95) ist ebenfalls in diesem Kontext zu verorten. Bereits vor der Uraufführung von *Kommando 52* plante das Studio H & S die Dokumentation *Der lachende Mann*, welche am 9. Februar im Deutschen Fernsehfunk und am 18. März 1966 im Kino anlief. Mit diesem Werk sollte das Kollektiv endgültig Mediengeschichte schreiben.[28] Denn es war gelungen, den Leiter des Söldnerkommandos 52 Major Siegfried Müller, genannt ›Kongo-Müller‹, gekleidet in Militäruniform inklusive Eisernem Kreuz 1. Klasse mit Hakenkreuz, am 10. November 1965 in München zu interviewen. Der ehemalige Söldner stimmte dem Gespräch zu, weil er glaubte, westdeutschen Journalisten gegenüberzusitzen. Gerhard Scheumann, der von 1963 bis 1965 als Redakteur und Moderator des Fernsehmagazins *Prisma* tätig gewesen war und sich in diesem Kontext einen Ruf als investigativer Journalist erarbeitet hatte, der durchaus Kritik an der DDR übte, führte das Gespräch. Diese Konstellation war so einzigartig wie ideal. In einem schwarz ausgeschlagenen Raum und mit Einsatz von Scheinwerferlicht konnte das Publikum den Klassenfeind nun genau studieren: Der Interviewte mit dem symbolisch aufgeladenen Namen entlarvte sich im Laufe der Unterhaltung immer deutlicher als abschreckender Vertreter des (Neo-)Faschismus sowie als lebender Beweis für den Neokolonialismus in Westdeutschland. Punktuell fügte das Studio H & S dokumentarisches Material aus *Kommando 52* in das aufgezeichnete Gespräch ein, etwa, um Aussagen Müllers zu widerlegen. Der Film stellte einen großen Erfolg dar und wurde in 37 Länder des Ostblocks und der blockfreien Staaten exportiert.[29] Gemeinsam mit *Kommando 52* steht er in einem scharfen Kontrast zu Filmen wie *Africa Addio* aus dem Jahr 1966. Der 132 Minuten lange Dokumentarfilm von Gualtiero Jacopetti und Franco Prosperi thematisiert ebenfalls die Dekolonisierung in Afrika und zeigt unter anderem Bilder aus dem Kongo. Die italienischen Regisseure präsentieren die Auseinandersetzungen jedoch als Resultat des Abzugs der europäischen Kolonialmächte. Und was am schwersten wiegt: Jacopetti und Prosperi hatten zum Zweck des Entertainments

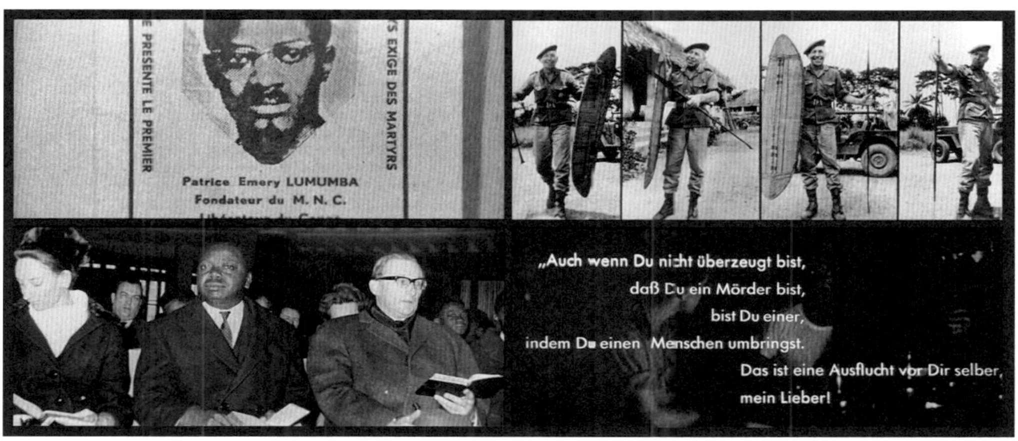

Kommando 52, Regie: Walter Heynowski, Dokumentarfilm, S/W, 35 min, DDR, DEFA-Studio für Wochenschau und Dokumentarfilme, 1965 (Filmstills)

27 Die weiteren Bücher zu den Filmen waren *Der lachende Mann* (1966, zwei Auflagen) und *Der Fall Bernd K.* (1968) – vgl. Bunnenberg 2007 (wie Anm. 7), S. 86, 93 f.

28 Vgl. insgesamt zu *Der lachende Mann* Steinmetz 2002 (wie Anm. 6), S. 72–87; Bunnenberg 2007 (wie Anm. 7), S. 95–100.

29 Bunnenberg 2007 (wie Anm. 7), S. 100.

einen Angriff der Söldner des Kommandos 52 vom 24. Oktober 1964 gefilmt.[30] Während *Der lachende Mann* in der BRD ebenfalls als ›Sperrfilm‹ galt,[31] passierte das rassistische Machwerk *Africa Addio* nicht nur die Filmselbstkontrolle, sondern erhielt, wie der westdeutsche Journalist Otto Köhler sarkastisch schreibt, auch noch »das steuervergünstigende Prädikat ›wertvoll‹«.[32] Aus diesem Grund demonstrierten Studierende, unter ihnen auch Schwarze, in West-Berlin für Solidarität und gegen den Staatsbesuch von Moïse Tschombé in der BRD sowie gegen *Africa Addio*, wie es in *PS zum lachenden Mann* dokumentiert wird.

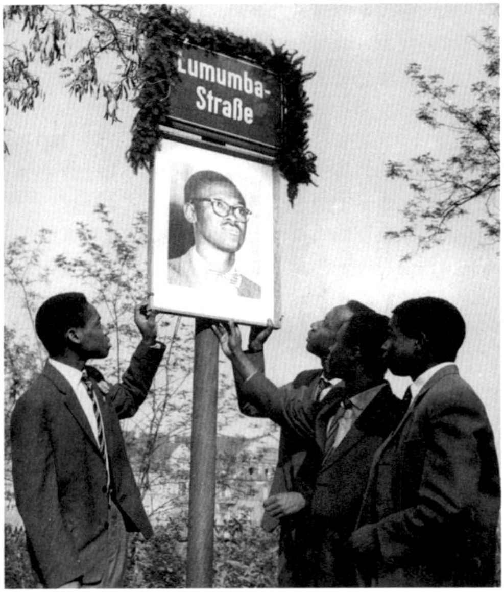

Kongolesische Studierende der Leipziger Karl-Marx-Universität betrachten das Straßenschild der Lumumba-Straße, die anlässlich der Woche der Freundschaft und Solidarität der Freien Deutschen Jugend nach dem ersten Premierminister des Kongo, Patrice Lumumba, benannt wurde, Leipzig, 26. April 1961, Foto: Heinz Koch

Mit *Kommando 52* und den folgenden Filmen konnte sich die DDR gemäß der damaligen sowjetischen Globalisierungspolitik als Anwältin des Kongo präsentieren. Und diese Vertretung blieb nicht allein auf einer filmischen Ebene. Seit Februar 1966 hatte sich der Arbeiter- und Bauernstaat in einer medienwirksamen Aktion für eine strafrechtliche Verfolgung Müllers eingesetzt. Auf einer Pressekonferenz der DDR-Delegation während der Internationalen Kurzfilmtage Oberhausen am 16. Februar 1966 wurde das kinematografische Gericht schließlich auf eine konkrete juristische Ebene überführt. *Kommando 52* und *Der lachende Mann* kamen nicht zur Aufführung. Stattdessen erklärte der Ost-Berliner Staranwalt und Berater des Studio H&S, Friedrich Karl Kaul, in einer Presseerklärung, dass er im Namen von »1. Pauline Lumumba«, der Ehefrau des ermordeten Premierministers, »2. Herrn Gabriel Yumbu, 3. Herrn Léon Lokongo, 4. Herrn Camille Khumu, 5. Herrn Michele Mougai, 6. Herrn Placid Kutungwa« Siegfried Müller und seinen Adjutanten Gerd von Blottnitz beim Oberlandesgericht Frankfurt am Main wegen vielfachen Mordes und schweren Diebstahls angeklagt habe.[33] Kaul war als Ankläger präzise gewählt. Denn das Kammergericht hatte ihn vor der durch die deutsche Teilung bedingten Trennung der Justizsysteme Berlins als Anwalt zugelassen, daher konnte er auch in westdeutschen Verfahren als Nebenklage-Vertreter auftreten.[34] So beteiligte sich der Jurist von 1963 bis 1965 am ersten Frankfurter Auschwitz-Prozess. In diesem Kontext ließ die »Darstellung der antikommunistischen und rassistischen Aussagen der Söldner in Verbindung mit den Bildern gefolterter und ermordeter Kongolesen« in beiden deutschen Staaten die Frage nach einem »neuen Typus deutscher Kriegsverbrechen« in Afrika entstehen.[35] Siegfried Müller setzte sich jedoch nach Südafrika ab und kehrte nie wieder in die Bundesrepublik zurück. Am 13. September 1966 fand schließlich die Uraufführung von *PS zum lachenden*

30 Ebd., S. 56 f.

31 Steinle 2003 (wie Anm. 9), S. 299.

32 Otto Köhler: Kongo-Müller oder Die Freiheit, die wir verteidigen. Mit einem Stenogramm von Alexander Mitscherlich, Frankfurt am Main 1966, S. 68 f.

33 Ebd., S. 12–15; Bunnenberg 2007 (wie Anm. 7), S. 106 f.

34 Annette Weinke: Die Verfolgung von NS-Tätern im geteilten Deutschland. Vergangenheitsbewältigung 1949–1969 oder: Eine deutsch-deutsche Beziehungsgeschichte im Kalten Krieg, Paderborn 2002, S. 253.

35 Bunnenberg 2007 (wie Anm. 7), S. 90 f.

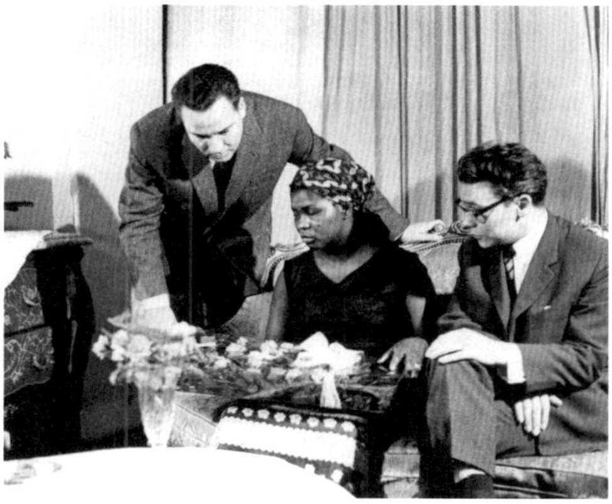

Gerhard Scheumann und Walter Heynowski besuchen Pauline Lumumba im Exil in Kairo, 1966, Foto: Christine Nehrlich

Mann im DDR-Fernsehen statt.[36] Der Film zeigt – nur ein Jahr, nachdem Walter Ulbricht als Staatsgast vom ägyptischen Präsidenten Gamal Abdel Nasser empfangen worden war – einen Besuch von Heynowski und Scheumann in Kairo, wo sie ein Interview mit Lumumbas Witwe Pauline geführt und einen direkten Austausch mit einer maßgeblichen Akteurin aus dem Kongo gesucht und umgesetzt hatten.[37]

Die beschriebenen Filme nehmen eine ambivalente Stellung zwischen Aufklärung und Propaganda ein.[38] Die partielle, wenn auch deutlich markierte Perspektive der DDR-Dokumentationen benennt mit den kolonialen und postkolonialen Verflechtungen zwischen der Bundesrepublik Deutschland und Afrika sowie den Militäreinsätzen in diesem Zusammenhang ein Problem, das bis in die Gegenwart nicht angemessen aufgearbeitet wurde. Der einseitige Blickwinkel der Filme verhinderte jedoch eine umfassende Auseinandersetzung mit diesem Problemfeld. Die Dokumentationen verfolgen beispielsweise die Argumentation, dass vor allem die westdeutschen Söldner unter dem Kommando von Siegfried Müller für eine Kontinuität des NS-Regimes und seiner Verbrechen stünden, doch es waren genauso damalige DDR-Bürger am deutschen Faschismus beteiligt gewesen. Darüber hinaus behaupteten die Filmemacher, Müller handele im Auftrag der BRD, dabei diente der ehemalige Wehrmachtssoldat, der nach dem Krieg einen US-amerikanischen Offizierslehrgang besuchte, nie in der Bundeswehr. Im Kongo agierte er unter ehemals britischen Offizieren für Tschombé.[39] Und die im Kongo mordenden Söldner kamen nicht nur aus Westdeutschland, sondern auch aus England, Belgien, Italien, Frankreich, Rhodesien und Südafrika.[40] So drängt sich abschließend die Frage auf, was die präzise komponierten Filme von Heynowski und dem Studio H & S, die sich mit dem Kongo beschäftigen, nicht zeigen. Beispielsweise formulierten in der BRD linke Kreise Kritik an der deutschen Kolonialgeschichte – Diskussionen, die ebenso wie der Rassismus im Arbeiter- und Bauernstaat verschwiegen werden mussten, um die Narrative einer neokolonialen BRD und einer Afrika gegenüber auf Solidarität setzenden DDR aufrechtzuerhalten.[41] Zudem gelangte mindestens eine Kopie von *Der lachende Mann* in die Bundesrepublik und wurde durch den in der Friedensbewegung aktiven Freiburger Versicherungskaufmann Helmut Soeder sowie den Sozialistischen Deutschen Studentenbund aufgeführt.[42] Schließlich veröffentlichte Otto Köhler das Buch *Kongo-Müller oder Die Freiheit, die wir verteidigen*. Die Publikation gibt das Interview von Scheumann mit Müller in großen Teilen wieder – allerdings geschah dies nur gegen den Widerstand der DDR.[43]

So bleiben *Kommando 52*, *Der lachende Mann* und *PS zum lachenden Mann* letzten Endes in einer deutsch-deutschen Perspektive gefangen, während die Filme den Kongoles*innen einen passiven Opferstatus zuweisen. Sie thematisieren zwar die komplexen Verstrickungen

36 Claudia Böttcher, Judith Kretzschmar, Corinna Schier: Heynowski & Scheumann – Dokumentarfilmer im Klassenkampf. Eine kommentierte Filmographie, Leipzig 2002, S. 113.
37 Ich danke Martina Seidel, Deutsches Rundfunkarchiv, für Hilfe bei der Recherche.
38 Steinle 2003 (wie Anm. 9), S. 292.
39 Bunnenberg 2007 (wie Anm. 7), S. 20, 48.
40 Ebd., S. 13.
41 Vgl. zu den Integrationsproblemen afrikanischer Studierender, Schüler*innen und Vertragsarbeiter*innen Saehrendt 2017 (wie Anm. 1), S. 43 f.
42 Ebd., S. 101.
43 Köhler 1966 (wie Anm. 32), S. 19, 73; Bunnenberg 2007 (wie Anm. 7), S. 103 f.

der Einheimischen in den Konflikt, doch diese Gruppe erhält wortwörtlich keine eigene Stimme, wenn beispielsweise eine weibliche deutsche Synchronstimme Pauline Lumumbas Worte spricht. Vor allem gegen *Kommando 52* kann schließlich der Vorwurf erhoben werden, mit äußerst problematischen Aufnahmen Politik zu betreiben, ohne die Angehörigen und Hinterbliebenen der Ermordeten umfassend in die Diskussion mit einzubeziehen, wie eine angemessene und ethisch vertretbare Berichterstattung aussehen könnte.
Die Mitglieder des Publikums werden zu Kompliz*innen – nicht alleine der neokolonialen Bestrebungen der BRD, sondern wir können auch erkennen, dass wir aus einer voyeuristischen Perspektive einem Medienspektakel beiwohnen. Aus diesem Grund, und bis diese Aufarbeitung in Zusammenarbeit mit Beteiligten aus der Demokratischen Republik Kongo abgeschlossen ist, sollte *Kommando 52* ausschließlich in wissenschaftlichen Kontexten gezeigt werden. Nur so ist es möglich, dieser Spielart der Globalisierung mit einer angemessenen Kritik zu begegnen.

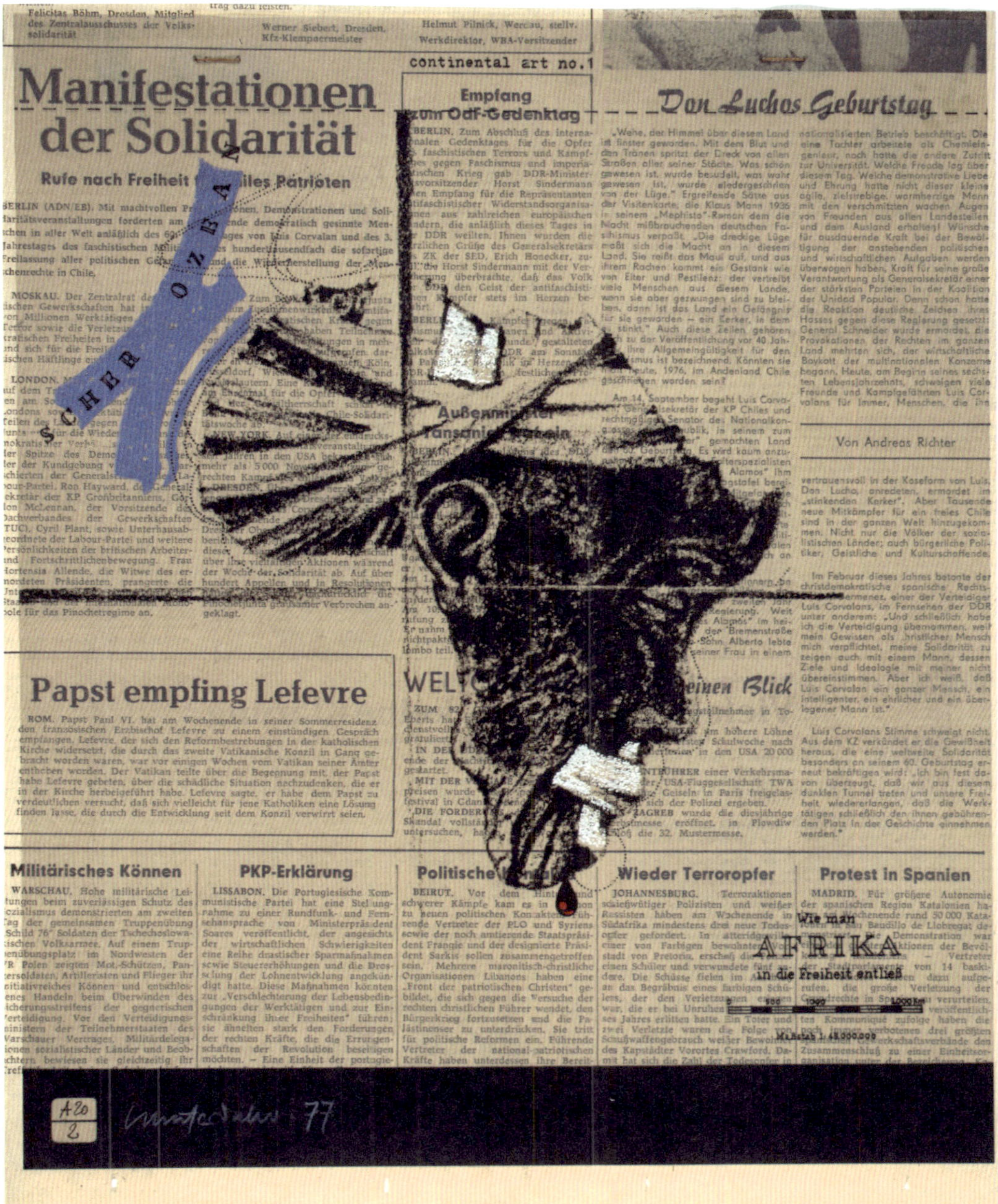

Jürgen Schieferdecker, Wie man Afrika in die Freiheit entließ, 1977, Farbhochdruck auf Polyesterfilm über Zeitungsseite, 34,5 × 27,5 cm, Kunstfonds, Staatliche Kunstsammlungen Dresden, Inv.-Nr. G 106/2000

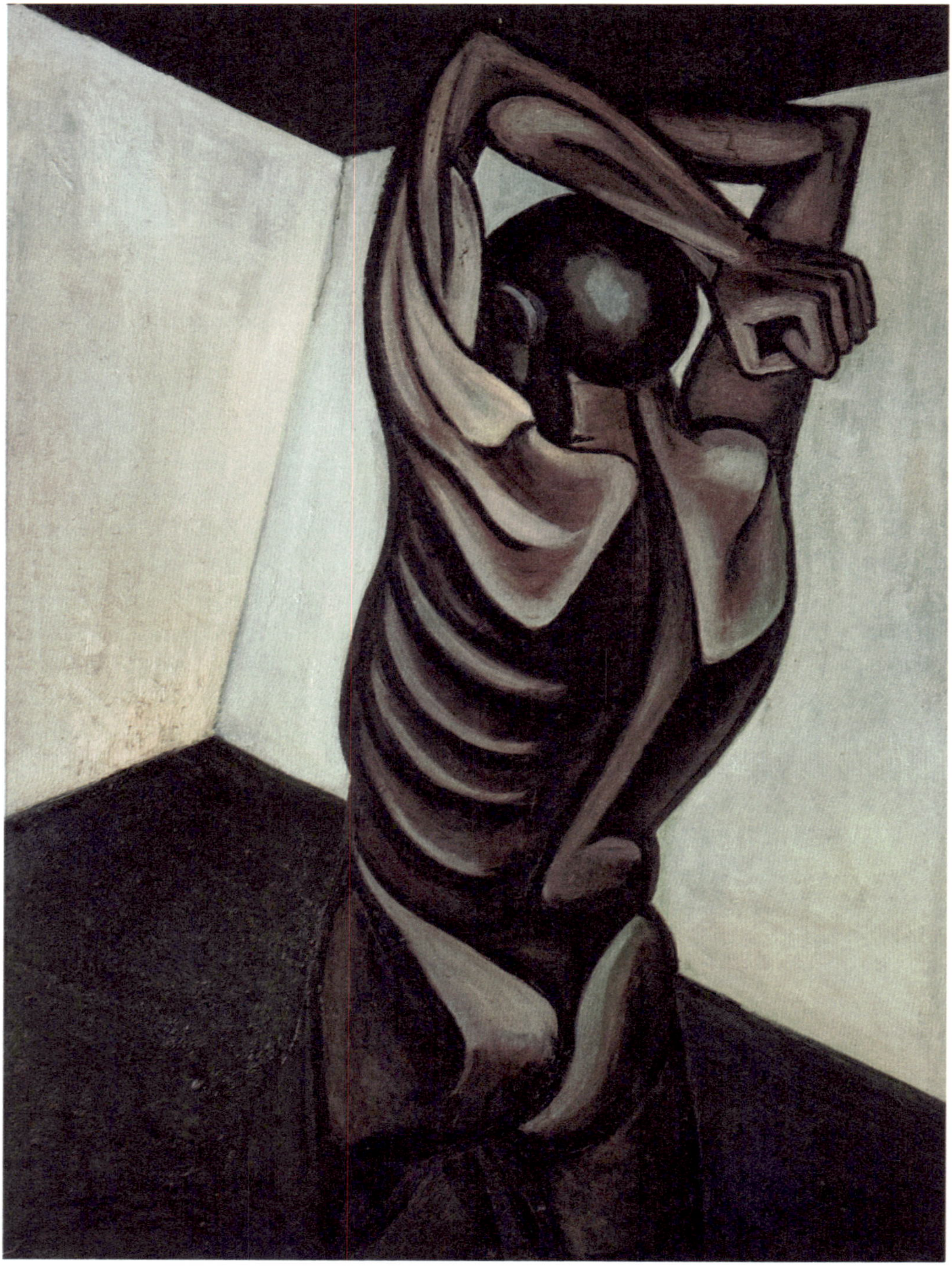

Afonso Lana Leite, o.T. [Der bedrohte Mensch], 1981, Öl auf Leinwand, 140 × 104,5 cm, Kustodie der Hochschule für Bildende Künste Dresden, Inv.-Nr. A 0660
Afonso Lana Leite studierte 1976–1981 an der HfBK Dresden.

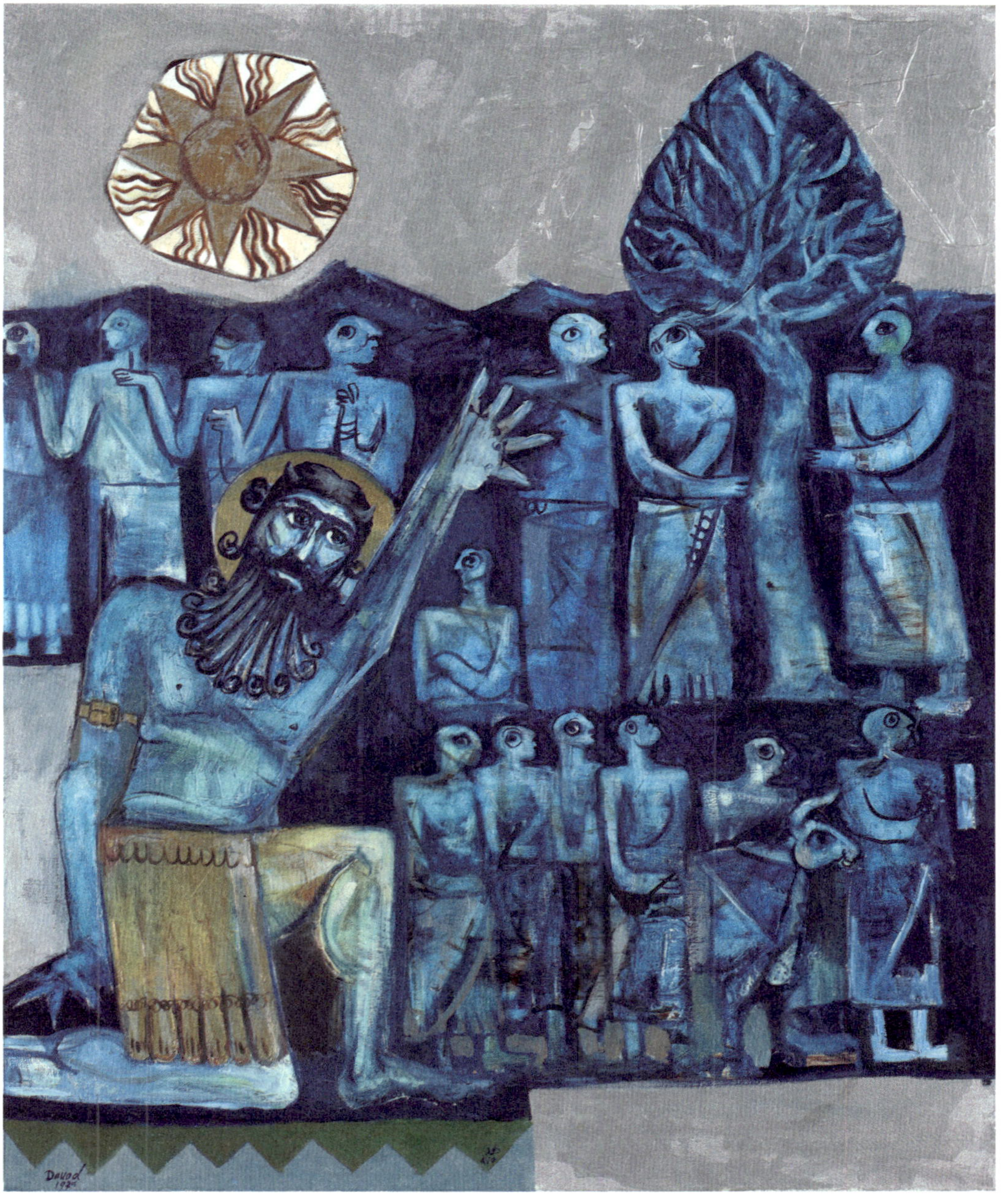

Daoud Salman Anad, Der Prophet, 1975, Mischtechnik auf Leinwand, 120 × 100 cm, Albertinum, Staatliche Kunstsammlungen Dresden, Inv.-Nr. 82/14

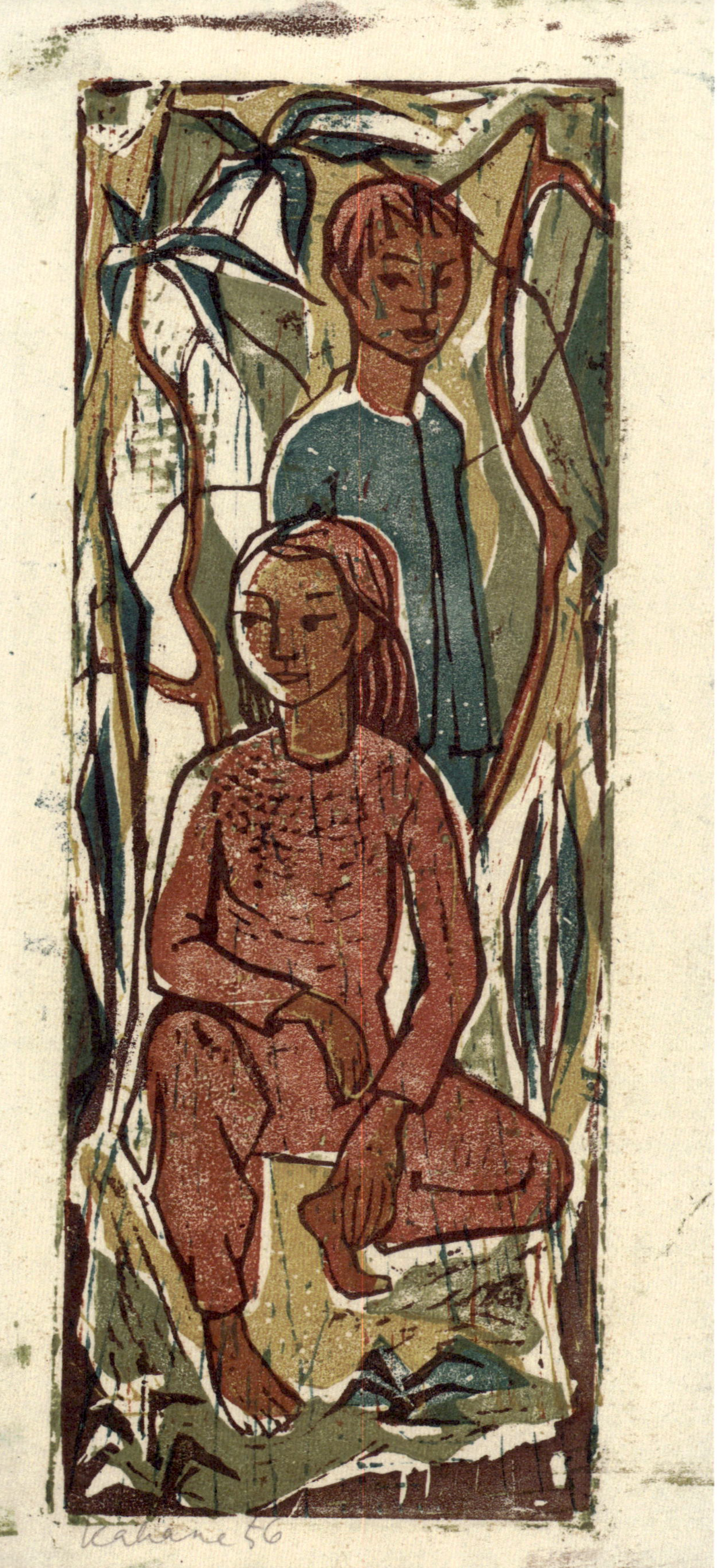

Doris Kahane, Zwei Kinder, 1956, Farbholzschnitt, 43,2 × 19,1 cm, Kupferstich-Kabinett, Staatliche Kunstsammlungen Dresden, Inv.-Nr. A 1958-20

Ich war jung und hatte diese Euphorie, diese Freude, an einer Kunsthochschule in Europa studieren zu dürfen. Das ist für jemanden, der aus der Karibik kommt, natürlich eine ganz andere Welt; schon beeindruckend und sehr, sehr speziell, in Europa studieren zu dürfen. Also, das ist schon ein Privileg.

Die Künstlerin Teresa Casanueva über ihren Weg von Kuba in die DDR und ihr Studium an der Burg Giebichenstein in Halle (Saale) in den 1980er Jahren, Interview im Rahmen des Forschungsprojektes *Art in Networks – The GDR and its Global Relations*, siehe S. 171.

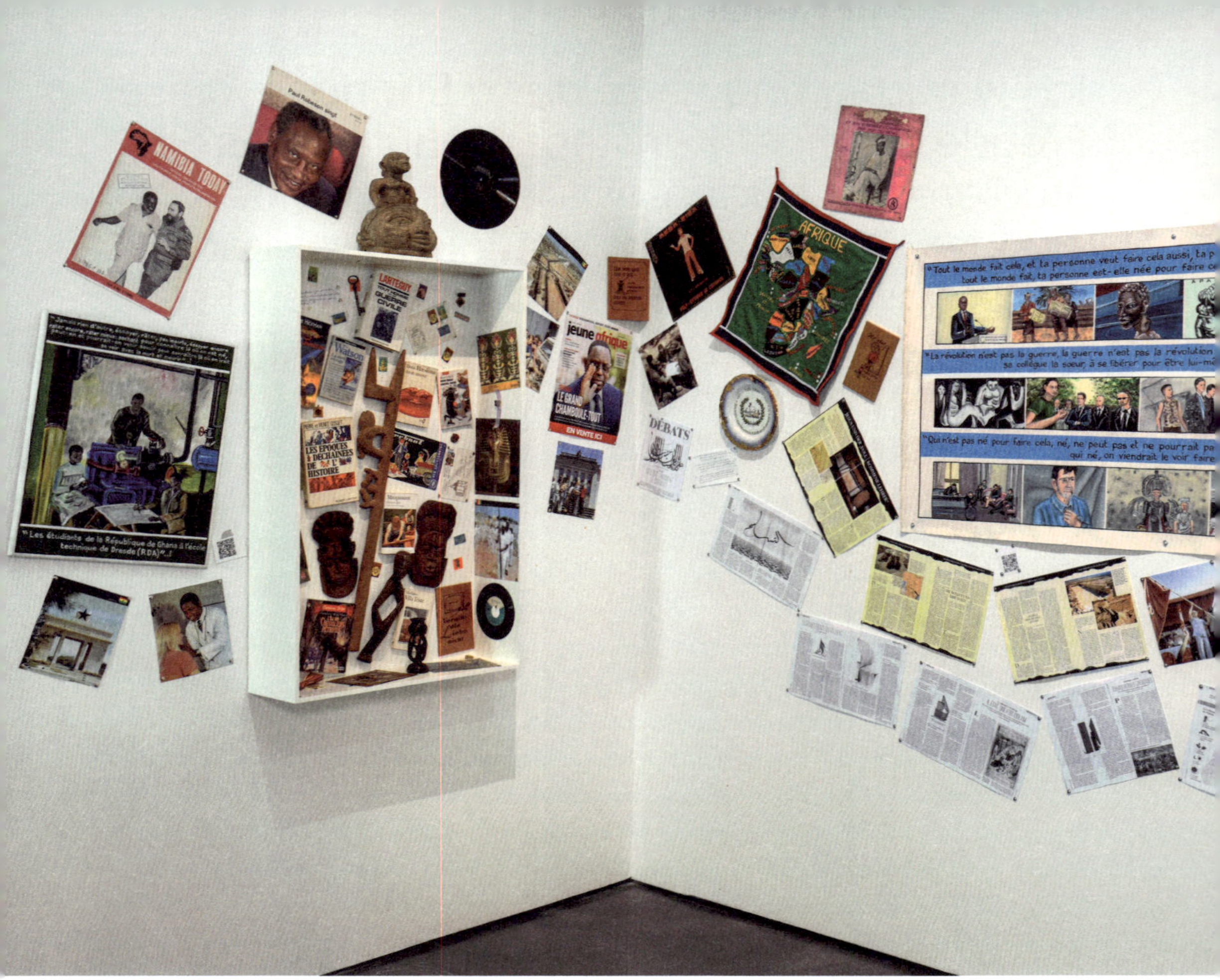

Georges Adéagbo *1942

Les étudiants Africains et le Socialisme [Afrikanische Studierende und der Sozialismus], 2023, Installation, verschiedene Objekte und Materialien, Maße variabel

Albertinum, Staatliche Kunstsammlungen Dresden, Leihgabe der Gesellschaft für Moderne Kunst in Dresden e.V.

Georges Adéagbo folgt seit mehreren Jahrzehnten einer künstlerischen Praxis, deren Basis das Sammeln und die Kombination heterogener Objekte bilden. Die vielteiligen und komplexen Installationen des Künstlers bestehen aus gebrauchten und neuen Dingen, Antiquitäten und Massenware, Fundstücken und Auftragsarbeiten. Bücher, Skulpturen, Gemälde, Schallplatten, Kleidung, Zeitungsausschnitte, Nippes – alles ist es wert, in Adéagbos unhierarchisches und transkulturelles Archiv einzugehen. Ein zentrales Charakteristikum seiner Arbeitsweise ist die Mobilisierung von Dingen: Er bringt sie von seinem Wohnort in Cotonou, Benin, mit an die Ausstellungsorte, nimmt aber auch umgekehrt Dinge mit nach Hause, die dort zum Beispiel als Vorlagen für Bilder und Skulpturen dienen, die er bei Kunsthandwerkern in Auftrag gibt und in seine Installationen integriert. Das Thema einer Ausstellung bearbeitet er einerseits in seinem Atelier in Cotonou, wo er täglich Texte verfasst und ephemere Installationen aufbaut. Andererseits erweitert und perspektiviert er das Thema mit Objekten vom künftigen Ausstellungsort. Alle Dinge werden wie in einem Netz von Assoziationen auf den jeweiligen konkreten Ort bezogen, stehen jedoch stets in Relation

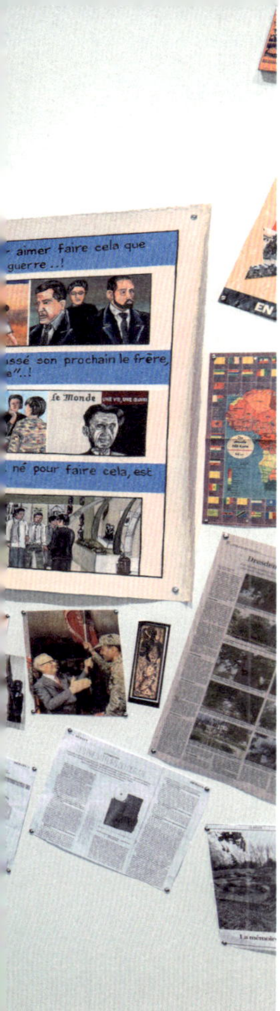

zu anderen Orten und eröffnen ein Spannungsfeld von ›globalen‹ und ›lokalen‹ Bezügen. Diese Variante ortsbezogenen Arbeitens könnte man als ›relationale Ortsspezifik‹ bezeichnen.

Für die Ausstellung *Revolutionary Romances?* hat sich Adéagbo in Zusammenarbeit mit seinem langjährigen Kurator Stephan Köhler mit den Beziehungen der DDR zu sozialistischen Bruderländern in Afrika beschäftigt. Adéagbo wählte Kunstwerke aus Sammlungen in Dresden und ließ diese in Cotonou von dem lokalen Maler Benoît Adanhoumé nachmalen, der seine Werke mit dem Künstlernamen ›Esprit Petit Frère‹ signiert. Adéagbos Interesse weckten vor allem Porträts von Studierenden aus Afrika, zum Beispiel jenes von Chukwuemeka Ogbue, der aus Nigeria zum Studium in die DDR gekommen war und von Eva Schulze-Knabe 1960 in lesender Pose dargestellt wurde (S. 107). Das Kopieren der Gemälde im Stil der afrikanischen Schildermalerei kann als Würdigung und zugleich als Distanzierung von den Motiven verstanden werden. In Kombination mit kurzen kommentierenden Texten Adéagbos setzt dies einen Prozess der Aneignung und Übersetzung in Gang.

Kerstin Schankweiler

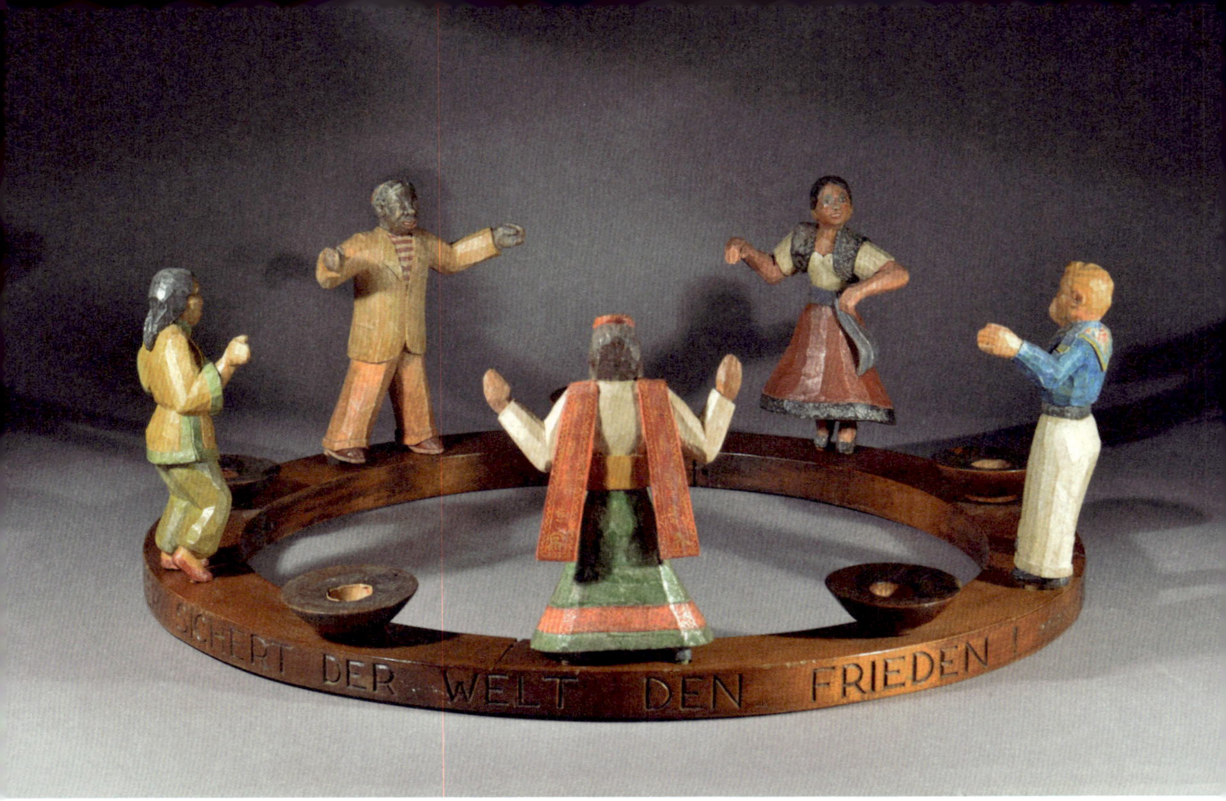

Martin Angermann
um 1918–?

Die Freundschaft der Jugend aller friedliebenden Völker sichert der Welt den Frieden, 1951, Hängeleuchter mit fünf geschnitzten und bemalten Figuren, Holz, 18 × 49,5 cm

Museum für Sächsische Volkskunst, Staatliche Kunstsammlungen Dresden, Inv.-Nr. G 8523

Der Hängeleuchter ist ein Beispiel dafür, dass die ideologisierten Vorstellungen von Völkerfreundschaft und Friedenssicherung in der DDR nicht nur Themen in der bildenden Kunst waren, sondern auch in der Volkskunst und im künstlerischen Laienschaffen zum Ausdruck kamen. 1951 war Ost-Berlin Gastgeber der *III. Weltfestspiele der Jugend und Studenten*, und Angermann griff in seinem im gleichen Jahr entstandenen Leuchter das Motiv einer weltumspannenden, multikulturellen Völkergemeinschaft auf, das auch im Logo, in den Plakaten und Postkarten der Weltfestspiele propagiert wurde. Seine Figuren stehen für die fünf Erdteile und belegen mit ihrer stereotypen Darstellung die damals vorherrschende folkloristische Klassifizierung von Menschen aus verschiedenen Kontinenten und Kulturen. Darin spiegelt sich die imperiale Perspektive des sogenannten ›Socialist Chromatism‹: die unkritische, plakative Illustration der Idee von Völkerfreundschaft anhand vermeintlicher ›ethnografischen‹ Archetypen, die mit kulturellen Zuschreibungen und Exotismen operiert. Gleichzeitig steht der Hängeleuchter exemplarisch dafür, wie ein traditioneller (auch mit religiösen Praktiken verbundener) Leuchtertyp in einen sozialistischen Alltagsgegenstand mit weltanschaulicher Botschaft verwandelt wurde, die Angermann in den hölzernen Ring schnitzte: »Die Freundschaft der Jugend aller friedliebenden Völker sichert der Welt den Frieden«.

Mathias Wagner

Walter Arnold
1909–1979

Vorwärts und nicht vergessen – die Solidarität, 1967, Holz, 93,5 × 60 × 31 cm

Kunstfonds, Staatliche Kunstsammlungen Dresden, Inv.-Nr. 75/67

Walter Arnold wurde 1951 als Leiter der Abteilung Plastik an die Kunsthochschule Dresden berufen und fand schon bald hohe Anerkennung. In der Zeitschrift Bildende Kunst hieß es: »Nur der Künstler wird zum wahren Helden seines Volkes, dessen Werke die arbeitenden Menschen zu großen Taten begeistern können. Hat die Arbeit Walter Arnolds diese Prüfung bestanden, ist sie den Forderungen des Volkes gerecht geworden? Ja, sie ist es. [...] Er begriff, daß mit dem gleichen überzeugten Enthusiasmus wie unsere Aktivisten und Helden der Arbeit es tun, Werke geschaffen werden müssen, die auf der Grundlage des Sozialismus stehend, dem Neuen und Zukünftigen in Natur und Gesellschaft zum Durchbruch verhelfen.« (Bildende Kunst 1953, Heft 1, S. 49/50)

Mit Werken wie *Jugend – Baumeister der DDR* (1951) oder *Traktoristin* (1953) trug Arnold in hohem Maße zum gewünschten Erscheinungsbild der noch jungen DDR bei. Neben diesen Bronzen schuf der Künstler vor allem in seinem Spätwerk Holzskulpturen, was in den ausgehenden 1960er Jahren ungewöhnlich war. Zu diesen Werken zählt auch *Vorwärts und nicht vergessen – die Solidarität*. Im Gegensatz zu den detailreich modellierten Bronzen arbeitete Arnold diese Gestalten als Hochrelief nur grob und dabei expressiv aus dem Block heraus und ließ die Bearbeitungsspuren sichtbar. Die Auseinandersetzung mit dem Thema ›Vietnam‹ schlug sich in Arnolds Œuvre wiederholt nieder. Konnte die im selben Jahr entstandene Frauenfigur *Vietnam klagt an* als Mahnmal fungieren, so verlieh Arnold dieser Gruppe einen appellativen Charakter, indem er hier zur Solidarität mit Vietnam aufrief. Er stellte einen Europäer wie schützend vor einen Vietnamesen und ließ sie als Zeichen der kämpferischen Unterstützung einander kraftvoll an den Händen halten. Helmut Netzker hielt dazu fest: »Wie aber der Titel andeutet, folgt diese Holzplastik ähnlichen Gesetzen wie das politische Plakat. Sie will aufrufen, agitieren, will den Betrachter veranlassen, sich in die Phalanx der Solidarität einzugliedern.« (Bildende Kunst 1968, Heft 5, S. 258)

Astrid Nielsen

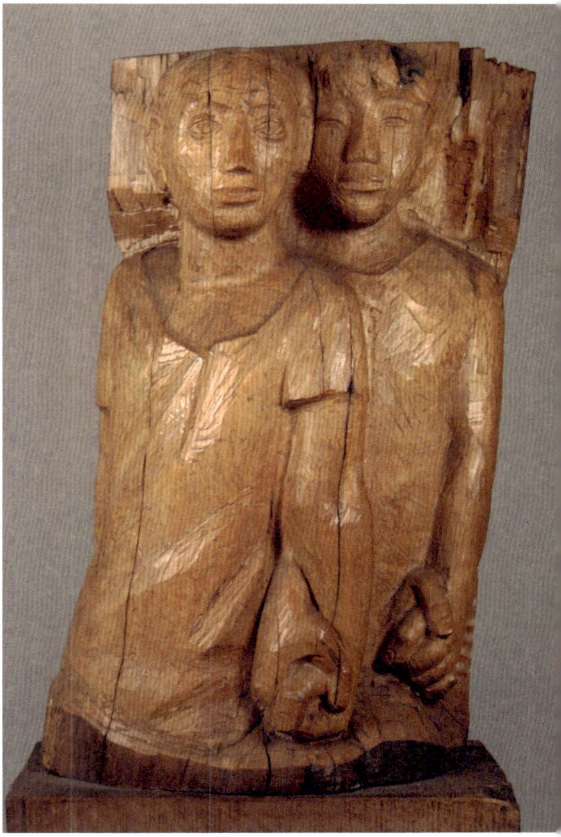

Gerhard Bondzin
1930–2014

Vietnams Bäume werden wieder grünen, 1965, Holzschnitt, 61,4 × 70,7 cm

Vietnamesische Mutter, 1965, Holzschnitt, 61,3 × 70,9 cm

Kunstfonds, Staatliche Kunstsammlungen Dresden, Inv.-Nr. L 10406-2, L 10406-1

Der Künstler-Funktionär Gerhard Bondzin gehörte in der DDR zu den erfolgreichsten Vertreter*innen des sozialistischen Realismus, die sich eindeutig zu Partei und Staat bekannten und dafür mit Posten und Privilegien ausgestattet wurden. 1965, mit 35 Jahren, wurde er Professor und zugleich Rektor an der Hochschule für Bildende Künste Dresden. Von 1970 bis 1974 war er Präsident des Verbandes Bildender Künstler der DDR. Ab 1971 arbeitete er als Informant für den Staatssicherheitsdienst.

Bereits als junger Dozent reiste er 1962 nach Vietnam. Sein Interesse galt der Landschaft und den Menschen, die er in Zeichnungen, Aquarellen und Gemälden festhielt. »Ich sah die Kraft«, berichtete er später, »den Enthusiasmus des vietnamesischen Volkes, die es aufbringt, alle traurigen Hinterlassenschaften des Kolonialismus zu überwinden.« Seit dieser Reise, der 1979 eine zweite folgen sollte, nahm er regen Anteil am Schicksal des Landes. Als der Vietnamkrieg Mitte der 1960er Jahre eskalierte, bildete das Afro-Asiatische Solidaritätskomitee der DDR einen Vietnam-Ausschuss, dem Bondzin von Anfang an angehörte. An der Kunsthochschule Dresden gründete er ein Vietnam-Komitee und organisierte viele Solidaritätsaktionen.

1964/65 schuf er eine Folge von fünf Holzschnitten, in denen er die Kriegsverbrechen der USA anprangerte sowie Leid und Kampf des vietnamesischen Volkes darstellte. Gemäß der in der DDR geläufigen politischen Lesart dieses Krieges zeigt Bondzin auf der einen Seite den übermächtigen Aggressor, der mit chemischen Kampfstoffen (Agent Orange, Napalm) und massiven Bombardierungen (Rolling Thunder) angreift, auf der anderen Seite das sich verteidigende, ›heldenhaft kämpfende Volk‹, waffentechnisch unterlegen, aber getragen von einem ›ungebrochenen Siegeswillen‹. Die enorme Militärhilfe der Sowjetunion und Chinas für Vietnams Kommunisten kommt in dieser Erzählung freilich nicht vor. Der illustrativ-dekorative Stil der Grafiken enthält dabei auch Klischees und Stereotypen (Kleidung, Gesichter). Bondzins Vietnamzyklus erlangte in der DDR große Popularität, wurde häufig ausgestellt und publiziert. Er ist ein Paradebeispiel bildkünstlerischer Propaganda gegen den westlichen Imperialismus. Zwei dieser Blätter wurden vom Vietnam-Ausschuss in einer Auflage von jeweils 5000 Stück reproduziert und auf Solidaritätsauktionen verkauft sowie als Dank für Spenden verteilt.

Mathias Wagner

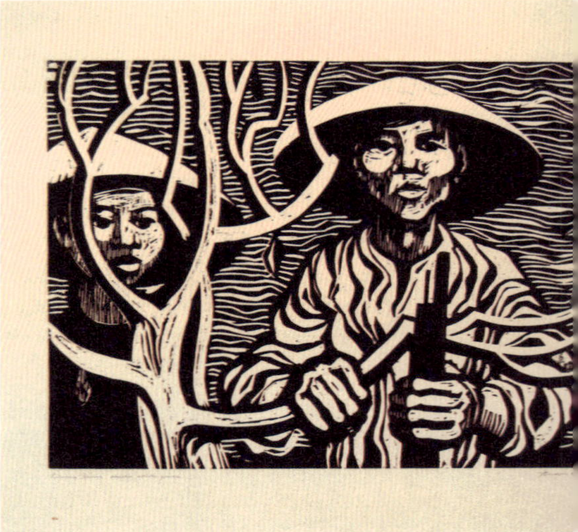

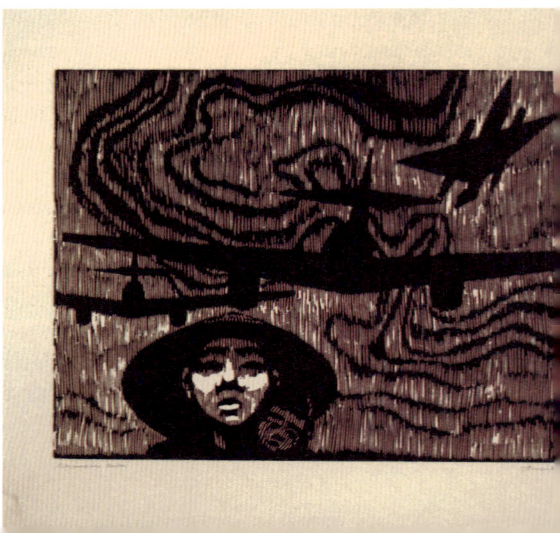

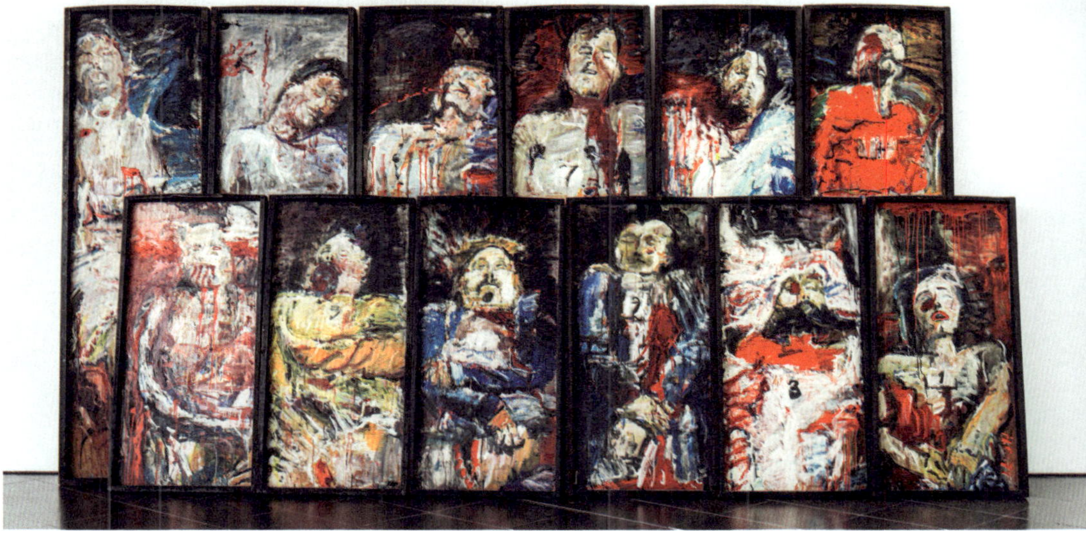

Hartwig Ebersbach
*1940

Widmung an Chile 1974,
Öl auf Hartfaser, 12-teilig,
6 Tafeln je 200 × 60 cm,
6 Tafeln je 120 × 60 cm

Ludwig Forum für Internationale Kunst Aachen, Sammlung Ludwig, Schenkung Peter und Irene Ludwig

In der DDR spielten die Beziehungen zum sozialistischen Chile unter Salvador Allende, die Verurteilung des Militärputsches vom September 1973 und die Anteilnahme am Schicksal des chilenischen Volkes eine besondere Rolle, was bis in die 1980er Jahre hinein auch in der bildenden Kunst immer wieder Niederschlag fand. Aus der großen Zahl der in der DDR zu diesem Themenkomplex geschaffenen Werke ragt Hartwig Ebersbachs *Widmung an Chile* heraus, weil es ein grandios gemaltes und zeitloses Memento für die Opfer politischer Konflikte ist.

Als Vorlage nutzte der Künstler ein Polizeifoto aus der Zeit der Pariser Kommune von 1871, auf dem zwölf hingerichtete, in aufgereihten Särgen auf der Straße zur Schau gestellte Kommunarden zu sehen sind. Dieses Motiv übertrug Ebersbach in ein zwölfteiliges Bild, indem er jeden der Toten auf eine separate Tafel malte, wobei die schmalen Hochformate wie Sargkästen wirken. Die emotionslos registrierende Schwarz-Weiß-Fotografie übersetzte er in eine dynamisch-gestische Malerei von expressiver Farbigkeit, in der das Rot zum Blutrot gerinnt und an das Drama eines gewaltvollen Todes erinnert. In der Verschränkung von Gegenwart (Chile-Putsch) und Vergangenheit (Pariser Kommune) lässt Ebersbach ein wiederkehrendes Thema der Geschichte sichtbar werden: das Schicksal jener Menschen, die für ein besseres Leben gekämpft hatten und Verfolgung, Folter und Tod erlitten.

Doch die *Widmung an Chile* sollte nicht nur als Ausdruck von Trauer und Empathie verstanden werden. Für Ebersbach verkörperte dieses Werk auch das von Ernst Bloch formulierte *Prinzip Hoffnung* (1954 in der DDR veröffentlicht), demzufolge in der Zukunft letztlich »auch die Gescheiterten [...] Siegreiche, Sieger der Geschichte« sein können. Im Ausstellungsraum werden die Bildtafeln in zwei Reihen hintereinander auf dem Boden stehend und an die Wand gelehnt präsentiert, so dass die Ermordeten uns wie aufgerichtet gegenüberstehen und zu mahnen scheinen. Diese räumliche Situation markiert Ebersbachs ersten Versuch, »mit Malerei in den Raum zu gehen«, aus dem er sein Konzept einer installativen Malerei entwickelte.

Mathias Wagner

Carmelo Gónzalez
1920–1990

En guardia [Auf Wache], 1961, Holzschnitt in zwei Farben, 95 × 42 cm

Madre cubano [Kubanische Mutter], 1963, Holzschnitt, 96 × 24 cm

Kupferstich-Kabinett, Staatliche Kunstsammlungen Dresden, Inv.-Nr. A 1965-200, A 1965-223

Bereits im 18. Jahrhundert wurden auf Kuba Kupferstiche produziert, doch erst im 19. Jahrhundert erlebte die grafische Kunst in den kubanischen Werkstätten eine Hochphase. Vorwiegend durch die Technik der Lithografie wurden traditionelle Kulturpraktiken im Sinne des Costumbrismo (volkstümliche Malerei), Landschaftsbilder und Stadtansichten sowie die aufblühende Tabakindustrie dargestellt. In der ersten Hälfte des 20. Jahrhunderts lag der Fokus stärker auf der Malerei und Bildhauerei, bis kubanische Künstler*innen ab den 1950er Jahren die Grafik erneut aufleben ließen.

Als Initiator und Vorsitzender der 1950 gegründeten Asociación de Grabadores de Cuba (Vereinigung kubanischer Grafiker*innen, kurz AGC, 1950–1968) gehörte Carmelo Gónzalez zu jenen Akteur*innen, die der künstlerischen Grafik auf Kuba sowie im internationalen Kontext ein herausstechendes Profil verliehen haben. Angelehnt an die mexikanische Schule und den in Mexiko-Stadt 1937 gegründeten Taller de Gráfica Popular definierte sich die kubanische Grafik als politisches Instrument, das die Kubanische Revolution (1953–1959) visuell manifestierte und ideologisch unterstützte.

Die in der Ausstellung gezeigten überwiegend monochromen Holzschnitte von Gónzalez entstanden zwischen 1961 und 1963. Das schlanke Hochformat orientiert sich an der Vertikalität des menschlichen Körpers, der oft als zentrales Bildmotiv eingesetzt wird. Auffällig ist die visuelle Verflechtung zwischen Körper und Stadtlandschaft, beispielsweise im Blatt *En guardia* (Auf Wache), das in der Silhouette des Soldaten Stationen der kubanischen Geschichte erzählt. Die mit nationalen und kämpferischen Symbolen aufgeladene Bildsprache – fast jedes Bild zeigt eine Waffe – unterstreicht den kämpferischen Willen, der von den Künstler*innen ausgeht und auf die Betrachter*innen übertragen werden soll. Die Ästhetik der Holzschnitte von Gónzalez unterscheidet sich stark von der Grafikkunst der 1966 gegründeten nicht staatlichen Organisation OSPAAAL, welche durch Offset- und Siebdrucke das technische Druckverfahren beschleunigt hat und sich durch kräftige, leuchtende Farben auszeichnet (S. 100/101).

Lena Geuer

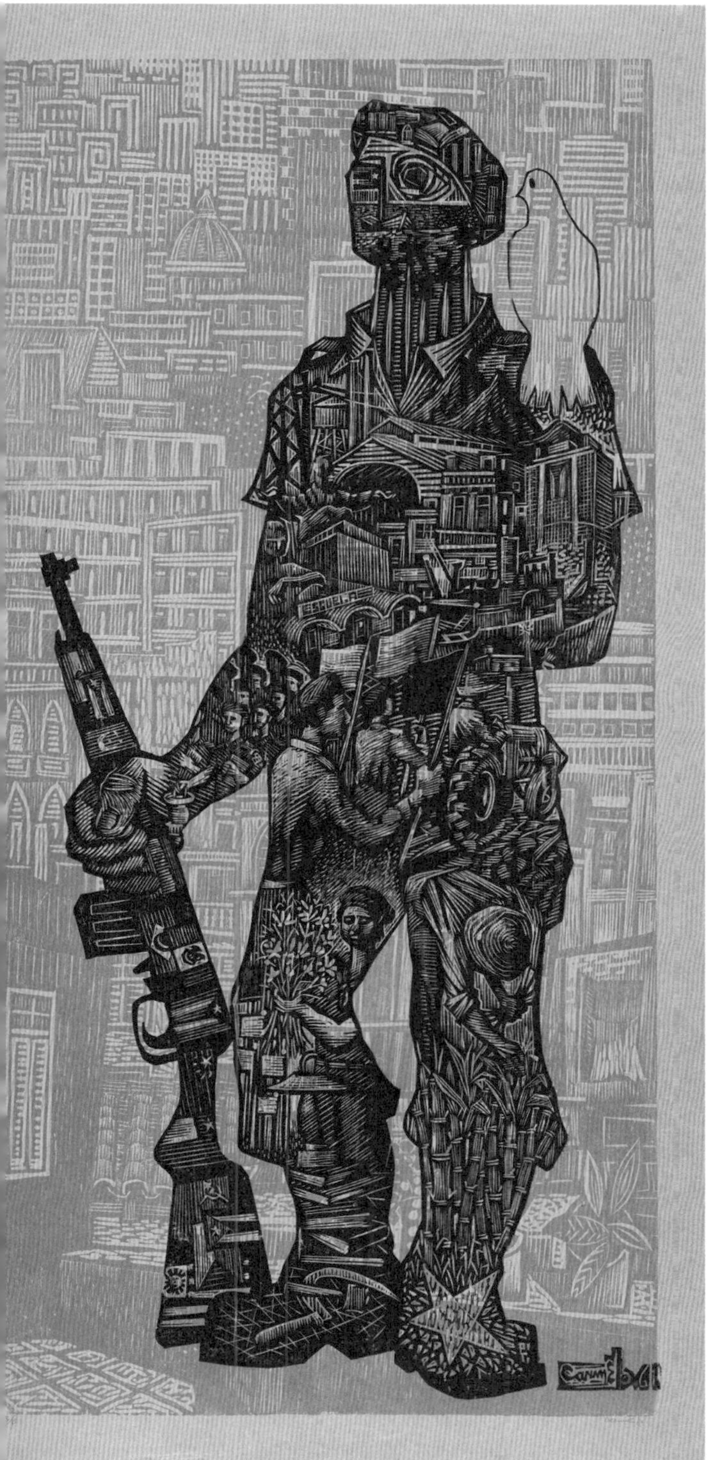

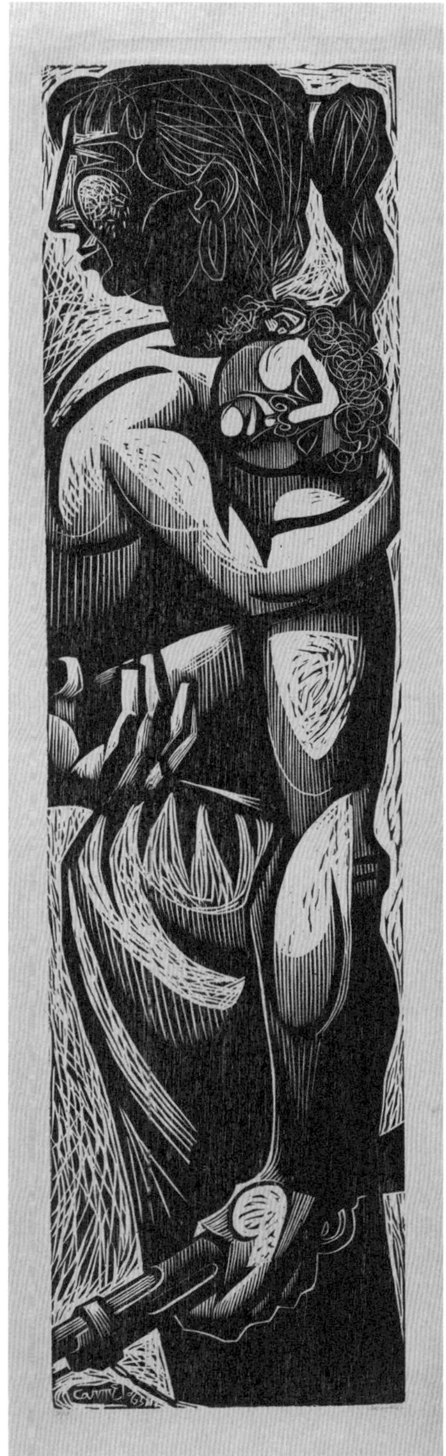

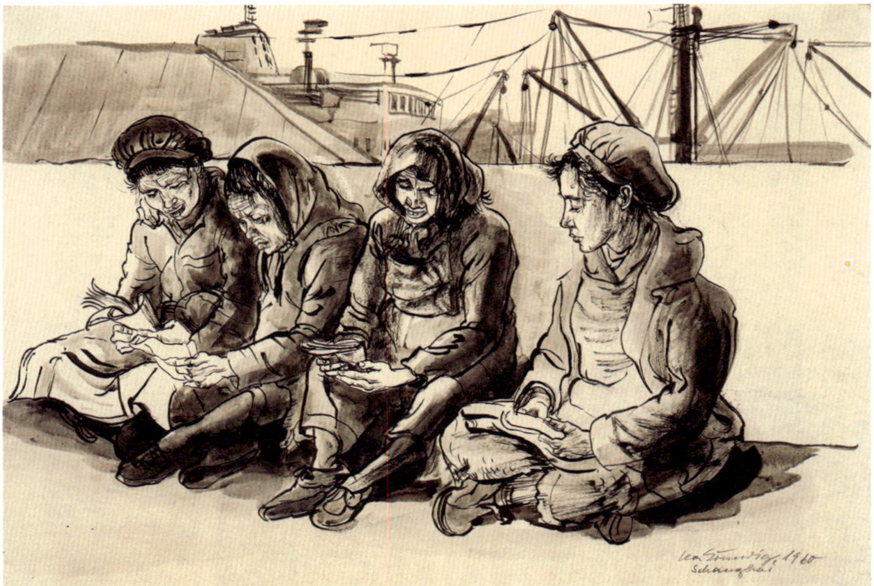

Lea Grundig
1906–1977

Shanghai (Lesende Frauen im Hafen von Shanghai), 1960, Feder in Tusche, Wasserfarben, 41,6 × 59,4 cm

Kupferstich-Kabinett, Staatliche Kunstsammlungen Dresden, Inv.-Nr. C 1975-14

Eine fünfwöchige Studienreise durch die Volksrepublik China führte die Grafikerin Lea Grundig 1960 nach Beijing, Shanghai und in Dörfer der Regionen um Wuhan und Hangzhou. Als Professorin an der Hochschule für Bildende Künste Dresden und spätere Präsidentin des Verbands Bildender Künstler der DDR konnte Grundig diverse Auslandsreisen unternehmen, unter anderem nach China, Kuba, Rumänien und Kambodscha (Kampuchea). Während ihrer Chinareise fertigte sie Tuschezeichnungen von Arbeiter*innen, Parteifunktionär*innen und Kindern sowie einige Landschaftsdarstellungen an. Die Grafiken wurden nach ihrer Rückkehr im Berliner Pavillon der Kunst ausgestellt. Sie sollten, wie Lea Grundig im Begleitheft zur Ausstellung schrieb, »mit den Augen eines Kommunisten« das »Wachsen des ganzen Volkes«, also die Entwicklung der Volksrepublik unter Mao Tse-tung abbilden, ohne sie zu romantisieren. So zeigt etwa die Zeichnung *Shanghai (Lesende Frauen im Hafen von Shanghai)* eine Gruppe von Arbeiterinnen, die in ihrer Pause Bücher lesen. Sie stehen symbolisch für die Emanzipation und neue Bildungsmöglichkeiten für Frauen im Kommunismus. Einige Zeichnungen sind mit biografischen Angaben versehen, die die Verbesserung der Lebensumstände der Dargestellten durch die Revolution verdeutlichen. Zeitgenössische Ausstellungsbesprechungen in der DDR lobten die Menschlichkeit und den Realismus der Porträts sowie Grundigs lockeren und schwungvollen Stil.

Nachdem sich beide Staaten im Jahr 1949 mit wenigen Tagen Abstand gegründet hatten, war die VR China zunächst eine wichtige politische Partnerin für die DDR. Das 1952 geschlossene Kulturabkommen sah wechselseitige Besuche und Studienreisen von bildenden Künstler*innen vor. Durch Zerwürfnisse mit der Sowjetunion und den Beginn der chinesischen Kulturrevolution versiegte der Austausch in den 1960er Jahren jedoch zunehmend. Lea Grundigs Grafiken zeugen somit von der anfänglich angestrebten kulturellen Verständigung und Völkerfreundschaft zwischen der DDR und der VR China.

Nora Kaschuba

Mohamed Saleh Khalil

*1960

Kampf mit dem Tod, 1988,
Acryl auf Hartfaser,
110,5 × 185 cm

Kustodie der Hochschule für Bildende Künste Dresden, Inv.-Nr. A 0165

Der in Sabha, Libyen, geborene und in Syrien aufgewachsene Palästinenser Mohamed Saleh Khalil wurde von der Palästinensischen Befreiungsorganisation (PLO) zum Kunststudium in die DDR delegiert, wo er als einer von rund 50 Studierenden aus Ländern des Globalen Südens an der Hochschule für Bildende Künste Dresden ausgebildet wurde. Zunächst trat Khalil ab 1981 den obligatorischen Deutschkurs am Herder-Institut in Leipzig an, zwischen 1982 und 1988 absolvierte er ein Studium der Malerei und Grafik, unter anderem bei der Professorin Jutta Damme, in Dresden und legte das Diplom im Jahr 1988 ab. Den grafischen Teil der Diplomarbeit bildete das Künstlerbuch *Sabra* mit 20 Radierungen Khalils, welche Gedichte des palästinensischen Lyrikers Mahmoud Darwish begleiten. Sie sind den blutigen dreitägigen Massakern von Sabra und Schatila gewidmet, bei denen auf dem Höhepunkt des Bürgerkrieges im Libanon ab dem 16. September 1982 vorrangig christliche Milizen die palästinensischen Geflüchtetenlager Sabra und Schatila in Beirut angriffen. Hunderte Palästinenser*innen und auch viele Libanes*innen kamen zu Tode, erlebten Gewalt und Traumata. Bewegt vom Schicksal der Opfer stellte Khalil dieses in den Mittelpunkt seiner Diplomarbeit, zu der auch drei Gemälde gehören. Im *Werk Kampf mit dem Tod* bezieht sich Khalil auf das brutale Massaker und die furchtbaren Erlebnisse der Menschen. In einer angedeuteten Landschaft stehen sich zwei Figurengruppen gegenüber, deren Angst und Überlebenskampf Khalil durch Blicke, Gesten und Emotionen ausdrückt.

Pauline Hohn

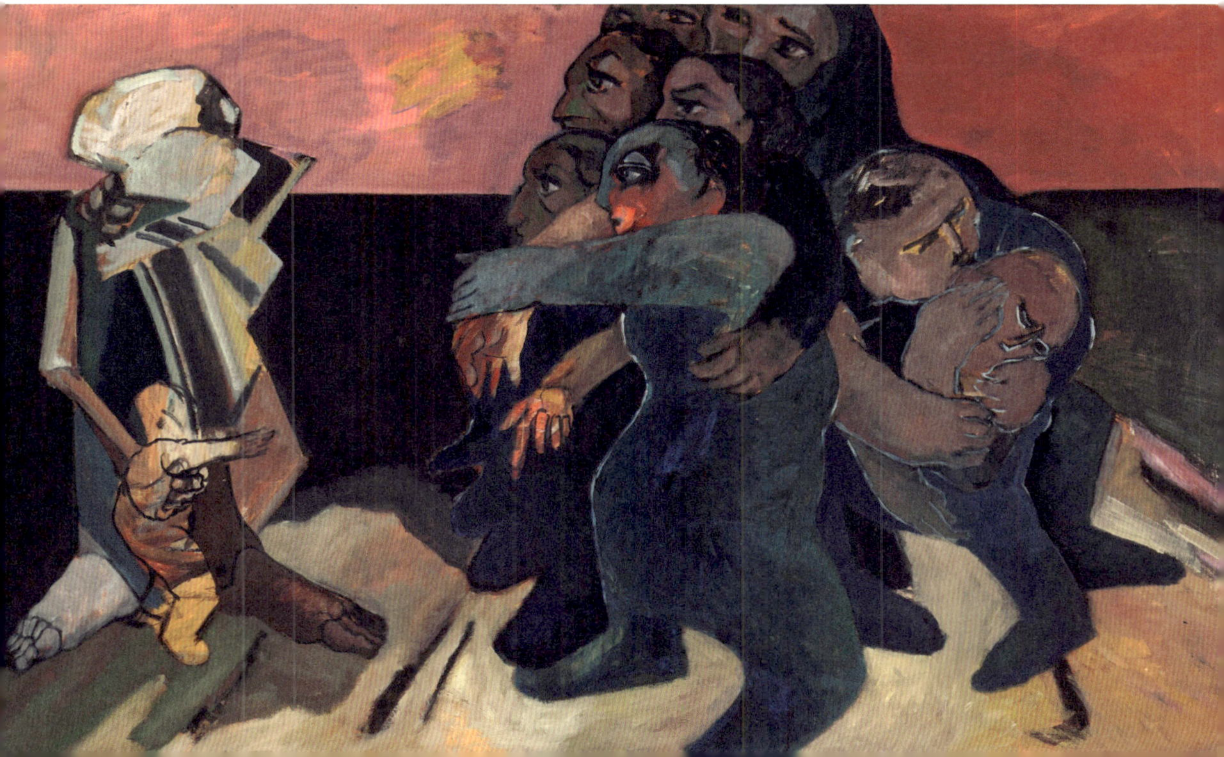

Frieder Heinze *1950
Olaf Wegewitz *1949

ŭna͡ulŭtŭ̊ – Steinchen im Sand, 1985/86, Künstlerbuch mit 68 Grafiken, faksimilierten Zeichnungen und Texten, Mixed Media, 51 × 45 × 9 cm

Kupferstich-Kabinett, Staatliche Kunstsammlungen Dresden, Inv.-Nr. B 1986-10

Das handgefertigte Künstlerbuch *ŭna͡ulŭtŭ̊ – Steinchen im Sand* entstand in Kooperation mit zahlreichen Werkstätten zwischen 1985 und 1986. Es erschien in einer geteilten Auflage von 135 Exemplaren gleichzeitig im Leipziger Reclam Verlag und bei der West-Berliner Galerie Brusberg. Die verwendeten Materialien stammen von verschiedenen Orten und sind zu einer vielschichtigen Arbeit vereint: Bis zu vier Blätter können nebeneinander ausgeklappt werden und ermöglichen eine räumliche Ausdehnung; durch das Schwirrholz als Leselitze oder Reiskörner im Einband wird bei Nutzung eine akustische Dimension eröffnet.

Inhaltlicher Ausgangspunkt von *ŭna͡ulŭtŭ̊* ist die Auseinandersetzung der Künstler mit Zeichnungen der Karajá, welche der Ethnologe Fritz Krause zwischen 1908 und 1909 bei einer Expedition in Brasilien von Angehörigen der Community ausführen ließ und in einem Skizzenbuch sammelte. Den Titel »una͡ulŭtŭ̊« schrieb Krause neben eine der Zeichnungen, er wurde später mit ›Steinchen im Sand‹ übersetzt. Die Aufzeichnungen konnten Heinze und Wegewitz im Leipziger Völkerkundemuseum studieren.

Im Zentrum des Künstlerbuches steht der angestrebte Dialog eigener grafischer Arbeiten mit den faksimilierten, vergrößerten Skizzen der Karajá. Sie werden unter anderem ergänzt durch epische, lyrische und essayistische Texte sowie eine Schöpfungsgeschichte aus dem Amazonasgebiet, die der in Brasilien geborene und in Ungarn lebende Ethnologe Lajos Boglár überliefert hat, mit dem die Künstler im Austausch standen. Wegewitz beschreibt das Anliegen des Buches als »Ansatz [,] aus der DDR heraus Offenheit gegenüber anderen Kulturen zu proklamieren«. Für die Künstler bot die Arbeit mit den Zeichnungen der Karajá sogar die Möglichkeit einer imaginierten Reise und Auseinandersetzung mit kulturellen Einflüssen abseits der Erfahrungen, die sie in ihrer Leipziger Heimat sammeln konnten. Der angestrebte bildnerische Dialog basiert auf der ästhetischen, vergleichenden Wahrnehmung der Karajá-Kultur durch die beiden Künstler, der sie sich auch durch Hintergrundrecherchen näherten, wie unter anderem der umfangreiche Textteil verdeutlicht. Insbesondere in den 1980er Jahren war ›das Andere‹ eine wichtige Bezugsgröße für Künstler*innen in der DDR um sich, gerade auch in der Überbrückung geografischer Grenzen, von der Normgesellschaft zu distanzieren und Freiräume zu erschließen. Aus heutiger Perspektive wird dieser Bezug in seiner spezifischen Ambivalenz deutlich und steht auch in der Kritik.

Unabhängig davon ist *una͡ulŭtŭ̊* ein herausragendes Zeugnis der künstlerischen Buchproduktion der Zeit und demonstriert beispielhaft die Suche von Künstler*innen in der DDR nach Inspiration und Anregung jenseits der vorherrschenden Kulturpolitik und trotz eingeschränkter Reisemöglichkeiten.

Pauline Hohn, Jule Lagoda

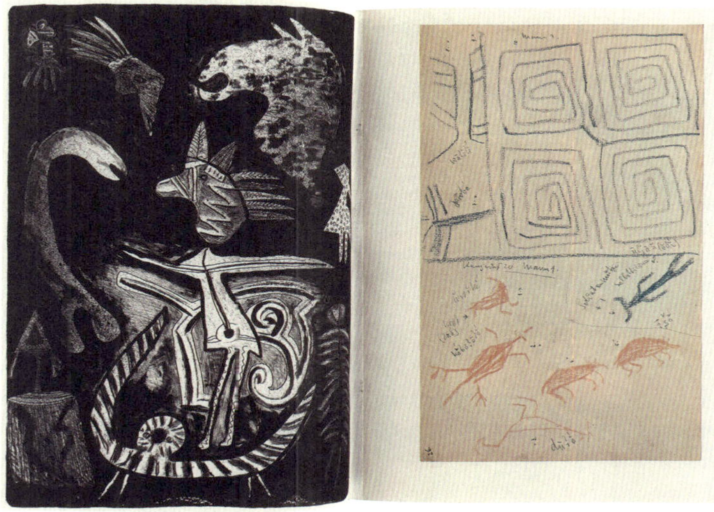

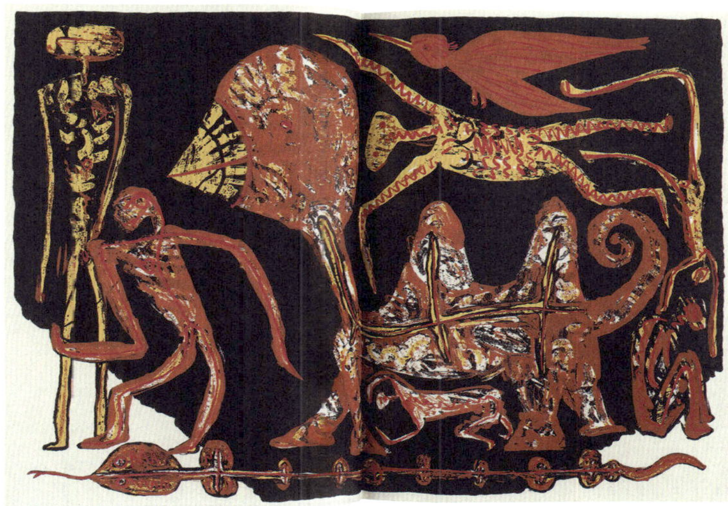

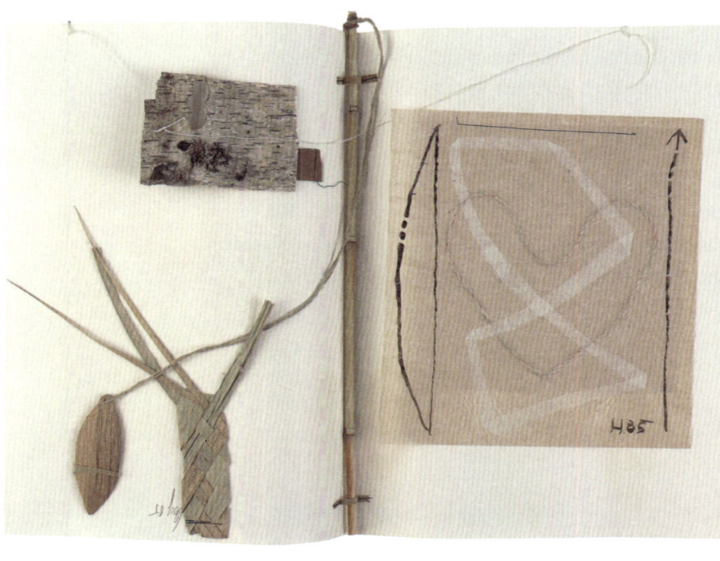
H85

Sven Johne *1976

Bilder der Stadt Vinh, 2009, Pigmenttintenstrahldrucke auf Baumwollpapier, Rahmen: je 31,6 × 41,8 cm, Installation: 126,4 × 250,8 × 3 cm

Kunststiftung DZ Bank

Zwei Ebenen stehen sich im Werk von Sven Johne irritierend gegenüber: Archivmaterial und künstlerische Fotografie, Vergangenheit und Gegenwart. Es ist nicht sofort nachvollziehbar, in welcher Beziehung die Fotografien von 2009 und die Texte zueinander stehen. Bei den Texten handelt es sich um die rückseitigen Beschriftungen der historischen ADN-Pressefotos der DDR vom Aufbau der Stadt Vinh aus den 1970er Jahren, welche die offizielle Lesart vorgaben und bei Veröffentlichungen verwendet wurden. Demgegenüber zeigen Johnes Aufnahmen gealterte, marode Bauten, fast verdeckt von wucherndem Grün.

Nach den Zerstörungen während des Vietnamkrieges wurde Vinh in den 1970er Jahren wieder aufgebaut. Auch die DDR unterstützte das Vorhaben als Teil eines einmaligen großen Wiederaufbauprogramms, an dem viele Länder des Ostblocks beteiligt waren. Neben dem ›revolutionären Kampf gegen die zerstörerischen Kräfte des Imperialismus‹ sollte auch ein architektonisches Zeichen gesetzt werden für die Leistungsfähigkeit und Innovationskraft des Sozialismus.

Der Wiederaufbau der völlig zerstörten Stadt sollte das Leben der Menschen neu organisieren: eine moderne Stadt für den neuen, sozialistischen Menschen. In den als ›luxuriös‹ geltenden Wohnkomplexen sollten vor allem Arbeiter*innen und Funktionär*innen wohnen, die einen bedeutenden Beitrag zum Aufbau der Nation geleistet hatten. Vinh wurde zur modernsten Stadt des Landes.

Der Zahn der Zeit nagte nicht nur an den Gebäuden, sondern auch an den Verheißungen und Utopien. Die Begrünung der Wohnkomplexe – einst Teil der fortschrittlichen Planung der Architektur mit natürlicher Beschattung und Belüftung – scheint die maroden Gebäude zu verschlingen.

Sven Johne spricht von einer »zugewachsenen Utopie«. Ab den 1990er Jahren veränderte sich die Wahrnehmung der Gebäude: Sie galten nun als nicht mehr zeitgemäß. Sozialistische Architektur erfuhr nach dem Zusammenbruch der Sowjetunion eine Art ›Pathologisierung‹: Die als unansehnlich oder unordentlich geltenden Gebäude sollten nun neuen Hochhäusern weichen. Was sagen uns die Bilder der Stadt Vinh heute?

Martin Buhlig

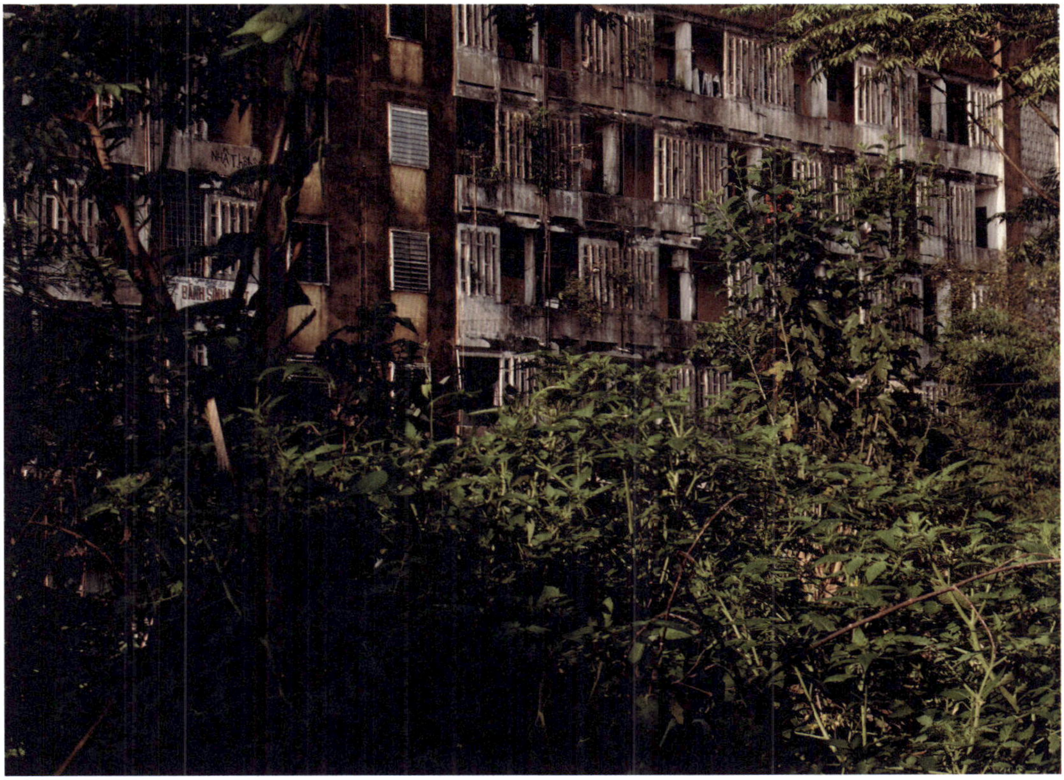

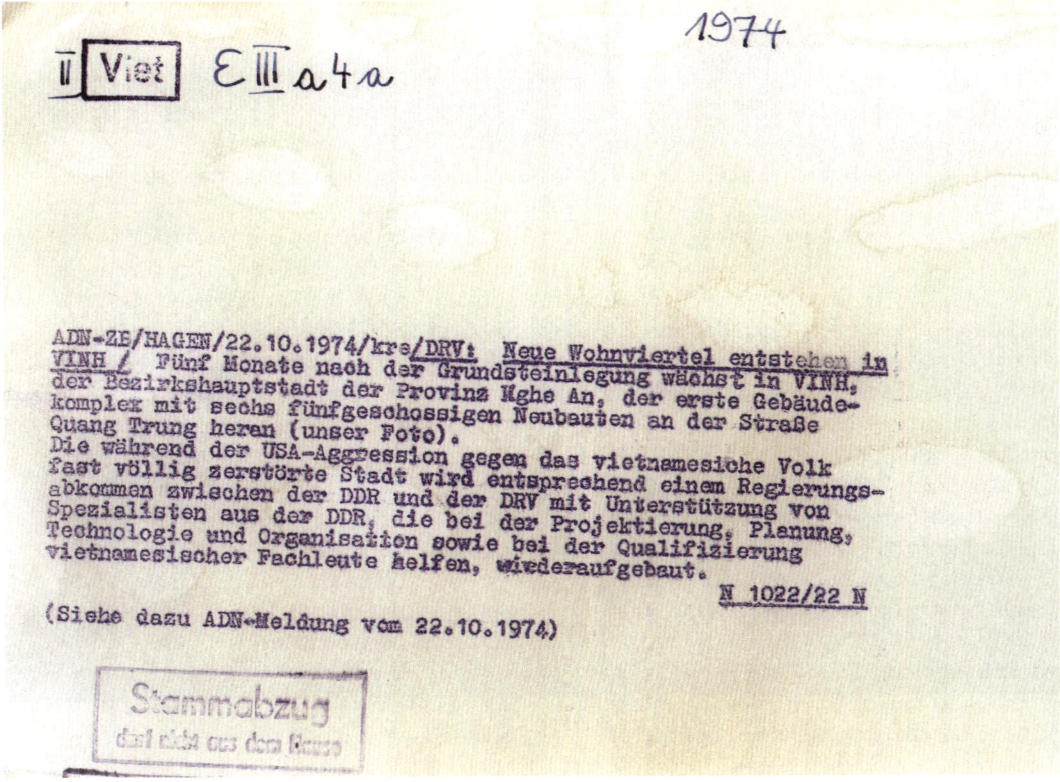

1974

II Viet E III a 4 a

ADN-ZE/HAGEN/22.10.1974/kre/DRV: Neue Wohnviertel entstehen in VINH / Fünf Monate nach der Grundsteinlegung wächst in VINH, der Bezirkshauptstadt der Provinz Nghe An, der erste Gebäudekomplex mit sechs fünfgeschossigen Neubauten an der Straße Quang Trung heran (unser Foto).
Die während der USA-Aggression gegen das vietnamesiche Volk fast völlig zerstörte Stadt wird entsprechend einem Regierungsabkommen zwischen der DDR und der DRV mit Unterstützung von Spezialisten aus der DDR, die bei der Projektierung, Planung, Technologie und Organisation sowie bei der Qualifizierung vietnamesischer Fachleute helfen, wiederaufgebaut.

N 1022/22 N

(Siehe dazu ADN-Meldung vom 22.10.1974)

Stammabzug

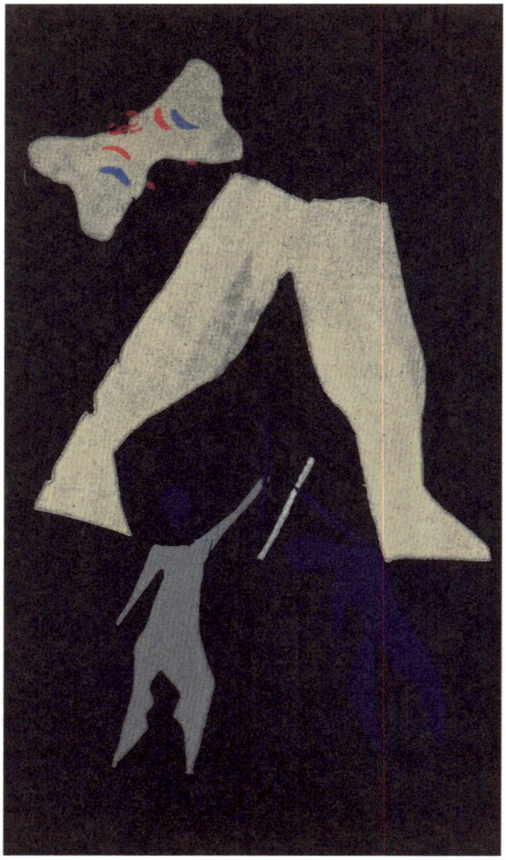

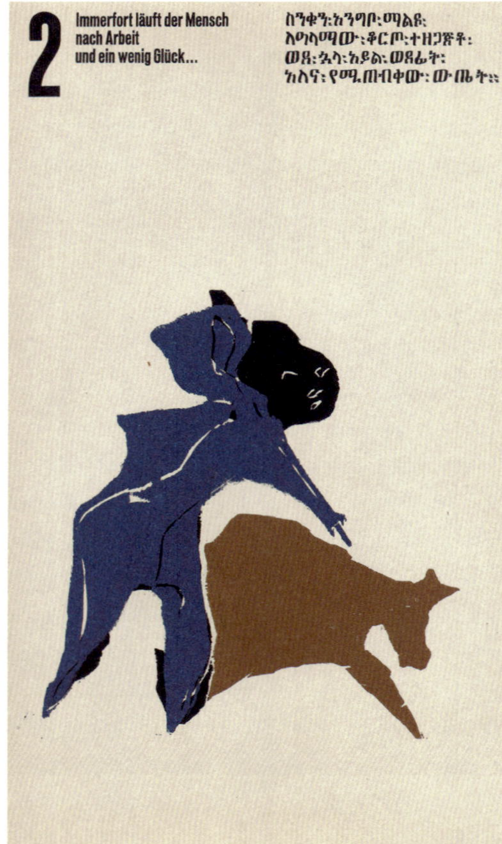

Martha Ketsela *1955

Das Glück der Erde, Mappe mit Aphorismen und Holzschnitten, 1980, 53,4 × 31 cm

Kupferstich-Kabinett, Staatliche Kunstsammlungen Dresden, Inv.-Nr. B 2018-15

In den späten 1970er Jahren erfolgte eine diplomatische Annäherung zwischen Äthiopien und der DDR, die 1977 ein Kulturabkommen und damit auch diverse Austauschbemühungen der beiden Staaten im Bereich der Kunst mit sich brachte. In der Grafikmappe *Das Glück der Erde* von Martha Ketsela materialisieren sie sich wortwörtlich. Im Zentrum der Arbeit stehen der Mensch und dessen Handeln in seinem Umfeld – veranschaulicht in kurzen Aphorismen beziehungsweise Lebensweisheiten. Diese werden auf jedem Blatt nebeneinander auf Amharisch (einer der meistgesprochenen Sprachen Äthiopiens) sowie Deutsch wiedergegeben und sind mit abstrahierten Motiven illustriert. Einzelne satte Farbflächen setzen sich zu einem Bildthema zusammen, hier und dort von zarten weißen Linien durchbrochen, die als Einkerbungen des Hochdrucks auf die Technik des Holzschnitts verweisen.

Sechs grafische Blätter bilden die Serie der Künstlerin Martha Ketsela, die im Rahmen des Kulturabkommens für ein halbjähriges Praktikum aus der äthiopischen Hauptstadt Addis Abeba in die DDR zog. An der Hochschule für Bildende Künste Dresden arbeitete sie vorwiegend in den Druckwerkstätten, unter anderem gemeinsam mit dem Dozenten und Künstler Hernando León. *Das Glück der Erde* wurde in einer Auflage von 15 Exemplaren gedruckt. Bisher hat das Kunstwerk kaum Beachtung gefunden, obwohl es ein zeithistorisches Zeugnis und zugleich eine persönliche Perspektive auf die internationalen Beziehungen der DDR darstellt. Es drängt sich die

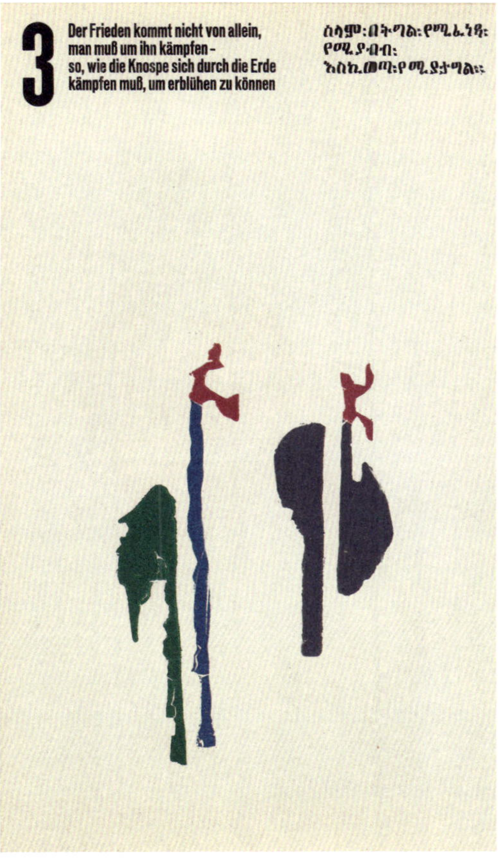

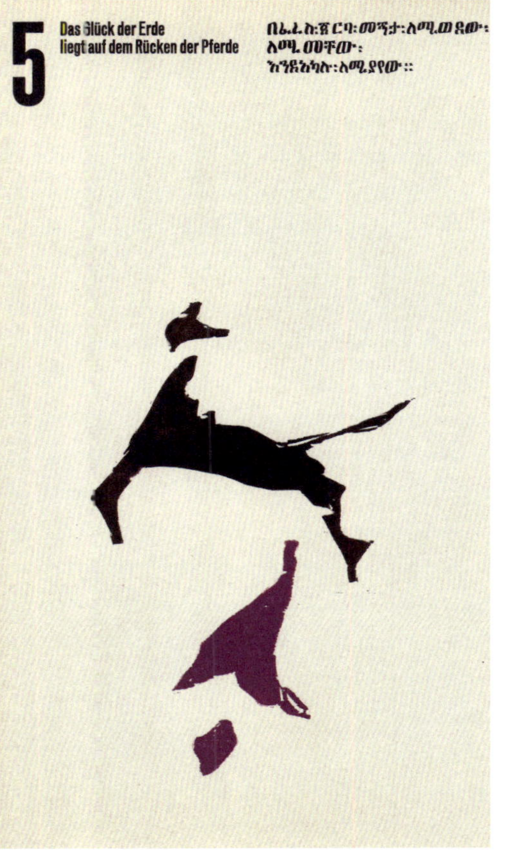

Frage auf, inwiefern die Künstlerin ihre eigenen transkulturellen Erfahrungen in die Arbeit einbrachte. Haben die Lebensweisheiten in beiden Sprachen dieselbe Bedeutung? Durch die Verwendung der Sprichwörter, ihre Übersetzungen und Illustrationen scheint Ketsela mit künstlerischen Mitteln eine Brücke der Verständigung zwischen Äthiopien und der DDR schlagen zu wollen.

Jule Lagoda

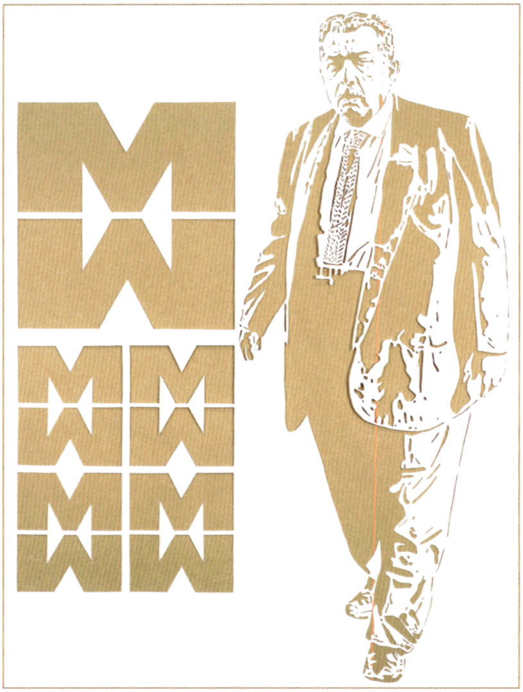

1

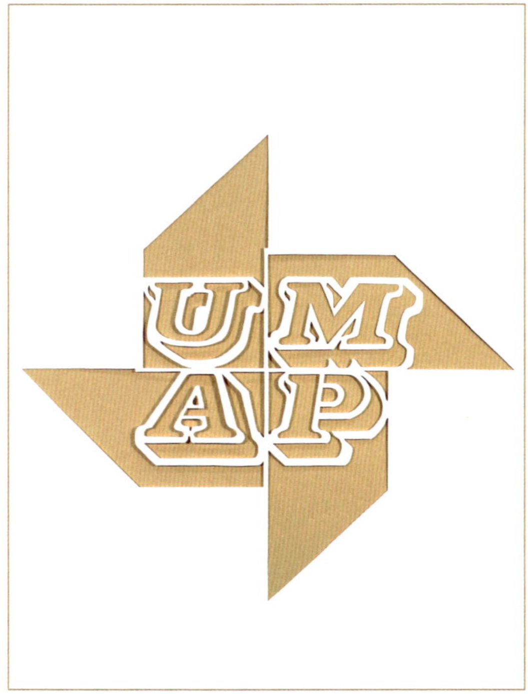

2

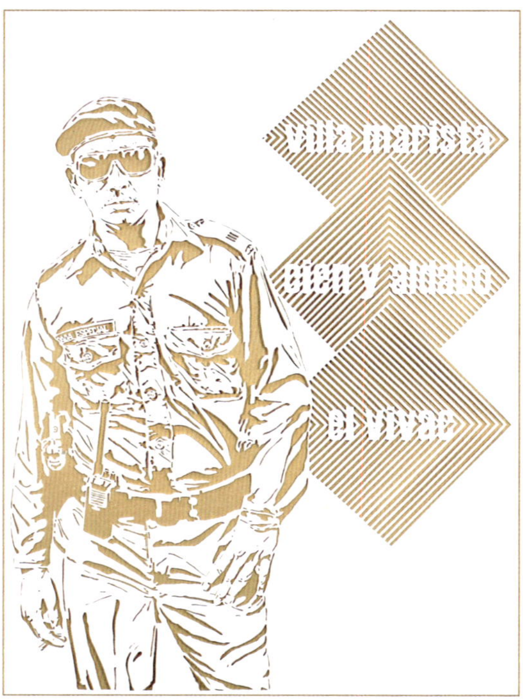

3

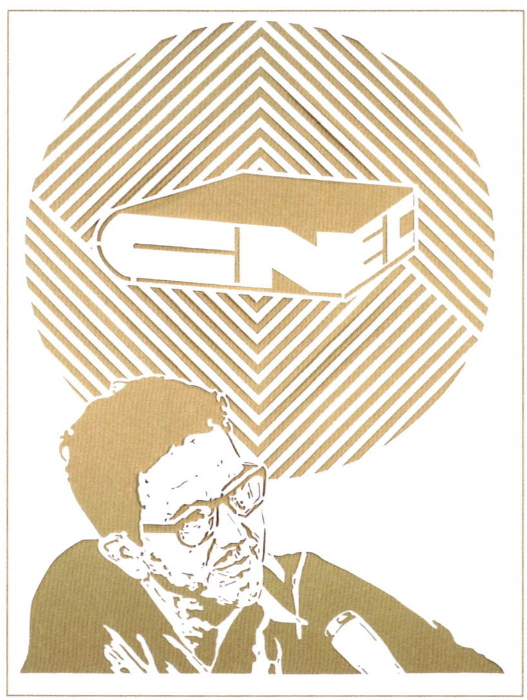

4

Hamlet Lavastida

*1983

1 Memoria del Hospital Psiquiátrico de la Habana, José Lezama Lima

2 Unidades Militares de Ayuda a la Producción (UMAP)

3 Brigada Especial, Villa Marista, Cien y Aldabo, El Vivac

4 Congreso Nacional de Educación y Cultura 1971, Heberto Padilla

Aus der Serie *Cultura Profiláctica* [Kultur der Prävention], 2020–2021, Papierschnitte, je 100 × 70 cm

Courtesy of the artist

»[There are] basicly two options – jail or exile – for cuban artists in cultural artivism.« Mit diesen Worten beschrieb Hamlet Lavastida im vergangenen Jahr die düstere Realität der Künstler*innen und Intellektuellen in Kuba. Er selbst wurde Anfang 2022 nach drei Monaten Haft ausgebürgert und nach Europa abgeschoben. Aufgrund zahlreicher Menschenrechtsverletzungen, der Mangelwirtschaft und einer strengen Zensur hat die Kubanische Diaspora in den letzten Jahren einen starken Anstieg erfahren.

In seiner Werkreihe *Cultura Profiláctica* verweist der Künstler auf die Kontinuität einer mit der Kubanischen Revolution einsetzenden und bis heute fortgeführten Überwachungs- und Unterdrückungspolitik im totalitär regierten Kuba. Seine auf farbigem Hintergrund präsentierten weißen Papierschnitte basieren vor allem auf Symbolen, Emblemen und Abkürzungen von politischen und gesellschaftlichen Organisationen, die er zum Teil mit Figuren von bekannten Persönlichkeiten kombiniert. Alle diese Bildelemente erwecken zunächst den Eindruck einer dekorativen und harmlosen Oberfläche, unter welcher Lavastida jedoch das repressive System Kubas sichtbar macht. Das wichtigste politische Instrument der kubanischen Regierung zur Bekämpfung der Opposition ist neben der offenen Gewalt die Machtausübung durch Institutionen. UMAP steht beispielsweise für Unidades Militares de Ayuda a la Producción (Militäreinheiten zur Unterstützung der Produktion). Konkret bezeichnet dieser Begriff ein von 1965 bis 1968 existierendes Arbeits- und Konzentrationslager in der Provinz Camagüey, in welchem unter anderem Homosexuelle und Oppositionelle zur Arbeit gezwungen und gefoltert wurden. Die Brigada Especial gleicht dem Ministerium für Staatssicherheit in der DDR und dient der Überwachung von regierungskritischen Personen. Mit der Übertragung der Bildvorlagen in monochrome Papierschnitte, die sich aus Fotografien und dem Design verschiedener Logos zusammensetzen, schafft der Künstler eine einheitliche Ästhetik. Diese veranschaulicht, dass sich alle Akteur*innen im diktatorischen Regime der Ideologie der Revolution unterordnen müssen – so auch die Intellektuellen José Lezama Lima und Heberto Padilla, deren Arbeit vom Staat zensiert wurde. Der Fall des Schriftstellers Padilla, der 1971 nach wochenlanger psychologischer Folter in einem öffentlichen Brief seine Selbstanklage vortrug, sorgte für ein Umdenken unter den Intellektuellen außerhalb Kubas, die zuvor die Kubanische Revolution befürwortet hatten.

Lena Geuer

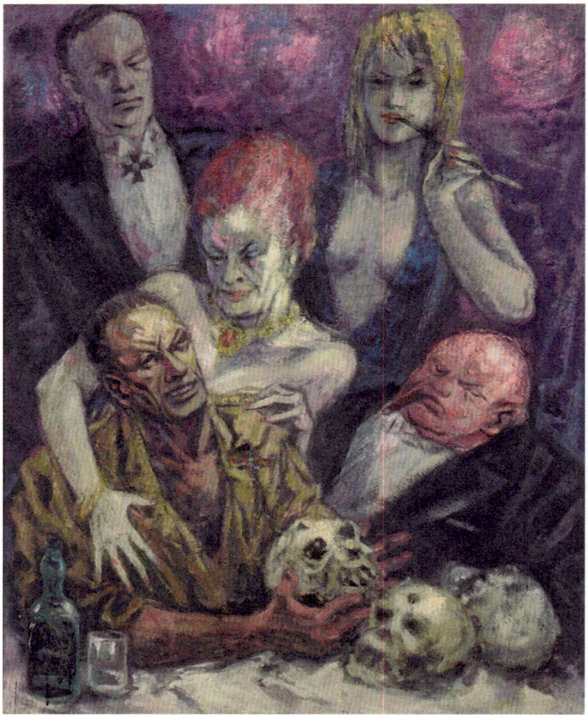

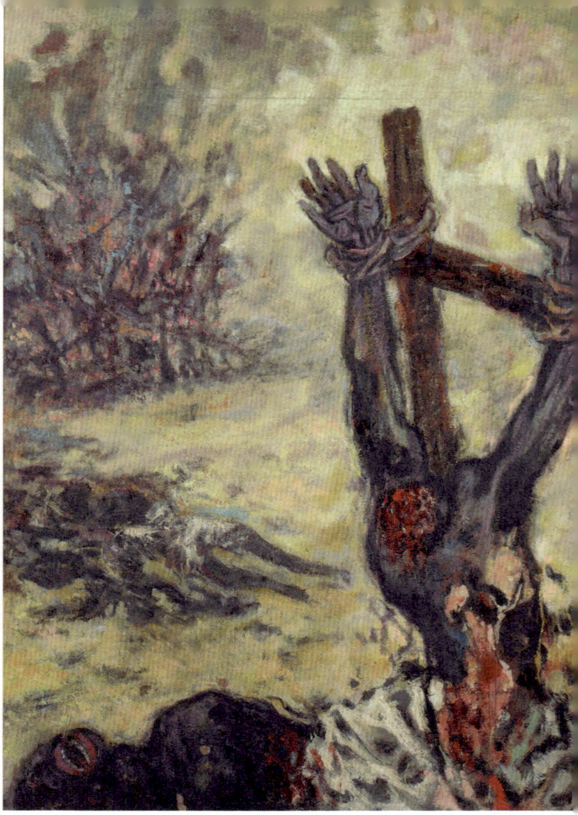

Heinz Lohmar
1900–1976

Kongo-Triptychon, 1965,
Öl auf Hartfaserplatte,
li. Tafel: Der Held der westlichen Welt, 123 × 100 cm,
Mitteltafel: Das war ein Mensch, 170 × 125 cm,
re. Tafel: Sie ernteten Sturm,
125 × 101 cm

Albertinum, Staatliche Kunstsammlungen Dresden, Gal.-Nr. 3694

Das 1965 von Heinz Lohmar gemalte *Kongo-Triptychon* steht im Kontext der Dokumentarfilme *Kommando 52*, *Der lachende Mann* und *PS zum lachenden Mann*, die Walter Heynowski und Peter Hellmich beziehungsweise das Studio H & S von 1965 bis 1966 unter Verwendung westdeutscher Medienbilder fertigten (S. 63–70). Die Filme lösten eine umfangreiche Pressekampagne aus; wie Lohmars Werk prangern sie den blutigen Konflikt der sogenannten Kongo-Krise und den westdeutschen Neokolonialismus an.

In der Mitteltafel *Das war ein Mensch*, wo sich in christlicher Tradition ein Gekreuzigter finden würde, prangt ein geköpfter und gemarterter Schwarzer Körper. Eine zweite Leiche, die mit ihren wulstigen, roten Lippen rassistische Stereotype aufruft, starrt das Publikum mit toten Augen an.

Auf der linken Tafel *Der Held der westlichen Welt* sind die Verursacher*innen dieser menschenverachtenden Verbrechen zu sehen. Der damalige Ministerpräsident der postkolonialen Demokratischen Republik Kongo, Moïse Tschombé, wurde von westlicher Seite und mit Billigung der USA und Belgiens durch *weiße* Söldner unterstützt. In letzterer Figur, umringt von Repräsentanten aus Politik, Militär und Wirtschaft sowie käuflichen Frauen, verschmelzen zwei Personen: der westdeutsche Major Siegfried Müller,

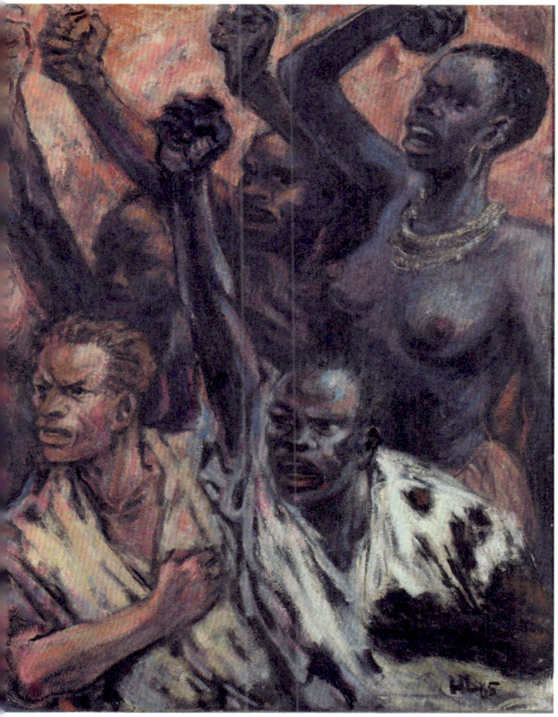

Leiter des Kommando 52, und der belgische Leutnant Mazy.

Gespiegelt wird dieses Bild durch die rechte Tafel *Sie ernteten Sturm*. Schwarze Personen recken geballte Fäuste in die Luft. Die einzige weibliche Person, die Ehefrau des ermordeten ersten Premierministers des Kongo, Patrice Lumumba, Pauline Opango Lumumba, wird mit entblößtem Oberkörper inszeniert. Sie hatte in dieser Aufmachung einen Protestmarsch zum Hauptsitz der United Nations durchgeführt; Lohmar zeigt die Aktivistin jedoch in Pin-up-Pose. Angeführt wird diese Gruppe von einer männlichen Doppelspitze. Eine *weiße* und eine Schwarze Figur, angeordnet als solidarisches Bruderpaar, setzen sich gemeinsam für die Befreiungskämpfe des Globalen Südens ein. In diesem Sinne stiftete Lohmar sein Honorar für dieses Werk dem Vietnam-Solidaritätsfonds.[1]

Das Kongo-Triptychon öffnet seinen Bildraum einerseits für die Anliegen der Kongoles*innen. Andererseits werden die Dargestellten so inszeniert, als ob sie nur im Kontext des sowjetischen Imperiums handlungsfähig seien.

Petra Lange-Berndt

1 Willi Zahlbaum, Sekretär des Afro-Asiatischen Solidaritätskomitees in der Deutschen Demokratischen Republik, Berlin, an Gerhard Bondzin, Rektor der Hochschule für Bildende Künste, Dresden, 17.9.1965, Archiv der Hochschule für Bildende Künste Dresden, Bestand 03, Sign. 03/437.

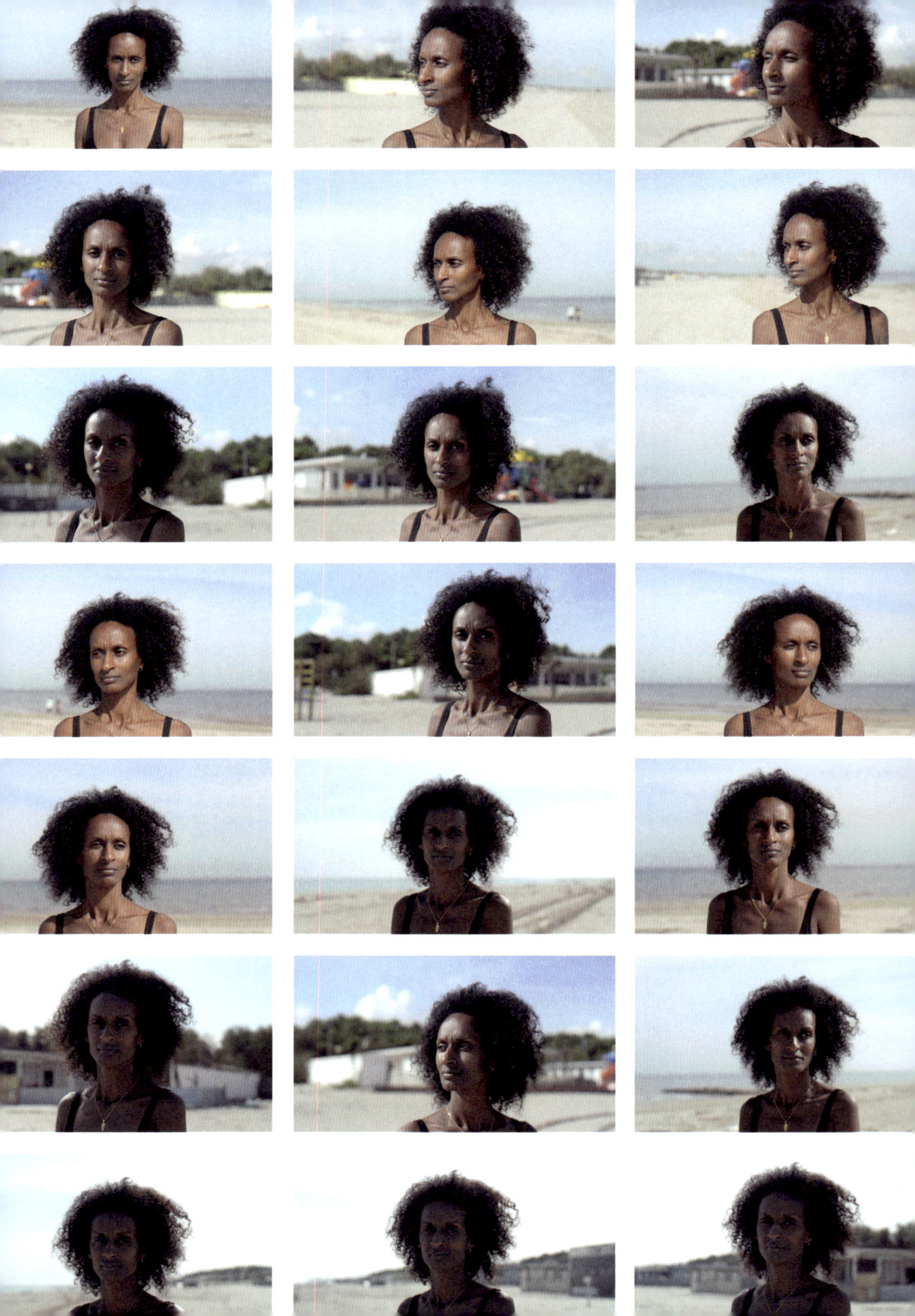

Dana Lorenz *1984

Re-Writing Gaze, 2018, 2-Kanal Videoinstallation aus 5 HD-Videos in Super-Slowmotion, mit Soundcollagen, Lisa – 5:57 min, Muna – 22:28 min, Henni – 13:23 min, Woody – 6:15 min, Lai – 13:41 min

Courtesy of the artist

Die Videoarbeit *Re-Writing Gaze* zeigt fünf Porträtsituationen von Personen, die in einer intimen Blickbeziehung mit der Künstler*in Dana Lorenz einen sinnlich-physischen Raum eröffnen.

Die schwelende Soundcollage schafft einen eigenen Assoziationsraum, jenseits von Bild und Sprache – warme Klänge werden durch dauerhafte Überlagerungen zu dumpfem Grollen oder Erschütterungen, schweren Flügelschlägen oder tinitusartigen Signalen. Die überlebensgroßen Projektionen, ihre scheinbare Bewegungslosigkeit und der Sound, der sich immer wieder neu mischt und überlagert, erzeugen eine direkte und intensive Begegnung. Die Porträts sind anders als in Malerei oder Fotografie nicht stillgestellt, die Protagonist*innen schauen selbstbewusst auf die Zuschauenden zurück in einer Wiederaneignung des Blickes – wer schaut hier wen an?

Dana Lorenz' filmische Bildnisse führen einen stummen Dialog mit den Betrachter*innen. Diese Interaktion vollzieht sich im Austausch der Blicke. Die Porträtierten schauen mal resigniert, mal optimistisch, mal erschrocken. Mitunter funkelt der fokussierte Blick kritisch und macht uns die oberflächlichen, kanonisierten Lesarten und Zuschreibungen unseres kollektiven Bildgedächtnisses bewusst. Wir begegnen Protagonist*innen, die jede*r für sich in ihrer Diversität neben einem komplexen, transkulturellen Selbstverständnis ein ganz eigenes Gender verkörpern, das fließend ist und individuell.

Ausgehend von der Theorie des ›Female*Gaze‹ und der symbolischen Dimension des ›Blickregimes‹ (nach der Kunsthistorikerin und Regisseurin Kaja Silverman) stellt die Künstler*in in ihrem Werk auf subtile Weise das Machtgefüge von Anschauen und Angeschaut-Werden zur Disposition. Die aufgeladenen, inszenierten Blickwechsel motivieren in ihrer Spiegelung und Umkehrung auch Fragen nach dem schauenden Subjekt: Aus welcher Position blicken wir? Welche normierten oder reflexhaften Sehgewohnheiten und Lesarten, Zuschreibungen, Einordnungen prägen unsere Begegnungen mit anderen Menschen?

Im Titel der Arbeit stellt die Künstler*in nicht zuletzt die Frage, inwiefern diese eingeübten Haltungen neu konfiguriert, über- oder umgeschrieben werden können.

Martin Buhlig, Dana Lorenz

Mankew Valente Mahumana

1934–2021

O povo em 1974 [Das Volk im Jahr 1974], 1974, Öl auf Hartfaser, 96,2 × 95,7 cm

GRASSI Museum für Völkerkunde zu Leipzig, Inv.-Nr. MAf 35331

»Ich bin ein realistischer, kreativer Maler, das heißt ich bin sehr nahe am surrealistischen Universum.« (Mankew V. Mahumana)

Bittend, anklagend, abwartend richten sich die Blicke auf zwei Kolonialsoldaten. So eng stehen die Figuren um die Soldaten, gedrängt in ein Quadrat, dass keine Bewegung und kein Trost ohne die Befreiung von der Kolonialherrschaft möglich erscheinen.

Als Mankew V. Mahumana das Bild 1974 malte, war Mosambik von dem bereits zehn Jahre andauernden Krieg zwischen der Befreiungsfront FRELIMO und der portugiesischen Kolonialmacht zermürbt. Der Künstler sah seine Aufgabe darin, mit seinen Bildern für die Emanzipation seines Volkes zu kämpfen. Am 25. Juni 1975 erlangte Mosambik die Unabhängigkeit. Gemeinsam mit anderen mosambikanischen Künstlern wie Malangatana Valente Ngwenya und João Craveirinha schuf Mankew eine neue Bildsprache, mit der er selbstbewusst die Zukunft eines sozialistischen Mosambik darstellen konnte.

Im Laufe der 1980er Jahre wurde die DDR zu einem der wichtigsten Partnerländer Mosambiks, was sich auch im kulturellen und visuellen Kosmos beider Länder spiegelte. Kunstwerke aus Mosambik wurden im Ausstellungszentrum am Ost-Berliner Fernsehturm präsentiert, DEFA-Filme selbst in abgelegenen Provinzen Mosambiks gezeigt und wechselseitige Studienreisen ermöglicht. 1983 wurden Mankew zum korrespondierenden Mitglied der Akademie der Künste der DDR ernannt. Noch im selben Jahr gestaltete er in Mosambik ein Wandbild, das die Unterstützung von ostdeutschen Arbeitern beim Aufbau des Bergbauzentrums Moatize würdigte. Mit solchen propagandistischen Werken warb Mankew für die wirtschaftliche Kooperation zwischen der DDR und Mosambik.

»Eine Beziehung von Gleichberechtigung und Kooperation erst kann die Freiheit möglich machen«, schrieb Mankew in einem Brief an die Akademie der Künste der DDR. Als korrespondierendes Mitglied nutzte er seine Stimme, um die gleichberechtigte Anerkennung mosambikanischer Künstler*innen zu fordern, deren Stil sich grundlegend vom sozialistischen Realismus in der Kunst der DDR unterschied.

Lea Marie Nienhoff

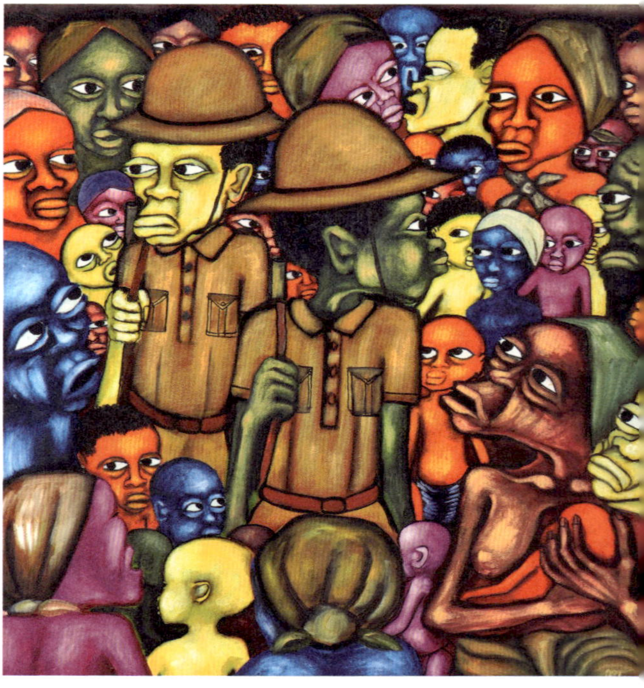

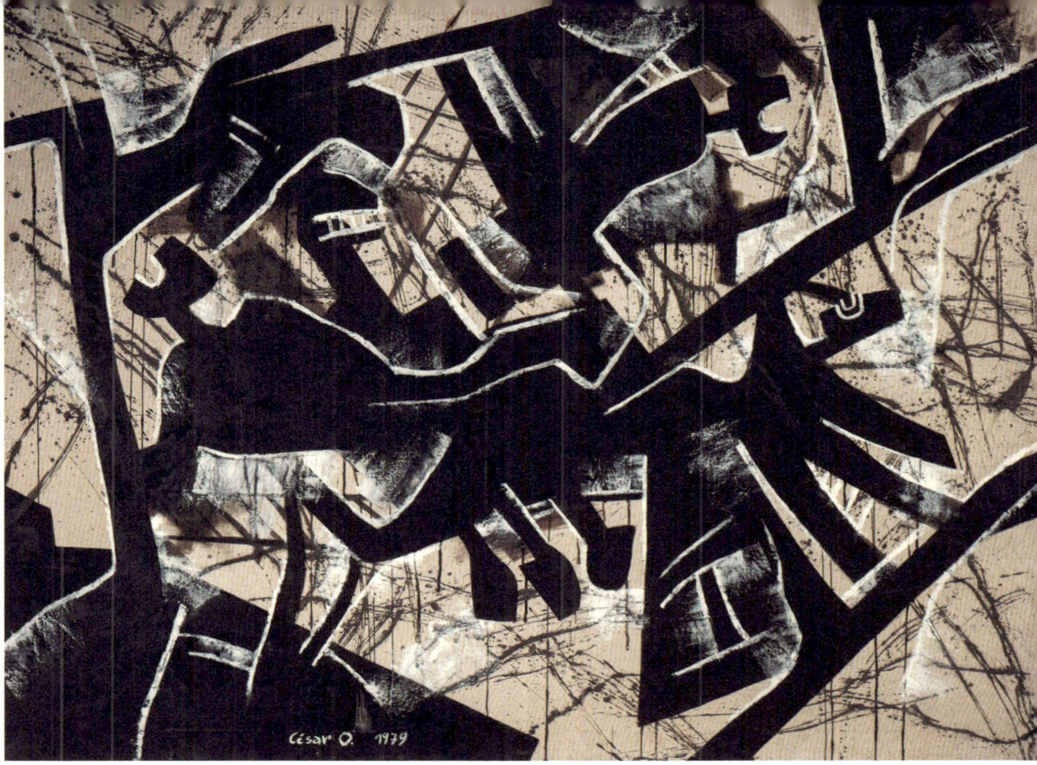

César Olhagaray *1951

Schwarz-Weiß, 1979, Öl auf Leinwand, 105 × 140 cm

Kustodie der Hochschule für Bildende Künste Dresden, Inv.-Nr. A 0520

Das Gemälde *Schwarz-Weiß* des heute in Dresden und Santiago de Chile lebenden Künstlers César Olhagaray entstand 1979, ein Jahr vor seinem Diplom. Er war bereits seit 1974 in der DDR, da er seine Heimat Chile aufgrund des Militärputsches am 11. September 1973 und folgender Inhaftierung verlassen musste. Die DDR, in die er nach kurzem Aufenthalt in Frankreich emigrierte, bot Olhagaray politisches Asyl. Zwischen 1974 und 1980 absolvierte er ein Studium der Malerei und Grafik an der Hochschule für Bildende Künste Dresden und war dort bis 1990 einer von sechs chilenischen Studierenden. Zu seinen Lehrern gehörte unter anderem Hernando León, 1959 bis 1961 selbst an der Dresdner Kunstakademie ausgebildet, der viele Studierende aus Ländern des Globalen Südens unterrichtete.

Bereits in Chile war Olhagaray Mitglied von Wandbildbrigaden, die im ganzen Land Bilder mit revolutionärem Inhalt anfertigten. Er führte diese Arbeit auch in der DDR fort und war unter anderem an Wandbildern in Dresden, Rostock, Erfurt und Berlin beteiligt. Immer wieder standen die Solidarität sowie das Bekenntnis gegen die Pinochet-Diktatur im Mittelpunkt seines Schaffens. Zudem prägten Tanz, Performance, Theater und Architektur sowie der Austausch mit dem Publikum seine künstlerische Arbeit, die bis heute von einer kollektiven Arbeitsweise beeinflusst ist.

Mit der Studienarbeit *Schwarz-Weiß* schuf Olhagaray nicht allein aufgrund des Schwarz-Weiß-Kontrastes ein Werk voller Gegensätze: Die abstrakt-kubistischen Formen stehen zufällig entstandenen Spritztechniken gegenüber, beides steht konträr zur staatlich propagierten Gegenständlichkeit in der Kunst, die zu dieser Zeit auch an der Dresdner Kunsthochschule als Maßstab galt.

Pauline Hohn

1 **Daysi Garciá López**, Jornada de Solidaridad con le pueblo Afroamericano / 18 de agosto [Tag der Solidarität mit den afroamerikanischen Menschen / 18. August], 1969, Offset, 55 × 43,5 cm

2 **Olivio Martínez Viera**, Guatemala – Jornada de Solidaridad con Guatemala 6 de febrero [Tag der Solidarität mit Guatemala, 6. Februar], 1968, Offset, 55 × 34,5 cm

3 **Daysi Garciá López**, angola – Jornada de Solidaridad, 4 Febrero [Angola – Tag der Solidarität, 4. Februar], 1969, Offset, 54 × 33 cm

4 **Jesús Forjans Boade**, Jornada de Solidaridad con Laos Octubre 12 [Tag der Solidarität mit Laos am 12. Oktober], 1968, Offset, 55 × 33 cm

Kupferstich-Kabinett, Staatliche Kunstsammlungen Dresden, Inv.-Nr. A 2021-41, A 2021-42, A 2021-38, A 2021-40

Im Januar 1966 wurde in Havanna die Solidaritätsorganisation mit den Völkern Asiens, Afrikas und Lateinamerikas (Organización de Solidaridad de los Pueblos de Asia, África y América Latina / OSPAAAL) gegründet. Ihr Ziel war es, die Solidarität zwischen den jungen, unabhängig gewordenen Nationalstaaten und Freiheitsbewegungen auf allen drei Kontinenten zu koordinieren und den sozialistischen Internationalismus zu stärken.

OSPAAAL propagierte den weltweiten Kampf gegen Imperialismus, Kolonialismus und Rassismus, engagierte sich für die Anti-Apartheid-Bewegung in Südafrika genauso wie gegen den Krieg der USA in Vietnam. Ab 1967 gab die Organisation das Magazin *TRIconinental* mit Beiträgen zu politischen, ökonomischen und kulturellen Perspektiven des Globalen Südens heraus. Es erschien in den Sprachen Spanisch, Englisch, Französisch sowie Arabisch und wurde weltweit vertrieben (allerdings nicht in der DDR). Die Auflage betrug zu Beginn 50 000 Exemplare. Jeder Ausgabe war ein gefaltetes Plakat beigelegt, das zur Solidarität mit einzelnen Ländern, Bewegungen oder Persönlichkeiten aufrief. Kubanische Künstler*innen wie Gladys Acosta Ávila, Félix Beltrán, Jesús Forjans Boade, Daysi García López, Alfredo Gonzáles Rostgaard und Elena Serrano gestalteten bis zur Einstellung der Zeitschrift 2019 (Gesamtauflage: mehr als neun Millionen) über 400 Plakate für das Magazin.

Stilistisch orientierten sie sich an der amerikanischen Pop Art, dem afrokubanischen Symbolismus, der psychedelischen Kunst und der kommerziellen Werbung. Die Solidaritätsbotschaften und Kampfappelle übersetzten sie in allgemeinverständliche Bilder und setzten dabei auf leuchtende Farben und starke Kontraste. Sie entwarfen einprägsame Figuren, verwendeten patriotische Symbole, landestypische folkloristische Bildelemente und Nationalfarben, nutzten die Mittel der Fotografie und der konstruktivistischen Montage.

Das Ergebnis war eine unmittelbare Bildhaftigkeit, die auch Menschen erreichte, die nicht lesen und schreiben konnten. Die oft eingesetzte Waffensymbolik entsprach dem Bewusstsein, in einer Zeit des permanenten Widerstands und Kampfes der unterdrückten Völker zu leben, als deren Schrittmacher sich OSPAAAL verstand.

Mathias Wagner

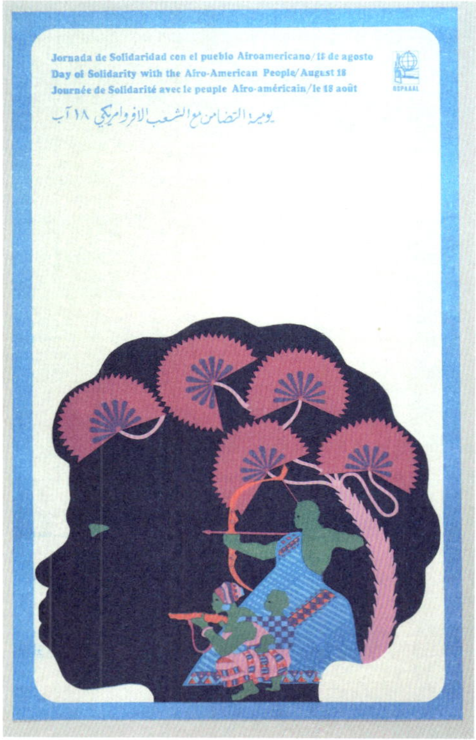
Jornada de Solidaridad con el pueblo Afroamericano/18 de agosto
Day of Solidarity with the Afro-American People/August 18
Journée de Solidarité avec le peuple Afro-américain/le 18 août
يومية التضامن مع الشعب الافروامريكي ١٨ آب
OSPAAAL

1

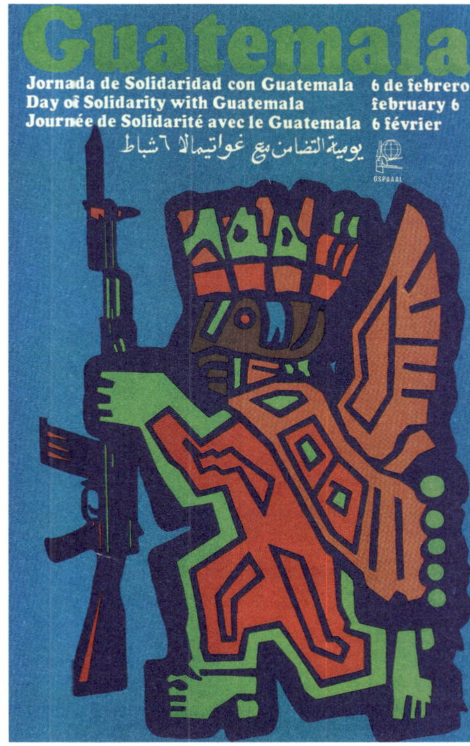
Guatemala
Jornada de Solidaridad con Guatemala 6 de febrero
Day of Solidarity with Guatemala february 6
Journée de Solidarité avec le Guatemala 6 février
يومية التضامن مع غواتيمالا ٦ شباط
OSPAAAL

2

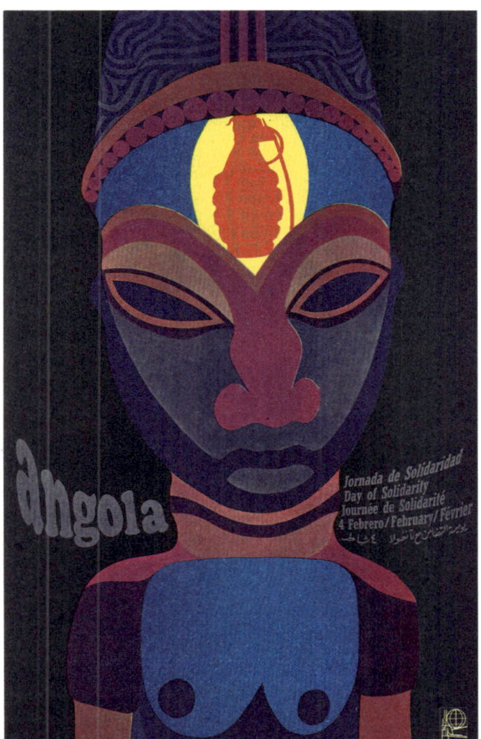
angola
Jornada de Solidaridad
Day of Solidarity
Journée de Solidarité
4 Febrero/February/Février
OSPAAAL

3

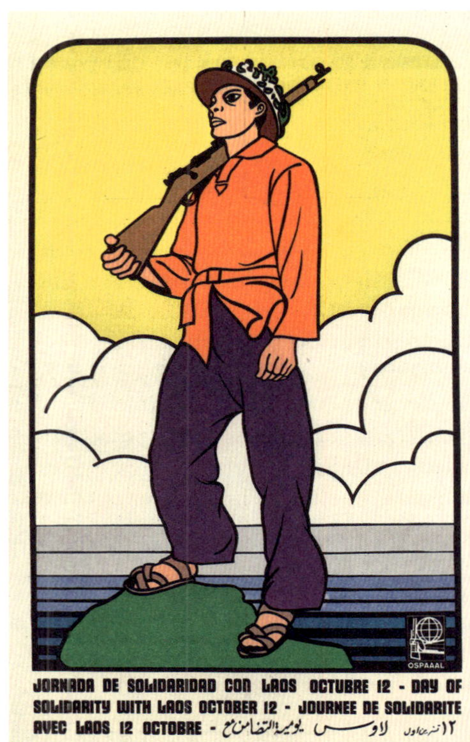
OSPAAAL
JORNADA DE SOLIDARIDAD CON LAOS OCTUBRE 12 - DAY OF SOLIDARITY WITH LAOS OCTOBER 12 - JOURNEE DE SOLIDARITE AVEC LAOS 12 OCTOBRE -

4

Margarita Pellegrin

1940–2016

Demonstration, 1975,
Wolle, Baumwolle, geknüpft,
128 × 145 cm

Kunstgewerbemuseum, Staatliche Kunstsammlungen Dresden, Inv.-Nr. 50383

Der Wandteppich *Demonstration* zeigt die im Werk von Margarita Pellegrin vorherrschende intensive Farbigkeit und ornamentale Formensprache, welche durch ihre Begegnung mit der Teppichweberei der indigenen Völker Chiles nachhaltig beeinflusst wurde. Die künstlerische Praxis von Pellegrin umfasste neben Malerei und Grafik auch Textilkunst und ist ein Beispiel transkultureller Verflechtung zwischen der DDR und Chile.

Die in Aue geborene Margarita Pellegrin studierte von 1958 bis 1961 an der Arbeiter- und Bauernfakultät der Hochschule für Bildende Künste Dresden. Dort lernte sie den Künstler Hernando León, ihren späteren Mann, kennen, dem sie 1963 in seine Heimat Chile folgte. Von 1964 bis 1974 war Pellegrin in Antofagasta im Norden Chiles als Assistentin für Grafik und Dozentin für Gestaltungslehre an der Universidad de Chile tätig. Dort bewegte sie sich im Kreis von Künstler*innen, deren Freundschaft und Zusammenarbeit sich auch nach 1973 in Dresden fortsetzte. Der Militärputsch in Chile am 11. September 1973 veranlasste Tausende zur Flucht und bewegte auch die Künstlerin und ihren Mann zur Rückkehr in die DDR, wo sie als freiberufliche Künstlerin in Dresden arbeitete.

Pellegrin beschäftigte sich oft mit dem Menschsein in der Welt in ihrer Kunst, die nach 1973 häufig einen Bezug zum Militärputsch in Chile erkennen ließ. So richtet sich der Protest der Figurengruppe im Wandteppich sicherlich gegen das diktatorische Regime unter Augusto Pinochet und die brutale Verfolgung der oppositionellen Chilen*innen und ist in seinem kraftvollen Farbklang zugleich Ausdruck des ungebrochenen Lebenswillens der Menschen.

Pauline Hohn

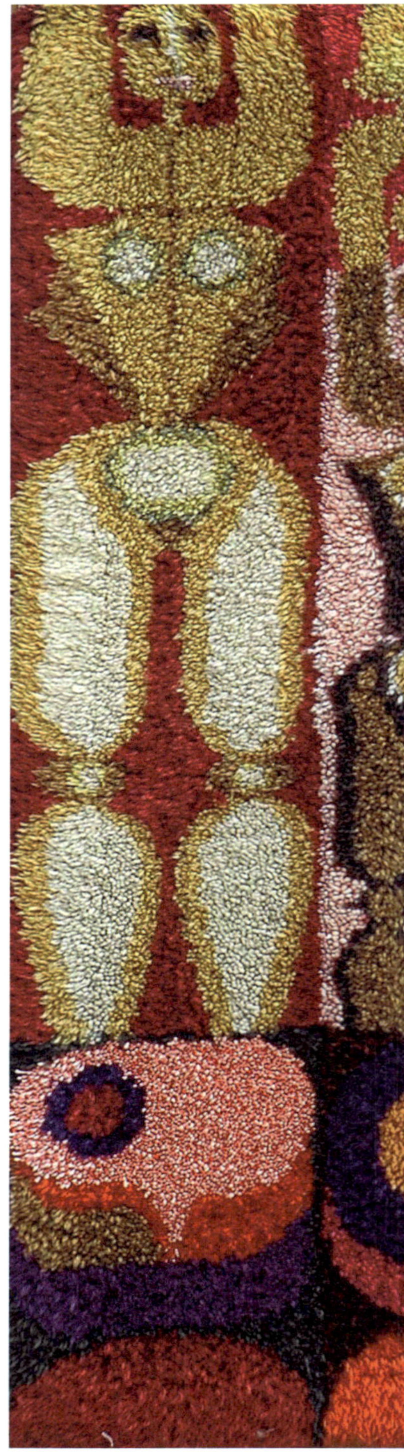

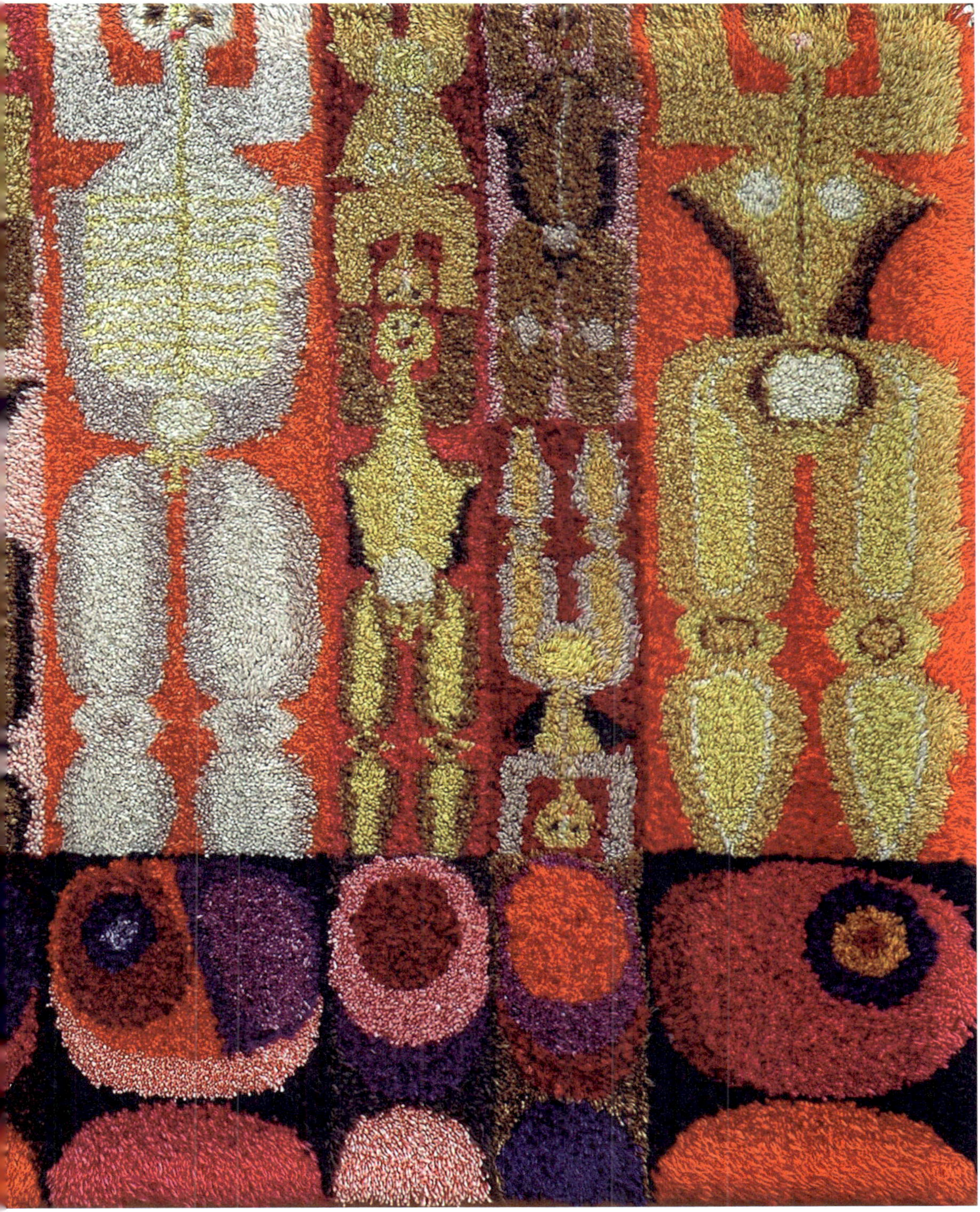

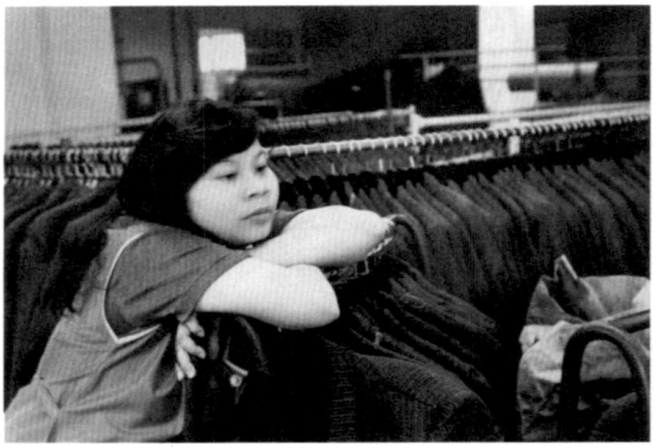

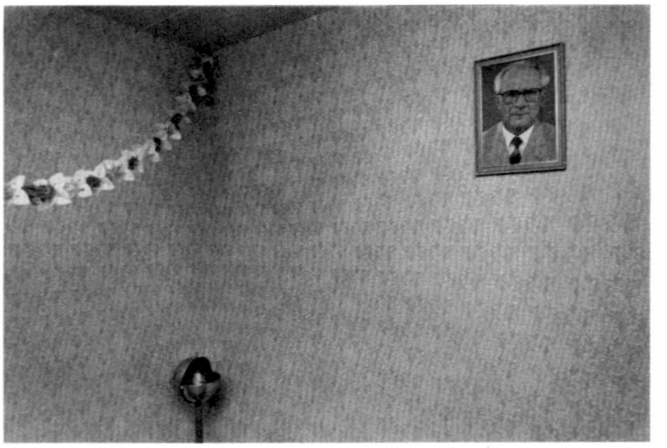

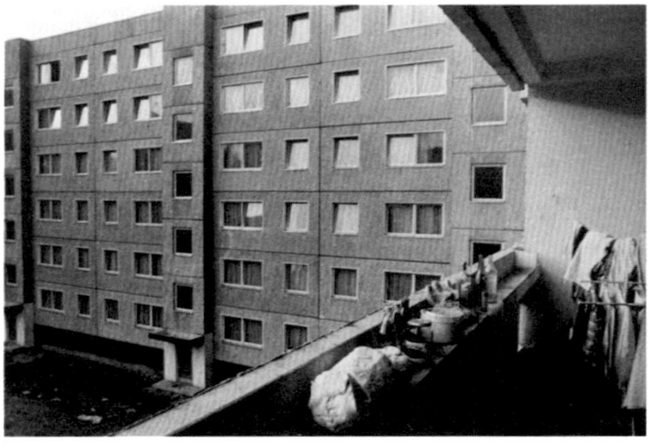

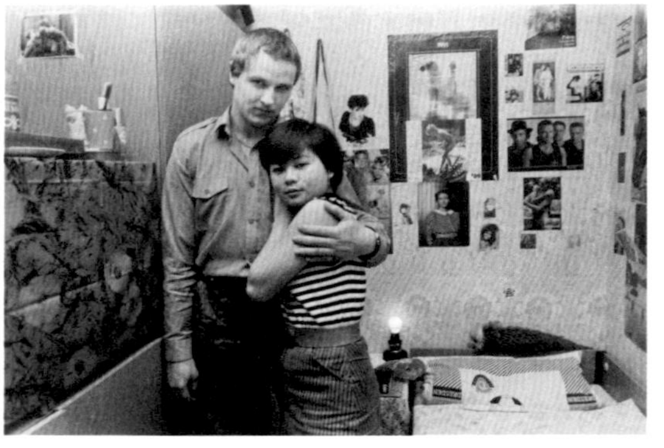

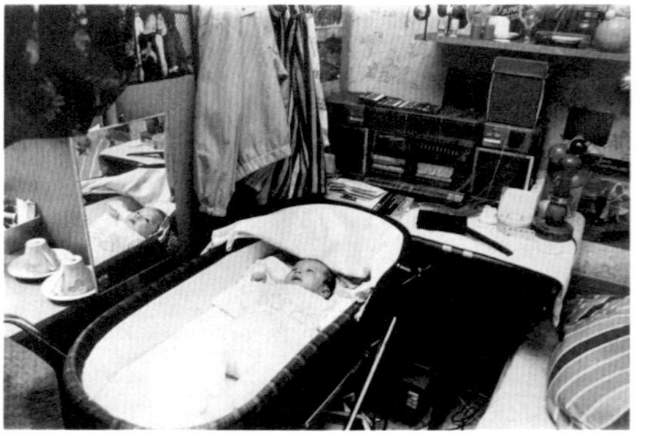

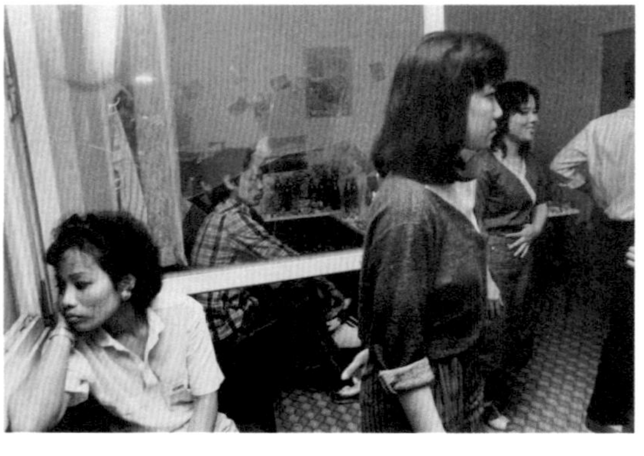

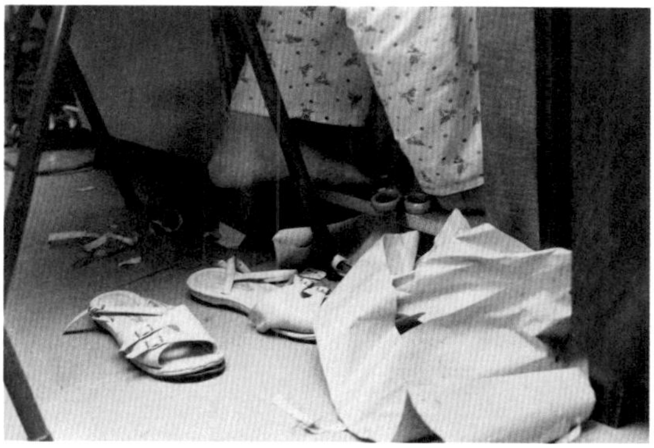

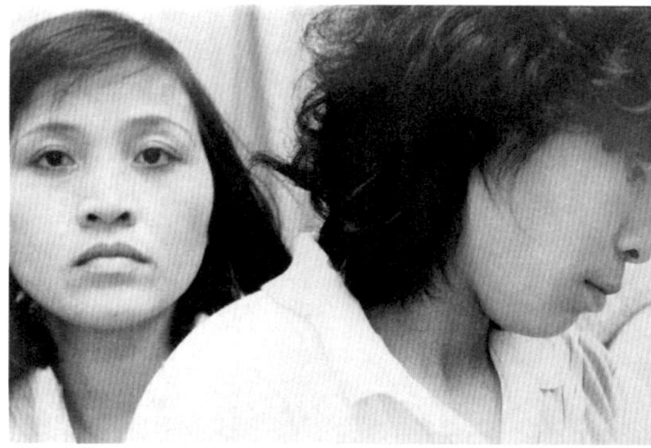

Matthias Rietschel *1958

Aus der Serie *Vietnamesen in Dresden*, 1987–1990,
S/W-Fotografie,
je 32,8 × 47,8 cm

Kunstfonds, Staatliche Kunstsammlungen Dresden, Inv.-Nr. 96/5/91, 96/7/91, 96/9/91, 96/11/91, 96/16/91, 96/17/91, 96/22/91, 96/23/91

Der Fotograf Matthias Rietschel, Absolvent der Hochschule für Grafik und Buchkunst Leipzig, gehört zu der Generation, die mit ihren künstlerischen Mitteln einen genauen Blick auf die gesellschaftlichen Verhältnisse der DDR und deren Verwerfungen richtete.

1989 erhielt er in Dresden einen Auftrag zum Thema *Ausländische Arbeiter in der DDR – eine Fotodokumentation zur Arbeit, Freizeit und Freundschaft*. Persönliche Begegnungen mit Vietnames*innen in einem Dresdner Wohnheim hatten sein Interesse geweckt, erste Aufnahmen waren schon vor der Auftragserteilung entstanden. 1991 stellte der Fotograf eine Auswahl von 32 Abzügen für den Kunstfonds zusammen, die Szenen aus dem Leben im Wohnheim sowie aus dem Arbeitsalltag im VEB Herrenmode Dresden zeigen, der bei diesem Auftragswerk als ›gesellschaftlicher Partner‹ des Fotografen fungierte. In dem Betrieb waren seit 1987 Vietnames*innen tätig, die durch ein bilaterales Regierungsabkommen für eine befristete Zeit als Vertragsarbeiter*innen in die DDR gekommen waren.

Wie bei anderen ausländischen Arbeitskräften in der DDR auch war ihr Aufenthalt bis ins Private streng reglementiert. Kontakte zu Einheimischen wurden zwar nach Möglichkeit (sogar behördlich) unterbunden, dennoch gelang im Alltag oft ein kollegiales und freundschaftliches Miteinander. Rietschels Fotoserie hätte es nach offizieller Lesart so also nicht geben können. Einerseits brauchte er eine Sondergenehmigung, um sich mit der Kamera im Betrieb und im Wohnheim frei zu bewegen. Andererseits wären viele der Motive, die von großer Nähe und Vertrauen sowie einer individuellen Beobachtung und Anteilnahme zeugen, ohne enge persönliche Kontakte nicht denkbar gewesen.

Mit dem von subjektiver Authentizität geprägten Blick hinter die Kulissen der offiziellen Erzählung leistete Matthias Rietschel einen wichtigen Beitrag zum Gesellschaftspanorama der späten DDR. Gleichzeitig wurde der Fotoessay ungeplant auch zur Dokumentation des Schicksals der Vietnames*innen unmittelbar nach dem Mauerfall.

Silke Wagler

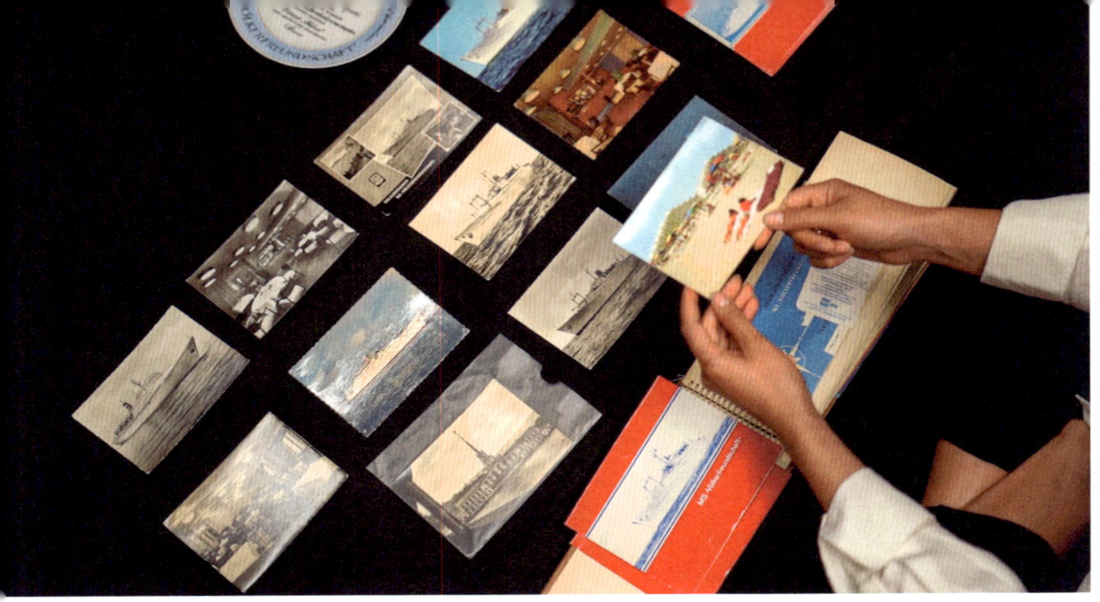

Sonya Schönberger *1975

Geschmortes Herz, 2022, Video, Ton, 29 min

Courtesy of the artist

Als Fellow des Forschungsprojektes *Art in Networks – The GDR and its Global Relations* an der Technischen Universität Dresden und Stipendiatin der Künstlerresidenz Villa Aurora in Los Angeles 2022 beschäftigte sich Sonya Schönberger mit dem Wende Museum in Culver City, das eine umfangreiche Sammlung von Artefakten aus der ehemaligen DDR beherbergt. Für die dabei entstandene Videoarbeit *Geschmortes Herz* hat Schönberger mit der Dramatikerin Enis Maci zusammengearbeitet, die sich zur selben Zeit in der Villa Aurora aufhielt.

Die Kamera schaut Maci über die Schulter, während diese eine Reihe von Objekten der Sammlung betrachtet und assoziativ kommentiert. Es handelt sich um private und offizielle Relikte des ›sozialistischen Traumschiffs‹ MS Völkerfreundschaft, das auf Mittelmeer- und Schwarzmeerreisen vor allem sozialistische Bruderländer ansteuerte. Tagesprogramme, Menüs, Postkarten, Gedenkteller und ein Reisetagebuch zeugen von luxuriösen Kreuzfahrten, die nur ausgewählten, privilegierten Bürger*innen der DDR möglich waren. »Man kann Ferngläser entleihen, Briefe verschicken, man kann von der Bordkapelle unterhalten werden, einen Film sehen oder Souvenirs kaufen«, zitiert Maci aus einer Broschüre von 1969, um sich dann mit dem Essensangebot an Bord zu beschäftigen – darunter auch Geschmortes Herz. Angesichts der Materialien blitzt das ›System DDR‹ auf.

Während Maci im Internet nach Informationen sucht und die Geschichte des Schiffs von ihrem Handy abliest, werden korrespondierend zu ihrer improvisierten Erkundung der Materialien unterschiedlichste Texte eingeblendet, kurze Erläuterungen, ein Kochrezept, Werbetexte oder Begriffserklärungen (Schonkost, Bosporus, Kubakrise, Steckenpferd-Bewegung, Devisen, Diashow et cetera), die ebenfalls offensichtlich ›ergoogelt‹ wurden. Schon der Beginn des Videos, in dem Schönberger Maci den Hinweis »Läuft!« gibt, legt sowohl den Arbeitsprozess als auch die Vorläufigkeit offen. Hier wird nicht nur die ›künstlerische Forschung‹ dekonstruiert, sondern auf jede Art von Pseudo-Expert*innenwissen verwiesen. Wie kann man sich Geschichte nähern? Was können Artefakte überhaupt vermitteln? Kann man in einem Museum auf Wahrheitssuche gehen?

Kerstin Schankweiler

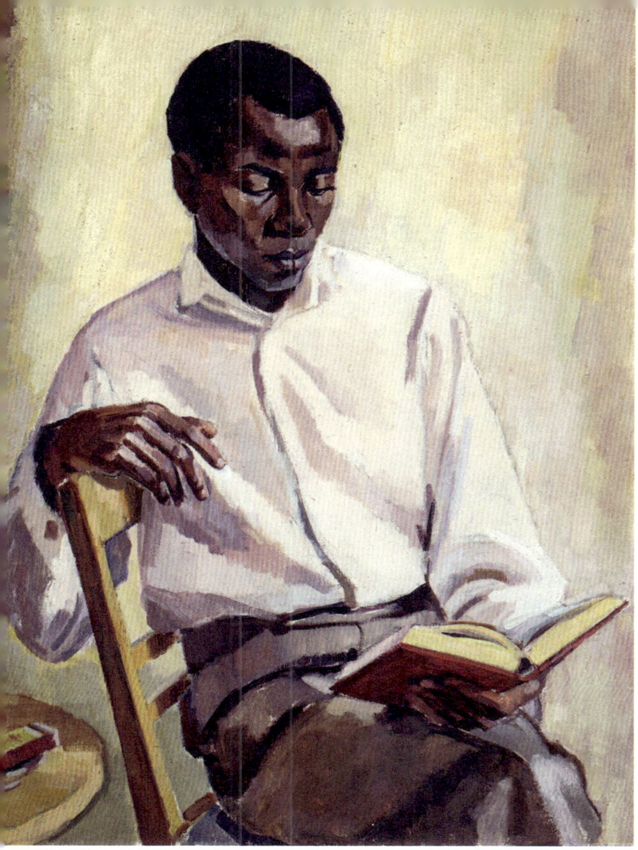

Eva Schulze-Knabe

1907–1976

Chukwuemeka Ogbue (Student aus Nigeria), 1960, Mischtechnik auf Leinwand, 95,5 × 75,5 cm

Albertinum, Staatliche Kunstsammlungen Dresden, Gal.-Nr. 3384

Die Dresdner Malerin Eva Schulze-Knabe porträtierte von den späten 1950er bis Mitte der 1960er Jahre zahlreiche internationale Studierende, die größtenteils an der damaligen Technischen Hochschule (heute Technische Universität Dresden) immatrikuliert waren. Die Bildnisse sind alle im Mittelformat ausgeführt, häufig ist den Porträtierten ein aufgeschlagenes Buch als Attribut des Lernens und geistigen Studiums beigegeben. Gaststudierenden aus dem befreundeten sozialistischen Ausland kam in der Außenpolitik der DDR eine gewichtige Rolle zu, was Export und internationale Anerkennung anbelangte.

Chukwuemeka Ogbue (16.3.1934 in Onicha Olona, Nigeria – 10.12.1969 in Dresden) kam 1957 als Student der Elektrotechnik nach Dresden, um sich insbesondere der Akustik und Sprachtechnologie zu widmen. Er wechselte 1962 nach Ost-Berlin, von dort reiste er aufgrund politischer Verwerfungen nach West-Berlin aus, um 1967 wiederum nach Dresden zurückzukehren und seine langjährige Partnerin Helga Deumert zu heiraten, mit der er 1961 einen Sohn bekommen hatte, Udoka Ogbue. Chukwuemeka Ogbue arbeitete dann als Elektrotechniker in Dresden in einem halbstaatlichen Betrieb. 1969 verstarb er an einem Magendurchbruch, der vermutlich zu spät diagnostiziert wurde.

Eva Schulze-Knabe hatte Chukwuemeka Ogbue bei einem Besuch der Vierten Deutschen Kunstausstellung im Albertinum angesprochen und ihn eingeladen, ihr Porträt zu sitzen. Das Gemälde wurde 1961 aus der Ausstellung *Neues Leben – Neue Kunst* im Pavillon der Kunst in Ost-Berlin aus Mitteln des Kulturfonds der DDR erworben und gehört seitdem zum Bestand des Albertinum.

Bis 2021 war der Name des Porträtierten nicht bekannt, das Bild firmierte unter dem Titel *Afrikanischer Student*. Im Zuge einer Ausstellung zum Kunstbesitz der Kustodie der TU Dresden wurde das Gemälde aus dem Albertinum als Leihgabe neben weiteren Bildnissen ausländischer Studierender von Eva Schulze-Knabe präsentiert. Über einen Film zur Ausstellung wurde der Sohn von Chukwuemeka Ogbue, der heute in Cambridge lebt, von einem Freund auf das Bildnis seines Vaters aufmerksam gemacht. Bei einem Besuch in Dresden konnten Udoka Ogbue und seine Mutter das Porträt nach vielen Jahren wiedersehen und zur Genese des Werks sowie zur Biografie des Dargestellten Auskunft geben.

Gwendolin Kremer

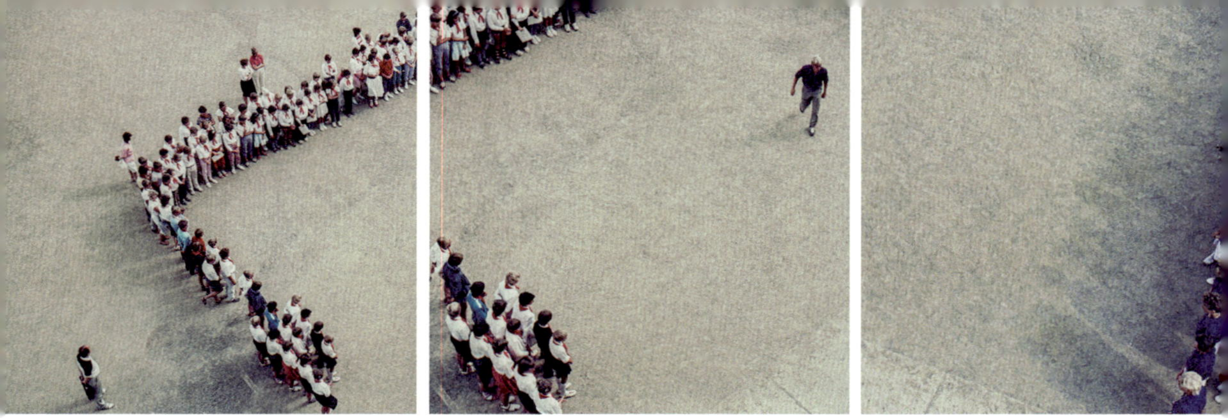

Wenke Seemann

*1978

Proletarier der DDR, klebt Marken / Wir haben alle Verpflichtungen erfüllt, aus der Serie *Solidarität, Archivdialoge #2 – Staatsbürger*, 2022, Rauminstallation, Fotografien, Digitaldruck, Spieluhr, Plottschrift

Courtesy of the artist

Die Rauminstallation versammelt Teile der Serie *Solidarität, Archivdialoge #2 – Staatsbürger* und setzt sie im Kontext der Ausstellung *Revolutionary Romances?* in eine neue Werkkonstellation. Auf einer gedruckten Tapete sind Montagen aus ostdeutschen Gewerkschaftsbüchern mit gesammelten Solidaritätsmarken zu sehen, eine statistische Darstellung sortiert die Marken in nüchterne Zahlen. Wie oft wurde Chile unterstützt? Wie oft Vietnam? Daneben leitet ein QR-Code die Betrachter*innen zu einer Website mit dem Video einer Rede des Dramatikers Heiner Müller vom 4. November 1989 weiter, in der er nur wenige Tage vor dem Fall der Mauer den Gewerkschaftsbund anklagt, in den 40 Jahren seiner Existenz nichts für die Rechte der Arbeiter*innen der DDR getan zu haben. Eine andere Wand zeigt Fotografien aus der Serie *Fahnenapell*. Sie dokumentieren Gesten der kollektiven Auszeichnung – Hände werden geschüttelt, Urkunden verliehen. Bedient man die Kurbel einer kleinen Spieluhr, erklingt das Lied *Kinder der Welt*, das – ganz im Sinne der Staatsideologie – Ideale wie Völkerfreundschaft, Frieden und Solidarität bereits den Jüngsten vermittelte.

Seemanns künstlerisches Schaffen kann als forschende Auseinandersetzung mit historischen Bilddokumenten und Objekten charakterisiert werden. In ihrer Reihe *Archivdialoge* setzt sie sich mit historischem Material wie etwa Fotografien aus dem Archiv ihres Vaters auseinander und bildet Konstellationen, anhand derer sie Fragen nach kollektivem und individuellem Handeln, nach gesellschaftlichen Ritualen und Gesten aus der Perspektive der Gegenwart untersucht. Der künstlerische Blick im Spannungsfeld zwischen historischem Abstand und biografischem Bezug überträgt sich auf die Ambivalenz der Deutungen: Welche Bedeutung hat unsere gesellschaftliche Prägung und wie wirkt sie in unsere Gegenwart hinein? Sind die kollektiv verordneten Handlungen wie der Kauf und das Kleben von Solidaritätsmarken leere Propagandarituale, ist das Aufstellen zum Apell nur Indoktrination oder etablieren sie ein Weltverständnis, das über die Ich-Perspektive hinausgeht? Und über welche Botschaften und Rituale vermittelt sich Gesellschaft heute?

Martin Buhlig

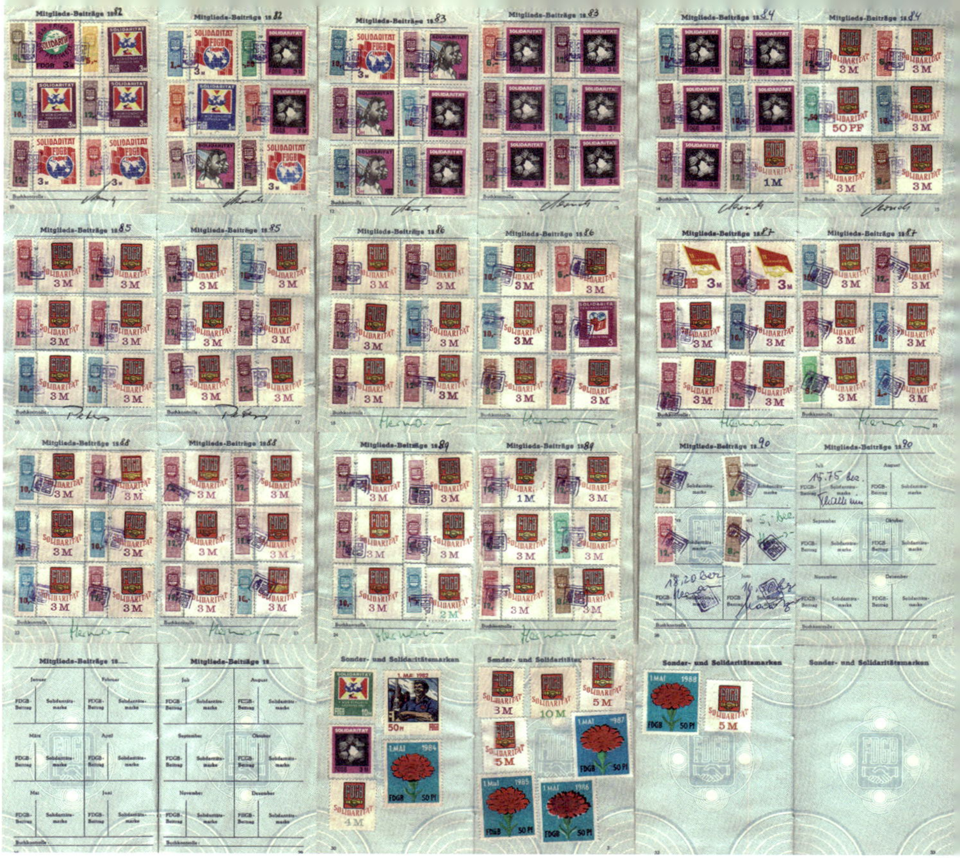

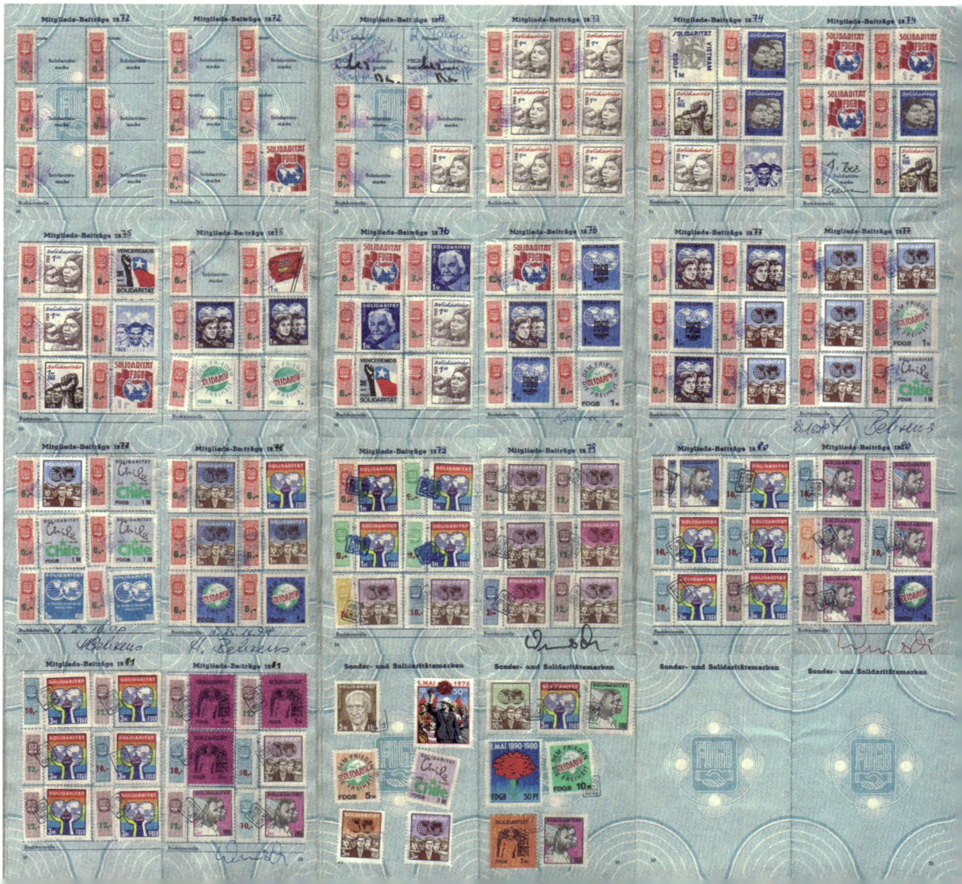

Sung Tieu

*1987

Erstes Zuhause, 2023,
Super-8-Film digitalisiert,
3:50 min (Loop), Raufasertapete

Eheschließung, 2023,
gerahmte Digitaldrucke,
11-teilig, je 32,1 × 23,4 cm

Courtesy of the artist

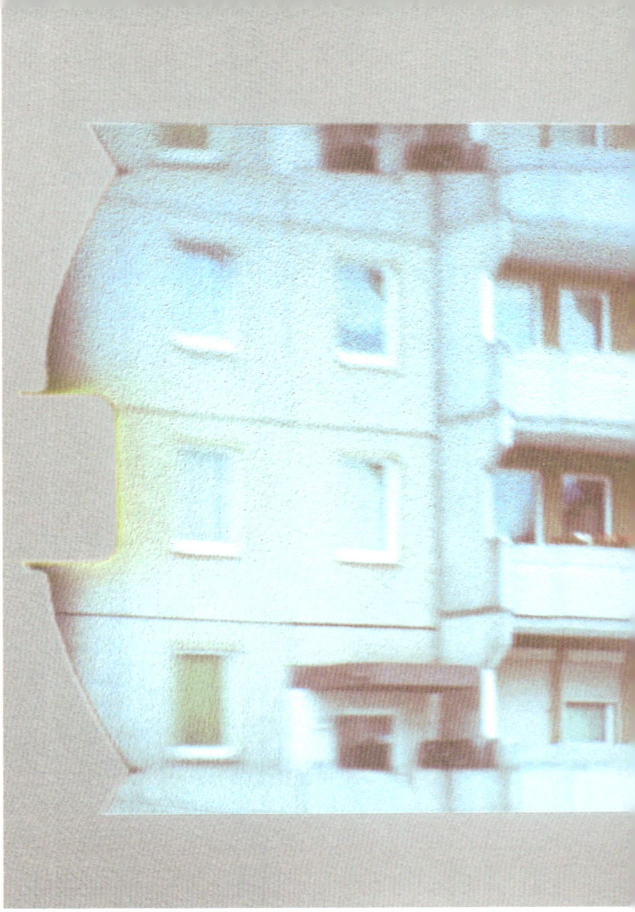

Ein Projektor wirft Super-8-Aufnahmen an die mit Raufasertapete bezogene Wand, elf Metallrahmen zeigen transkribierte Textdokumente mit geschwärzten Stellen. So prosaisch, wie Sung Tieus Installation zunächst wirkt, so vielschichtig entfalten sich ihre Bedeutungsebenen beim Lesen und Betrachten.

Während die Filmaufnahmen aus der Kleinstadt Freital bei Dresden, wo Tieu ihre frühe Kindheit verbrachte, fast nostalgisch wirken, spricht aus den reproduzierten Dokumenten der Staatssicherheit die kühle Rhetorik der Macht und lässt die strenge Überwachung und Kontrolle der Vertragsarbeiter*innen bis in das Privatleben hinein erahnen. Durch das Anwerbeabkommen, welches die DDR 1980 mit der Sozialistischen Republik Vietnam schloss, bildeten Vietnames*innen die größte Gruppe von Vertragsarbeiter*innen in der DDR. Sie lebten zwar gemeinschaftlich in Wohnheimen, waren dadurch jedoch oft vom Rest der DDR-Gesellschaft sozial isoliert und wurden mehr als Gruppe denn als Individuen wahrgenommen.

Das bessere Leben, welches die Vertragsarbeit vordergründig versprach, stand im Widerspruch zur ostdeutschen Realität mit Sanktionen, Kontrolle und Rassismus. Die komplexen soziopolitischen Auswirkungen dieses Abkommens – auch über die Wendezeit hinaus – und die psychologischen Schichtungen von Geschichte(n) untersucht Sung Tieu immer wieder in ihren Arbeiten. Wie schreiben sich Wohnraum und Umgebung in die eigene Biografie ein? Wie stehen sich die subjektive und kollektive Erfahrung gegenüber? Welche moralischen Parameter bestimmen das staatliche Handeln nach außen und nach innen? Diese Fragen haben auch im Blick aus der Jetztzeit nicht an Dringlichkeit verloren. Sung Tieu ist in Hai Duong geboren und wuchs in Freital und Berlin auf. In ihren Installationen, Videos, Skulpturen mit Ton und Text sowie in öffentlichen Interventionen zitiert sie ein minimalistisches Formenvokabular. Recherche als politische Praxis nimmt eine zentrale Rolle in ihrem Schaffen ein – die Arbeit mit Archivmaterial, architektonischen Inszenierungen und found objects als Befragung der Dinge nach ihren Geschichten.

Martin Buhlig

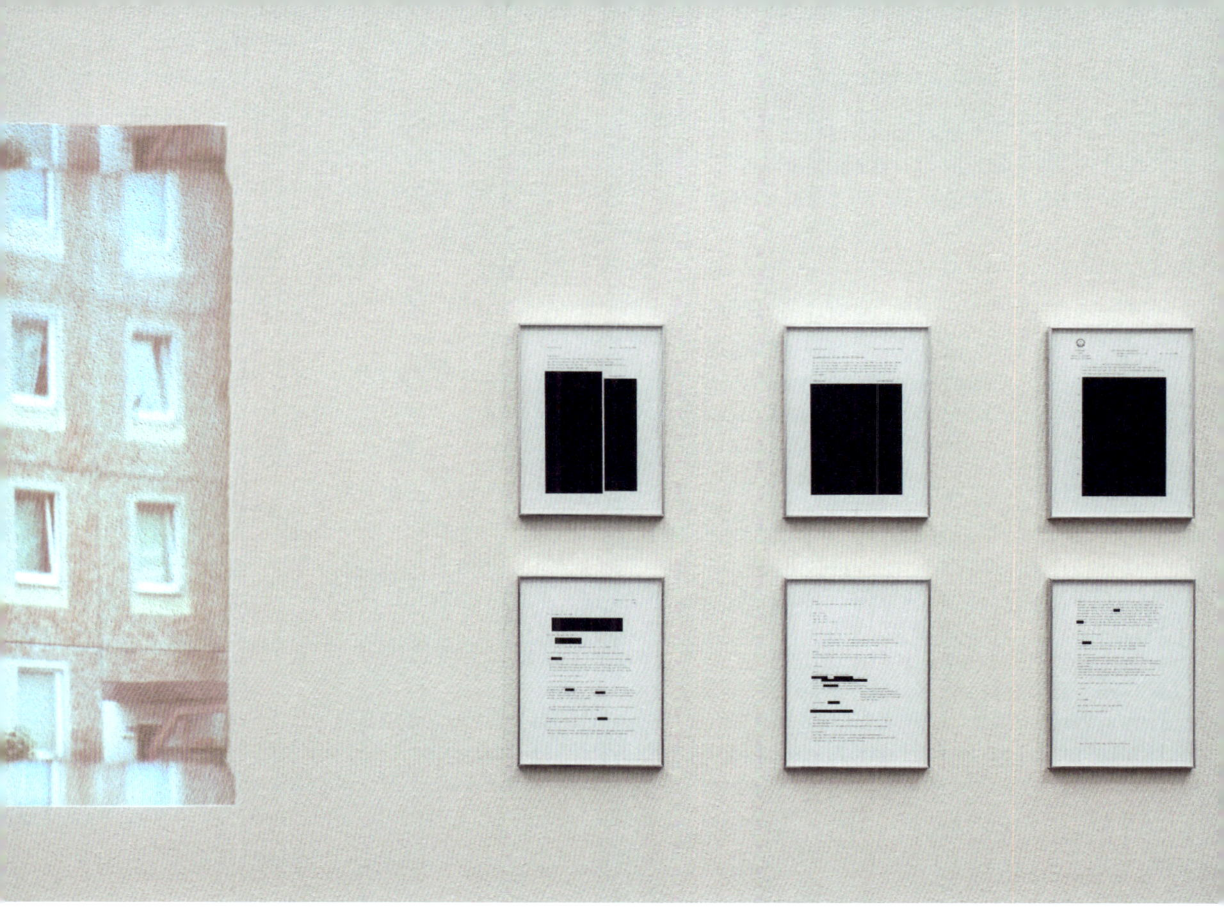

Tonel (Antonio Eligio Fernández) *1958

Lenin, qué hacer? [Lenin, was tun?], 1991, Öl auf Nessel, Plaka auf Gips und Holz, 3-teilig, 200 × 200 × 25 cm

Ludwig Forum für Internationale Kunst Aachen, Sammlung Ludwig, Leihgabe Peter und Irene Ludwig Stiftung

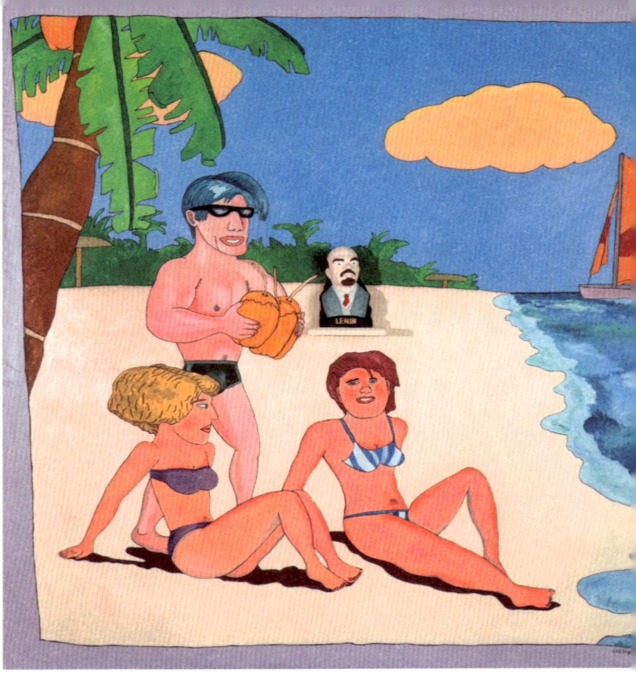

Zwei junge Frauen im Bikini sonnen sich am Strand. Ein Mann kehrt mit drei frischen Kokosnussgetränken zum paradiesischen Badeort zurück. Im Hintergrund werden die drei von einer Lenin-Statue beobachtet, die als Plastik in die gemalte Strandszene eingefügt ist. Wie die Büste von Ernst Thälmann, die im Jahr 1972 am »Playa RDA« (Strand der DDR) auf einer kleinen kubanischen Insel errichtet und Erich Honecker in Form einer Landkarte symbolisch von Fidel Castro überreicht wurde, hat nun auch der ideologische Ziehvater Kubas im sozialistischen Tourismusparadies seinen Platz gefunden.

Tonel zeigt in *Lenin, qué hacer?* mit ironischem Gestus eine vertrackte Situation, die dem besonderen Entstehungsjahr 1991 geschuldet ist. Einerseits prosperierte in den 1980er Jahren die kubanische Kunstszene und Havanna wurde zur internationalen Kunststadt. Die *Bienal de La Habana* wurde 1984 gegründet, in der kubanischen Hauptstadt fanden zahlreiche Festivals statt und Kritiker*innen priesen die »Neue Kubanische Kunst«. Andererseits geriet der karibische Inselstaat mit dem Fall der Berliner Mauer und dem Ende des Kalten Krieges in den 1990er Jahren in eine wirtschaftliche und soziale Krise. Mit dem Zusammenbruch der Sowjetunion verlor Kuba seinen Hauptlieferanten für Erdöl. Ohne Öl konnte die Industrie nicht am Laufen gehalten werden. Castro reagierte mit Lockerungen und öffnete Kuba für den Tourismus. Diese Umbruchphase (»Periodo especial«) kommentiert Tonel in seinem Bild spöttisch, indem er Lenin zum Bademeister macht und mit den neuen kapitalistischen Strukturen der Tourismusbranche visuell verknüpft.

Lenin, que hacer? bezieht sich auf die 1902 veröffentlichte Schrift *Was tun?*, mit der Lenin die Basis für einen revolutionären Sozialismus legte. »Was tun?« – diese Frage richtet sich also nicht nur an das wirtschaftliche, sondern auch an das kulturelle und künstlerische Handeln auf Kuba. Der kubanische Sandstrand, nun von *weißen* Tourist*innen aufgesucht, blieb Kubaner*innen selbst immer wieder verwehrt. Mit dem Tourismus wuchs die Konkurrenz und zugleich der Rassismus. Während die afrokubanische Kultur in den 1980er Jahren vorwiegend noch von *weißen* kubanischen Künstler*innen verhandelt wurde, nahm in den 1990er Jahren die Präsenz afrokubanischer Künstler*innen zu – und damit auch die Kritik an den rassistischen Strukturen in gesellschaftlichen Systemen.

Lena Geuer

José Toirac *1966

Hasta la victoria siempre [Immer bis zum Sieg], 1995, Öl auf Leinwand, 91 × 60,5 cm

Ludwig Forum für Internationale Kunst Aachen, Sammlung Ludwig, Leihgabe Peter und Irene Ludwig Stiftung

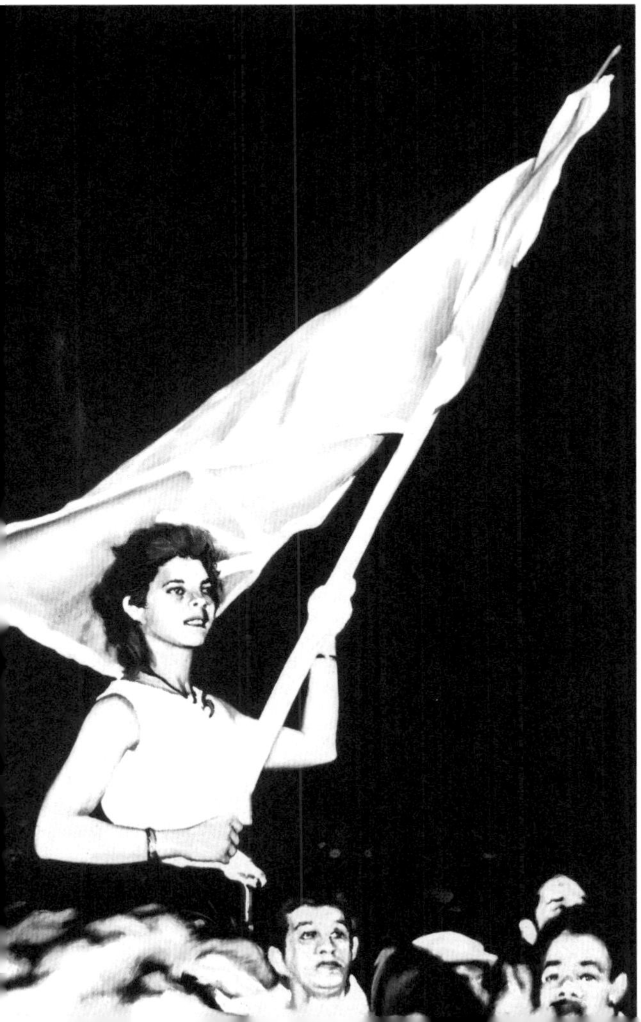

Das bekannte Zitat »Hasta la victoria siempre« (Immer bis zum Sieg) entstammt dem Abschiedsbrief, den Che Guevara 1965 an Fidel Castro gerichtet haben soll, bevor er Kuba verließ und in den Kongo ging. Der kubanische Künstler José Toirac wählte das Zitat, das zur Kampfparole der sozialistischen Revolution erhoben wurde, als Titel seines 1995 entstandenen Bildes. Es erweckt zunächst einen fotografischen Eindruck. Erst bei genauerem Hinsehen wird deutlich, dass es sich um eine Malerei nach einer Schwarz-Weiß-Fotografie handelt. Toirac nutzt häufig Dokumente aus kubanischen Staatsarchiven oder Abbildungen aus Magazinen und staatlichen Zeitungen als Grundlage für seine Werke, um eine mögliche Zensur zu umgehen. Mit leicht verschwommenen Konturen wird, inmitten einer Menschenmenge und doch erhöht, eine Frau gezeigt. Die Szene erinnert an eine Demonstration, die große wehende Fahne in ihren Händen verleiht dem Motiv revolutionären Charakter.

Der in Kuba lebende Toirac setzt sich in seinen Arbeiten mit historischen wie politischen Momenten und Charakteren seines Heimatlandes auseinander, häufig mit Bezug zur Kubanischen Revolution. Dabei rückt er die zumeist verborgenen, oft auch verschwiegenen Momente und konstruierte Lesarten in den Fokus, um Manipulationsmechanismen und Machtstrategien zu entlarven. Er fragt nach der Formung und Beeinflussung eines kollektiven Gedächtnisses, weshalb sein Werk eine harsche Kritik seitens des Staats hervorruft.

Pauline Hohn

Arlette Quỳnh-Anh Trần

*1987

PLATTENLOTUS, 2022,
Video, Ton, 6:45 min

Courtesy of the artist

Mit dem futuristisch-künstlerischen Blick auf die nordvietnamesische Stadt Vinh spannt die Künstlerin Arlette Quỳnh-Anh Trần in der Videoarbeit *PLATTEN-LOTUS* einen Bogen zwischen 1974 und 2074, zwischen Vergangenheit, Gegenwart und Zukunft, Leben und Tod, zwischen der Demokratischen Republik Vietnam und der DDR. Während des Vietnamkrieges wurde Vinh durch amerikanische Luftangriffe stark zerstört. Die antiimperialistische Solidarität der DDR mit Nordvietnam drückte sich nach Kriegsende unter anderem durch Aufbauhilfen aus. In Vinh nahm die Idee einer sozialistischen Modellstadt ab 1974 materielle Gestalt an. Der neugeschaffene Quang-Trung-Wohnkomplex mit seinen 36 Wohnblöcken sollte das Leben der 15 000 Einwohner*innen als moderne sozialistische Gemeinschaft organisieren. Die Planung übernahmen ostdeutsche und zumeist in der DDR ausgebildete vietnamesische Fachkräfte, die Vorbereitungs- und Ausführungsprozesse fanden jedoch nicht auf Augenhöhe statt. Zudem mussten in Vinh Lösungen für die Bedürfnisse der Vietnames*innen gefunden werden, welche nicht den Lebensbedingungen der ostdeutschen Menschen entsprachen.

Als Teil des Projektes *Eugenics of The Cold Flowers* und entstanden im Rahmen eines Fellowships des Forschungsprojektes *Art in Networks – The GDR and its Global Relations* der TU Dresden wird in *PLATTEN-LOTUS* über die Zukunft der idealen sozialistischen Stadt im Jahr 2074 während des Qingming-Fests spekuliert. Es entsteht eine utopische Version des Zusammenspiels von Architektur, Kollektiv und Umwelt. Der Plan von 1974 wird in der Gegenwart digital erweitert und daraus das hypothetische Vinh der Zukunft erschaffen. Arlette Quỳnh-Anh Trần verbindet dafür experimentellen Sound und historische Quellen mit versteckten Hinweisen auf das Destruktiv-Geisterhafte, indem sie das Video zeitlich an das Totengedenkfest knüpft.

Pauline Hohn

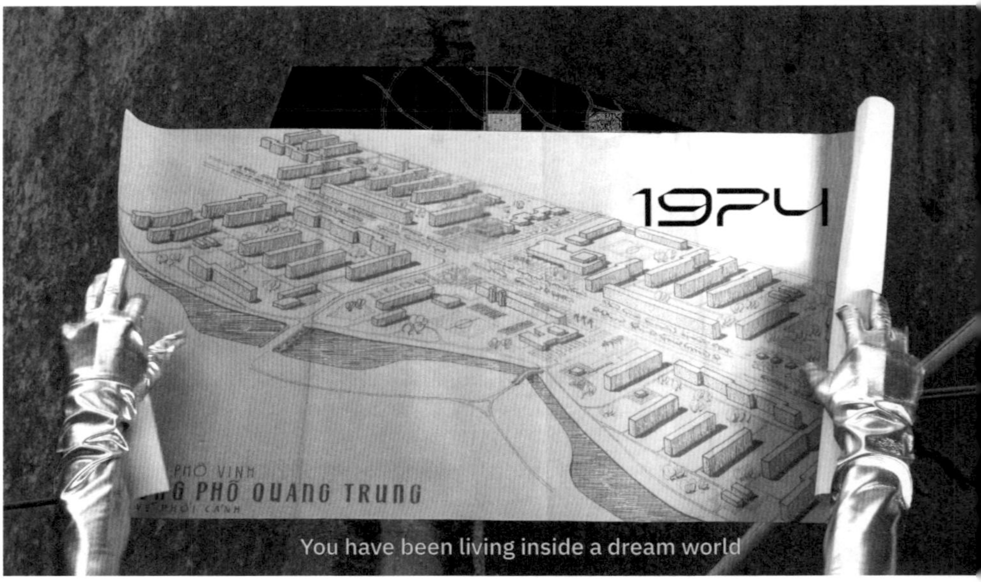

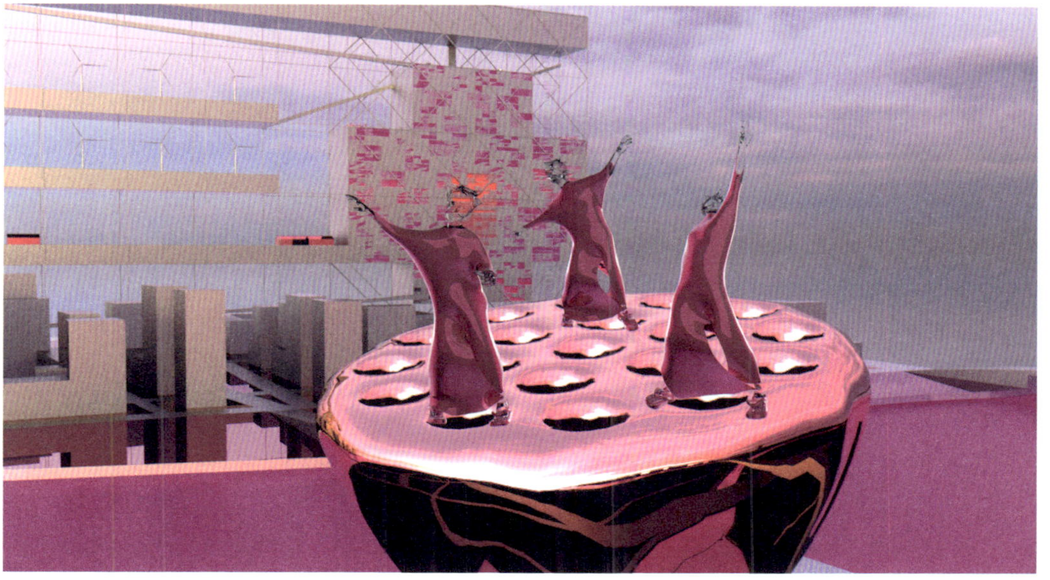

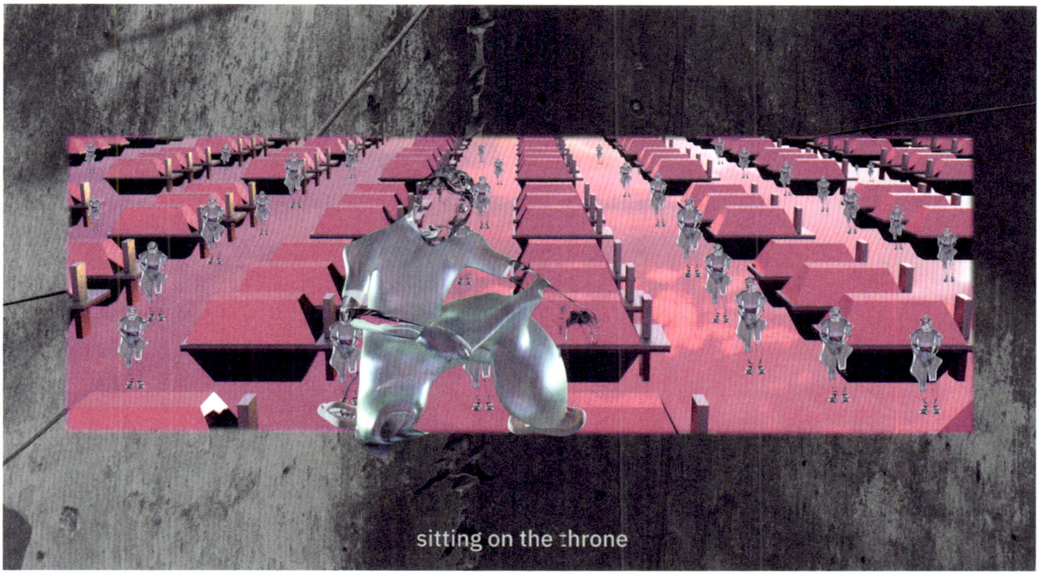
sitting on the throne

Trịnh Kim Vinh

1912–2018

Zivilverteidigung, 1973, Farblithografie, 49,9 × 59,7 cm

Kunstfonds, Staatliche Kunstsammlungen Dresden, Inv.-Nr. 13a/1/73

o. T. (Im Stahlwerk), 1972, Lithografie, 40,5 × 55 cm

Kustodie der Hochschule für Bildende Künste Dresden, Inv.-Nr. B 2324

Trịnh Kim Vinh schloss sich als Jugendliche der kommunistischen Widerstandsbewegung gegen die französische Kolonialmacht in Vietnam an. Nach der Befreiung studierte sie in China Pädagogik und arbeitete danach mehrere Jahre als Lehrerin in Vietnam. Von 1964 bis 1969 studierte sie Kunst an der Hochschule für Bildende Künste in Hanoi, wo sie die Technik der Seidenmalerei und des Holzschnitts erlernte. 1969 wurden zwei ihrer Farbholzschnitte auf der *INTERGRAFIK* in Ost-Berlin gezeigt. 1971 kam sie nach einem Deutschkurs am Leipziger Herder-Institut an die Hochschule für Bildende Künste Dresden, wo sie ein weiterführendes Studium bei Gerhard Kettner (Grafik) und Friderun Bondzin (Malerei) aufnahm, das sie im Dezember 1973 abschloss. Ihr ›Arbeitsplan‹ umfasste neben der Vermittlung künstlerischer Grundlagen schwerpunktmäßig Theorie und Praxis der Lithografie. 1972 absolvierte sie im Rahmen des ›praxisbezogenen Unterrichts‹ ein Praktikum im VEB Rohrkombinat Stahl- und Walzwerk Riesa, dem größten Stahlwerk in der DDR. Dort machte sie Skizzen mit Motiven aus dem Produktions- und Arbeitsalltag, nach denen sie einige Lithografien druckte. Für 1973 lautete ihre Aufgabenstellung: »Entwürfe und Kompositionen zum Thema Vietnamesischer Befreiungskampf«. Es entstand eine Reihe von Grafiken, in denen die Künstlerin den Alltag im antikolonialen Befreiungskrieg und während des Vietnamkrieges schildert. Ihr Interesse galt dabei besonders den vietnamesischen Frauen, die nicht nur in der Industrie und der Landwirtschaft arbeiteten, sondern auch an der Front kämpften. Fünf dieser Lithografien wurden auf der *INTERGRAFIK 73* ausgestellt.

Nach ihrer Rückkehr nach Vietnam übernahm Trịnh Kim Vinh zunächst die Leitung des Fachbereichs Zeichnung an der Kunsthochschule in Hanoi. 1975, nach dem Ende des Krieges, wechselte sie an die Kunstakademie in Ho-Chi-Minh-Stadt (vormals Saigon) in Südvietnam, an der sie die Abteilung für Bildhauerei und Grafik leitete und bis zu ihrer Pensionierung 2009 unterrichtete.

Mathias Wagner

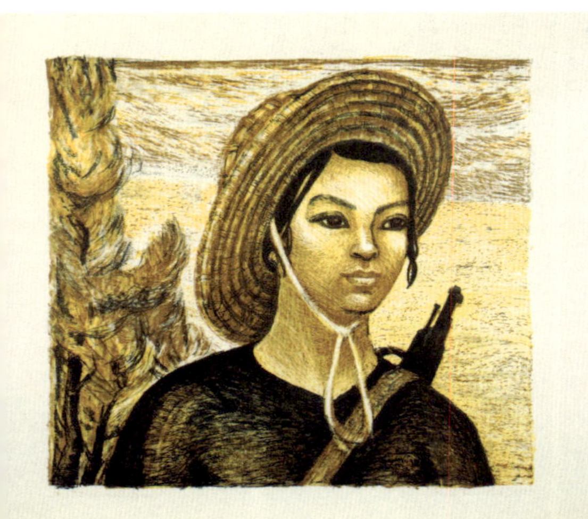

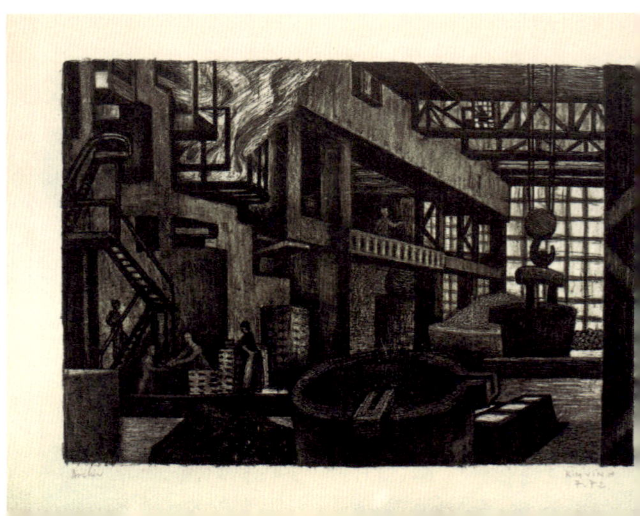

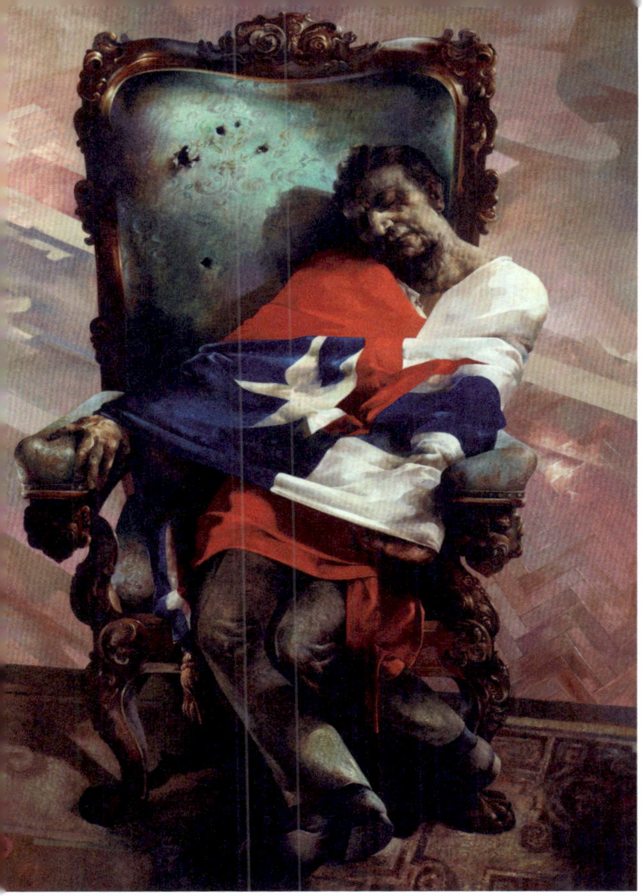

Christoph Wetzel

*1947

Der tote Präsident, 1974, Mischtechnik auf Hartfaserplatte, 200 × 150 cm

Albertinum, Staatliche Kunstsammlungen Dresden, Inv.-Nr. 80/13

Als Reaktion auf den Militärputsch unter General Pinochet in Chile am 11. September 1973 fertigte Christoph Wetzel das Gemälde *Der tote Präsident* an. Es zeigt Salvador Allende, den sozialistischen Politiker und, bis zur Militärjunta, Präsidenten Chiles. Das Ereignis führte zum Bruch in der Historie Chiles und in den Beziehungen des Landes zur DDR: Die Machtübernahme des Militärs ging mit schrecklicher Gewalt gegen die oppositionelle Bevölkerung einher. Trotz Fortbestehen des Handels beendete die DDR die offiziellen Beziehungen und bot rund 2 000 verfolgten Chilen*innen Asyl.

Mit dynamischem Duktus und mit gewollter dokumentarischer Authentizität zeigt Wetzel als junger Künstler Allende zusammengesunken auf einem Sessel, sein Körper ist in die chilenische Flagge gehüllt. Kein Blut, keine Verletzung, auch nicht der ruhige Gesichtsausdruck verraten, dass er nicht mehr am Leben ist. Allein der Sessel ist sichtbar von Kugeln durchlöchert und gibt neben dem Titel Hinweis auf ein Verbrechen. Wetzel suggeriert die brutale Ermordung des Präsidenten durch das Militär und symbolisiert in zweifacher Hinsicht einen Untergang: jenen der sozialistischen Ära und jenen des sozialistischen Präsidenten Chiles. Dies folgt einer Geschichtsschreibung des tragischen Heldentods Allendes, wie sie teilweise in der DDR-Presse zu finden war. Doch nur wenige Stunden nachdem Allende am 11. September 1973 bei seiner letzten Rundfunkansprache an die chilenische Bevölkerung verkündet hatte: »Ich werde die Moneda nur als legitimer Präsident Chiles oder tot verlassen«, nahm er sich angesichts der drohenden Verhaftung selbst das Leben.

Pauline Hohn

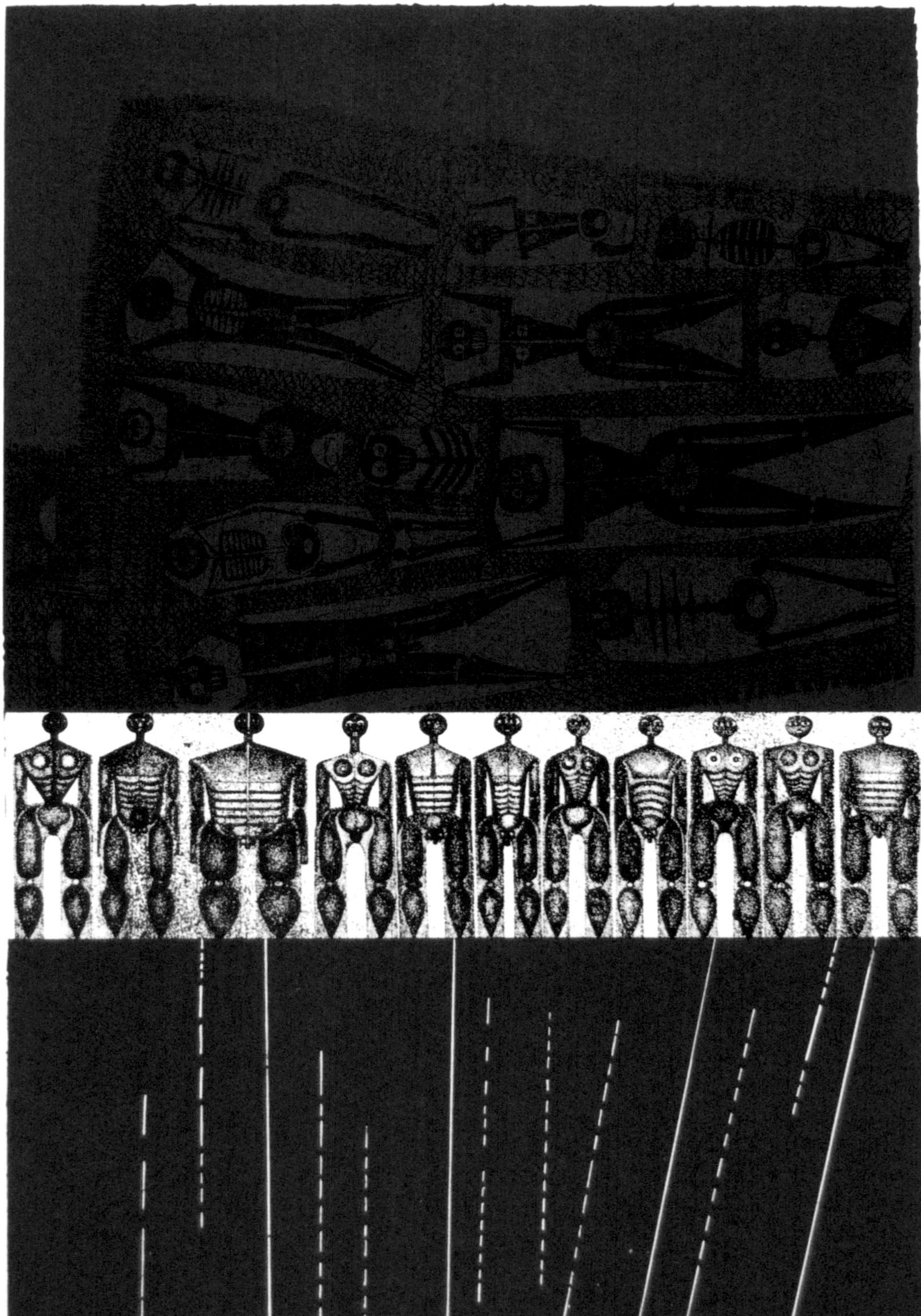

Margarita Pellegrin, Erschießung, 1979, Siebdruck, 76,1 × 53,4 cm, Kunstfonds, Staatliche Kunstsammlungen Dresden, Inv.-Nr. G 289/94

Da hat sich bei mir eine kritische Haltung entwickelt im Allgemeinen. Nicht gegenüber der DDR, weil ich sehr dankbar war und nicht das Land, das mir die Hand gegeben hat, verraten konnte. Aber doch gegenüber den Problemen, Privilegien und der Korruption und vielen Sachen, die ich nicht nur hier gefunden habe, sondern die ich auch in Lateinamerika gesehen habe.

Der Künstler César Olhagaray über sein Leben in der DDR. Interview im Rahmen des Forschungsprojektes *Art in Networks – The GDR and its Global Relations*, siehe S. 171.

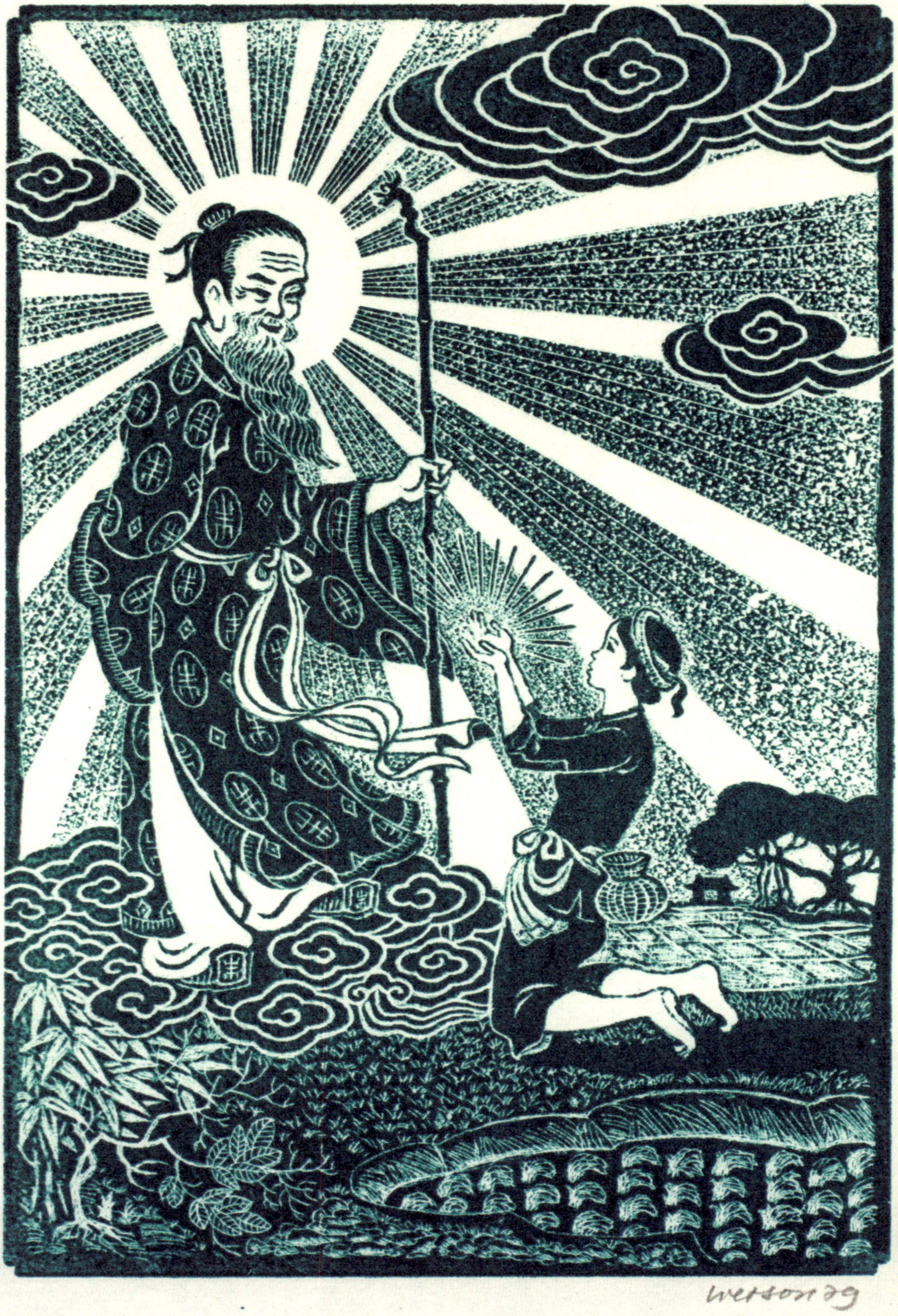

Trần Việt Sơn, Illustration aus *Goldenes Grab – Silbernes Grab/Die Wasserlinsen Königin* [zwei vietnamesische Märchen], 1979, Schablithografie, 34,9×19 cm, Kustodie der Hochschule für Bildende Künste Dresden, Inv.-Nr. B 2337

Võ Hồng Chương-Đài

Eine neue sozialistische Ordnung: Die Grafiken von Trịnh Kim Vinh und Trần Việt Sơn

Zwischen der Sozialistischen Republik Vietnam (Nordvietnam) und der DDR gab es von den 1950er bis in die 1980er Jahre einen regen künstlerischen Austausch. Vietnamesische Künstler*innen kamen in die DDR, um dort zu studieren und als Botschafter*innen der Freundschaft zwischen beiden Ländern zu fungieren. Die erste Begegnung dieser Art war der Besuch einer Delegation vietnamesischer Schriftsteller*innen, Dichter*innen, Musiker*innen und Künstler*innen, die 1951 an den Weltfestspielen der Jugend und Studenten in Ost-Berlin teilnahm; zu dieser gehörten Nguyễn Đỗ Cung (1912–1977) und Diệp Minh Châu (1919–2002). Ersterer sollte kurze Zeit später Gründungsdirektor des Museums der Schönen Künste und des daran angeschlossenen Instituts der Schönen Künste in Hanoi werden, außerdem Leiter des *Magazins der Schönen Künste*. Diệp Minh Châu schuf als einflussreichster Bildhauer des sozialistischen Realismus in Vietnam viele Denkmäler und Skulpturen. Seit 1945 befand sich das Land im Krieg gegen die französische Kolonialmacht und Künstler*innen, Schriftsteller*innen und Intellektuellen kam eine wichtige Rolle zu, da sie im Ausland kulturelle Diplomatie betrieben, um für politische Anerkennung und militärische Unterstützung für den Kampf in der Heimat zu werben.

Obwohl die Kulturschaffenden die Revolution unterstützten, mündete ihre Entwicklung zum sozialistischen Realismus nicht unbedingt im Dogmatismus. Die Motive der Werke veränderten sich von bürgerlicher Porträtmalerei hin zu Bildern von Arbeiter*innen, Landarbeiter*innen und Soldat*innen, doch Formen und Stile speisten sich weiterhin aus einer produktiven ästhetischen Synthese von europäischer Moderne, präkolonialer materieller Kultur und modernen Strömungen in China und Japan. Die erste Generation sozialistisch-realistischer Künstler*innen bildeten die Absolvent*innen der École des Beaux-arts de l'Indochine (EBAI) in Hanoi, die 1924 von Victor Tardieu gegründet worden war. Der französische Maler des Neoklassizismus war ein großer Bewunderer jener präkolonialen Kulturen, die er in Tempeln, Pagoden und Dörfern kennenlernte. Er erkannte auch, dass die Ausbildung von Studierenden, die den bürgerlichen europäischen Markt mit orientalistischen Werken beliefern könnten, ein enormes ökonomisches Potenzial barg. Tardieu engagierte Lehrer*innen für Farb-, Metall- und Holzarbeiten und weitere technische Spezialisierungen. Während des antikolonialen Krieges und in dessen Folge priesen die Absolvent*innen der EBAI die kulturelle Bedeutung dieser Praktiken und setzten auf Experimente mit diesen Verfahren und Materialien, um ästhetische Genealogien wiederherzustellen, die durch die französische Herrschaft unterbrochen oder verdrängt worden waren. Eine bedeutende Praxis, die neue Aufmerksamkeit gewann, war der Holztafeldruck. Dazu gehörten vor allem buddhistische und taoistische Schriften aus dem 11. bis 19. Jahrhundert, offizielle Dokumente aus den konfuzianisch geprägten Dynastien und volkstümliche Drucke aus dem 16. bis 19. Jahrhundert.[1] Die Künstler*innen hatten sich an der EBAI mit diesen Traditionslinien beschäftigt und griffen nun erneut und mit revolutionärem Elan auf diese Quellen zurück, um Inspiration für eine antikoloniale und postkoloniale Moderne zu finden.

1 A Summary of Vietnam's History of Ancient Graphic Arts, in: Phan Cẩm Thượng, Lê Quốc Việt, Cung Khắc Lược (Hgg.), Đồ Hoạ Cổ Việt Nam. The Ancient Graphic Arts of Vietnam, Hanoi 1999/2022, S. 30–36.

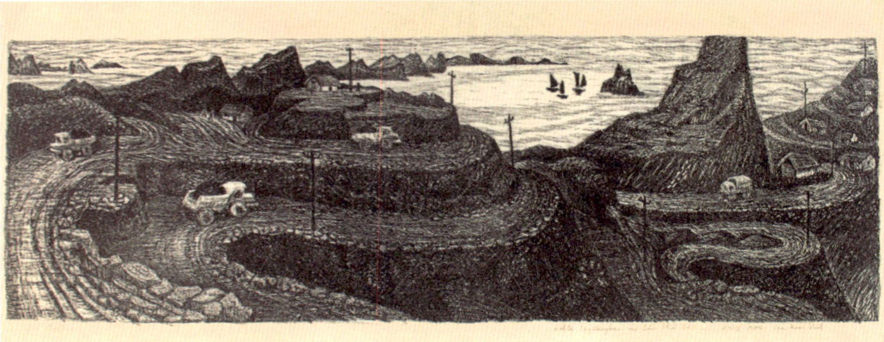

Trịnh Kim Vinh, Kohle-Tagebau in Cẩm Phả, 1973, Lithografie, 37,5 × 89,6 cm, Kustodie der Hochschule für Bildende Künste Dresden, Inv.-Nr. B 2340

Diese Blockdruck-Praktiken lieferten ein Muster für die Plakate des sozialistischen Realismus, die Unterstützer*innen für die Revolution mobilisieren sollten, aber auch für kleinere Lithografien, wie sie Trịnh Kim Vinh (1932–2018) und Trần Việt Sơn (1935–2009) in den 1970er Jahren während ihres Studiums an der Hochschule für Bildende Künste Dresden fertigten. Vinh und Sơn[2] gehörten zu den insgesamt 83 vietnamesischen Künstler*innen, welche die kommunistische Regierung ab den späten 1940er Jahren bis in die späten 1980er Jahre ins Ausland delegierte.[3] Die wichtige Rolle der Künstler*innen während des Krieges gegen Frankreich, später auch im Bürgerkrieg zwischen Nordvietnam und der Republik Vietnam (Südvietnam) verlieh ihnen einen Sonderstatus, der es ihnen ermöglichte, in Staaten des sowjetischen Imperiums und in blockfreien Staaten künstlerisch tätig zu sein und anschließend höhere administrative Positionen in Vietnam zu übernehmen.

Trịnh Kim Vinh (1932–2018)

Vinh wurde 1932 in Hanoi geboren, schloss sich im Alter von 13 Jahren dem Kampf gegen Frankreich an und übernahm schnell eine führende Position im Jugendverband. Sie leitete den Frauen-Propagandastab und andere Gruppierungen, die in den 1940er und frühen 1950er Jahren für den Befreiungskrieg mobilisierten.[4] Als die Việt Minh (Liga für die Unabhängigkeit Vietnams)[5] ihr Hauptquartier in die Bergregion Việt Bắc verlagerten, folgten ihnen viele Absolvent*innen der EBAI und eröffneten im Jahr 1950 eine neue École des Beaux-arts mit Tô Ngọc Vân (1906–1954) als Gründungsdirektor. Der angesehene Künstler und Intellektuelle erkannte Vinhs Talent und bestärkte sie in ihrem Interesse an der bildenden Kunst.[6] Vermutlich wegen ihres Engagements in der Organisation von Alphabetisierungskampagnen entsandte die provisorische Regierung sie nach China, wo sie von 1951 bis 1953 Pädagogik studierte. Nach ihrer Rückkehr in den Norden Vietnams arbeitete sie zehn Jahre lang als Lehrerin und in der Verwaltung von Grund- und weiterführenden Schulen. Ihr Werdegang nahm eine andere Richtung, als sie 1969 ein zweites Studium an der Hochschule für bildende Künste in Hanoi abgeschlossen hatte[7] und Mitarbeiterin der

2 Bei vietnamesischen Namen steht der Familienname an erster Stelle, es folgen Zwischen- und Rufname; Trịnh Kim Vinhs Familienname ist also Trịnh, ihr Mittel- und Rufname lauten Kim Vinh. Nach der ersten vollständigen Nennung wird hier stets der Rufname verwendet.

3 Appendix G: List of Vietnamese artists who graduated from the Communist Bloc, in: Huỳnh Bội Trân: Vietnamese Aesthetics from 1925 Onwards, PhD-Dissertation, University of Sydney 2018, S. 413–418.

4 Vân Thanh: Người phụ nữ tài hoa bên đời nhạc sỹ Lưu Hữu Phước (The Talented Woman in the Life of the Musician Lưu Hữu Phước): https://www.nguoiduatin.vn/nguoi-phu-nu-tai-hoa-ben-doi-nhac-sy-luu-huu-phuoc-a64709.html (Stand: 29.3.2023); vgl. auch Trịnh Kim Vinh Biography: https://vietnamtheartofwar.com/1932/07/23/trinh-kim-vinh-biography/ (Stand: 29.3.2023).

5 Việt Minh ist die Kurzform von Việt Nam Độc lập Đồng minh; die Liga für die Unabhängigkeit Vietnams wurde von der Indochinesischen Kommunistischen Partei gegründet, der Vorläuferin der Kommunistischen Partei Vietnams, um im ersten Indochina-Krieg gegen Frankreich verschiedene Gruppen zu vereinigen. Vgl. Christopher Goscha: Vietnam. A New History, New York 2016.

6 Vân Thanh (wie Anm. 4).

7 Trường Đại Học Mỹ Thuật: *Hà Nội, 1925*–1990, Hanoi 1990, S. 200.

Forschungsabteilung wurde. Von 1970 bis 1974 wurde sie freigestellt, um ein weiterführendes Studium an der Hochschule für Bildende Künste Dresden aufzunehmen, wo sie sich unter Anleitung ihrer Lehrkräfte Gerhard Kettner und Friderun Bondzin vor allem mit der Technik der Lithografie auseinandersetzte.

Die Ausstellung *Revolutionary Romances? Globale Kunstgeschichten in der DDR* im Albertinum zeigt eine Reihe von exemplarischen Grafiken, in denen präkoloniale vietnamesische Grafik, die idyllische Empfindsamkeit des Impressionismus und Post-Impressionismus sowie der Optimismus der Plakatgrafik des sozialistischen Realismus zusammenkommen. Wie andere Künstler*innen, die sich den revolutionären Kräften als Kämpfer*innen und Unterstützer*innen angeschlossen hatten, zeichnete Vinh viel, was überall mit leicht mitzuführenden Materialien wie Buntstiften, Zeichenkohle und Gouache möglich war. So entstanden auch Propagandaplakate, die in begrenzter Farbpalette reproduziert werden konnten und auf Symbolen und Bildkompositionen basierten, die von einem breiten Publikum verstanden wurden. Vinhs Lithografien aus der Dresdner Zeit stehen in deutlichem Kontrast dazu. Sie sind unglaublich detailliert, setzten Konzentration und Zeit, Ausstattung und Sorgfalt voraus. In den 1940er Jahren hatten vietnamesische Künstler*innen und Kulturfunktionär*innen dem ›nicht revolutionären‹ Wesen von Praktiken, die viel Zeit und Material in Anspruch nahmen, ausführliche Kritik- und Selbstkritik-Sitzungen gewidmet, aber de facto arbeiteten sie auch weiterhin mit aufmerksamkeits- und ressourcenintensiven Medien. Was sich änderte, war die Beliebtheit bestimmter ästhetischer Bezüge und Orientierungen, darunter der jahrhundertealte Holztafeldruck, der im religiösen und säkularen Leben allgegenwärtig war. Vinhs Ausbildung im Bereich Lithografie schloss an diese Traditionslinie an, stand aber auch in Einklang mit der sozialistisch-realistischen Plakatkunst.

Vinhs Drucke von 1972 und 1973 zeigen eine beschauliche Welt, in der Kameradschaft und Arbeit, besonders die Leistungen von Frauen, im Mittelpunkt stehen: Eine Guerrillera verweilt in einem ruhigen Moment vor leicht abstrahierter Landschaft (S. 116); Frauen und Männer bringen eine reiche Ernte ein; Soldaten und Soldatinnen marschieren paarweise durch den Wald oder den Fluss entlang; Kinder gehen ohne Hast zu zweit mit ihren Büchern und Beuteln. An einer Meeresküste hat der Kohlebergbau die Natur in eine Industrielandschaft verwandelt, an deren Abhängen eine gewundene Trasse entlangführt. Diese Drucke haben etwas Intimes, das subtil durch Porträts aus Nahsicht und durch die Wiederholung von Formen und Gesten erzeugt wird, welche die Betrachter*innen in die Szene einladen.

Die hellen Gelbtöne und wirbelnden Hintergründe erinnern an Impressionismus, Post-Impressionismus und Expressionismus, etwa an die Porträts und ländlichen Szenerien von Vincent Van Gogh, Camille Pissarro und Edvard Munch. Das Bildnis der Guerrillera (S. 116) lässt an Van Goghs *Sonnenblumen* (1888/89) denken, sowohl in der an Pinselstriche erinnernden Textur als auch durch die Form der Pflanze auf der linken Seite der Komposition. Die Bäuerin mit dem Gewehr war ein typisches Motiv im Krieg, das verwendet wurde, um die Unterstützung der Bevölkerung für die Revolution darzustellen. Ihr engelgleiches Gesicht trägt die Romantik von Pierre Auguste Renoirs Pariser Bürger*innen beim Picknick ins ländliche Vietnam und offenbart das Geschick, mit dem die an der europäischen Moderne geschulten Künstler*innen eine neue Bewegung ins Leben riefen – den sozialistischen Realismus vietnamesischer Prägung.

Vinhs Figuren wirken auf uns mit einer Gelassenheit, die Überfluss und Zuversicht entspringt – in diesem Fall durch die symbolische Bekräftigung der sozialistischen Planwirtschaft und der kommunistischen politischen Führung. Diese Vision von Ausgeglichenheit und Harmonie reichte bis in Regionen hinein, die von ethnischen Minderheiten bewohnt wurden. Während des Kriegs lebten und arbeiteten viele Künstler*innen bei den Guerilla-Einheiten in den Bergen des Nordens und im zentralen Hochland Vietnams – der Heimat zahlreicher ethnischer Gruppen, die sowohl von der französischen Kolonialmacht als

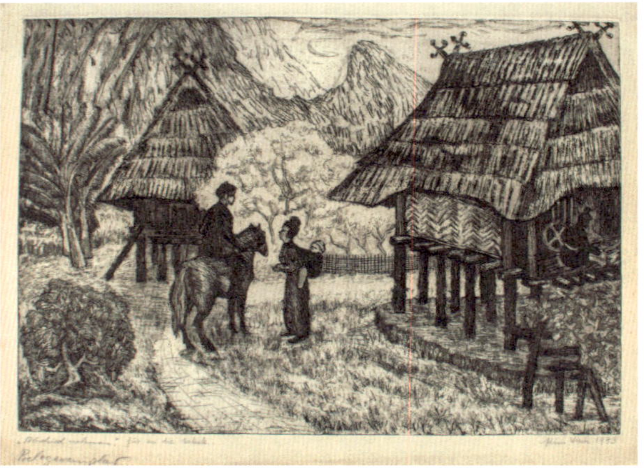

Trịnh Kim Vinh, Abschiednehmen, 1973, Radierung, 44,9 × 60,4 cm, Kustodie der Hochschule für Bildende Künste Dresden, Inv.-Nr. B 2341

auch von der ethnischen Mehrheit der Kinh oder Việt ausgebeutet wurden. Menschen aus diesen Gruppen wurden zu geläufigen Motiven für Künstler*innen, die im Wesentlichen Kinh waren – was die Bewunderung und zugleich Exotisierung dieser Gemeinschaften durch die Künstler*innen zeigt, aber auch der offiziellen Propaganda von einer vereinten Front gegen ausländische Aggressoren Rechnung trägt. Nach Abschluss ihres Studiums in Dresden kehrte Vinh 1974 nach Hanoi zurück, wo sie die Leitung des Fachbereichs Zeichnung an der Hochschule für bildende Künste übernahm. Ab 1975, nach dem Ende des Bürgerkrieges, entsandte die Regierung in Hanoi Verwaltungskräfte ins einstige Südvietnam, um dort die Institutionen zu übernehmen. Darunter auch Vinh, die Leiterin der Abteilung für plastische und grafische Künste und Vizerektorin der Ho Chi Minh Hochschule für bildende Künste wurde, der ehemaligen Nationalen Hochschule für bildende Künste Saigon. Diese Positionen hatte sie drei Jahrzehnte lang inne, bis sie 2009 in Ruhestand ging.[8]

Trần Việt Sơn (1935–2009)

Trần Việt Sơn wurde 1935 unter dem Namen Trần Thăng Giai im französischen Protektorat Annam in der Provinz Quảng Bình geboren. Mitte der 1950er Jahre schloss er sich dem Kampf gegen die Franzosen an. Danach studierte er Kunst – ab 1958 an der Hochschule für bildende Künste in Hanoi, von 1961 bis 1964 am Allukrainischen Institut in Kiew und von 1964 bis 1966 wiederum in Hanoi an der Fakultät für Seidenmalerei und Holzstich. Während des Bürgerkrieges arbeitete er als Frontmaler. 1975 zog Sơn in die DDR, wo er zunächst am Leipziger Herder-Institut Deutsch lernte und anschließend sein Studium bei Gerhard Kettner an der Hochschule für Bildende Künste Dresden fortsetzte. Er schloss es 1979 mit einer Einzelausstellung an der Akademie ab. In Vietnam war er später als Dozent an der Hochschule für bildende Künste in Hanoi tätig, außerdem als stellvertretender Leiter der Fakultät für grafische Künste sowie als stellvertretender Direktor. Daneben leitete er das Institut für bildende Künste und den Fachbereich bildende Kunst im vietnamesischen Kultusministerium.[9]

In seiner Dresdner Zeit stellte er unter anderem zwei Künstlerbücher her, außerdem zahlreiche Lithografien, die einen deutlichen Bezug zu den jahrhundertealten Holztafeldrucken in Vietnam zeigen. Wo Vinhs Werk eine Nähe zur langen Geschichte des Blockdrucks in Vietnam erkennen lässt, greift Sơns Werk sehr direkt auf den Stil und die Sujets der volkstümlichen und religiösen Drucke zurück. Die Bilder in seinem Kinderbuch *Binh und der Mondkuchen* ähneln jenen aus Đông Hồ, einer Ortschaft in Nordvietnam, die seit dem 16. Jahrhundert berühmt für ihre Holztafeldrucke ist. Sơns Aneignung dieser Tradition passt zu einem Buch über das Herbstmondfest – Darstellungen von Tierkreiszeichen

8 Thái Nguyên: Nhà giáo, họa sĩ Trịnh Kim Vinh: Sức sáng tạo nghệ thuật mạnh mẽ: https://thainguyentv.vn/nha-giao-hoa-si-trinh-kim-vinh-suc-sang-tao-nghe-thuat-manh-me-13000.html (Stand: 29.3.2023).

9 Trần Việt Sơn Biography: https://vietnamtheartofwar.com/1935/03/31/tran-viet-son-tran-thang-giai-biography/ (Stand: 5.6.2023).

und Festgrüße aus Đông Hồ waren sehr beliebt. In den Familien und im Dorf wurde das Ende der Erntesaison jedes Jahr mit Mondkuchen und Papierlaternen gefeiert. Der Einband von Sơns Buch zeigt vorderseitig einen Jungen in kommunistischer Schuluniform, um den Hals das rote Tuch. Er trägt einen Hut in Form eines Drachenkopfes, in der rechten Hand hält er einen Teller mit Kuchen, in der linken ein sternförmiges Papierspielzeug, auf dem der Umriss von Vietnam abgebildet ist. Die Rückseite zeigt eine Papierlaterne, zwei stilisierte Wolken und drei fischförmige Spielzeuge, ein Fruchtbarkeitssymbol. In volkstümlichen Drucken erscheinen oft Kinder, die kleine Tiere – etwa Hausgeflügel oder Schildkröten – halten, als symbolische Darstellungen der Großzügigkeit und des harmonischen Miteinanders von Menschen und anderen Wesen.[10] Die künstlerische Übernahme dieser Symbolik folgte einer propagandistischen Absicht: Vorgestellt wurde ein Vietnam, das in Körper und Geist durch die Kommunistische Partei vereint wurde und künftigem Wohlstand entgegensah.

Sơns intime Vertrautheit mit traditionellen vietnamesischen Drucken zeigt sich auch in den Illustrationen, die er 1979 für sein Bilderbuch mit den beiden vietnamesischen Märchen *Goldenes Grab – Silbernes Grab* und *Die Wasserlinsenkönigin* geschaffen hat. Die erste Geschichte handelt von einem mittellosen Mädchen, das Buddha anfleht, den Reis zu beschützen, damit sie und ihre Familie etwas zu essen haben. Dabei bezieht er sich direkt auf religiöse Drucke, die spätestens aus dem 11. Jahrhundert stammen und in denen die dargestellten Personen so von oben nach unten angeordnet waren, wie es ihrem gesellschaftlichen Rang und ihrer Bedeutung entsprach. Im oberen Teil des Bildes erkannten die Betrachter*innen Buddha, der meist die zentrale, auf jeden Fall aber die größte Figur war und von einer Aureole umgeben wurde. Üblicherweise folgten dann – von oben nach unten – Darstellungen der Bodhisattvas, weltlicher Amtsträger, von Generälen und anderen hochrangigen Personen.[11] Darstellungen einfacher Menschen, etwa von Bäuerinnen und Bauern, waren sehr selten. Unüblich ist daher nicht nur, dass Sơn das arme Mädchen zeigt, wie es um Buddhas Gunst ersucht, sondern auch, dass er Menschliches und Göttliches in unmittelbarer Nähe darstellt, ohne vermittelnde Figuren. Er hat den Aufbau auf die beiden Hauptfiguren reduziert, wobei Buddha von einer Aura aus Lichtstrahlen und stilisierten

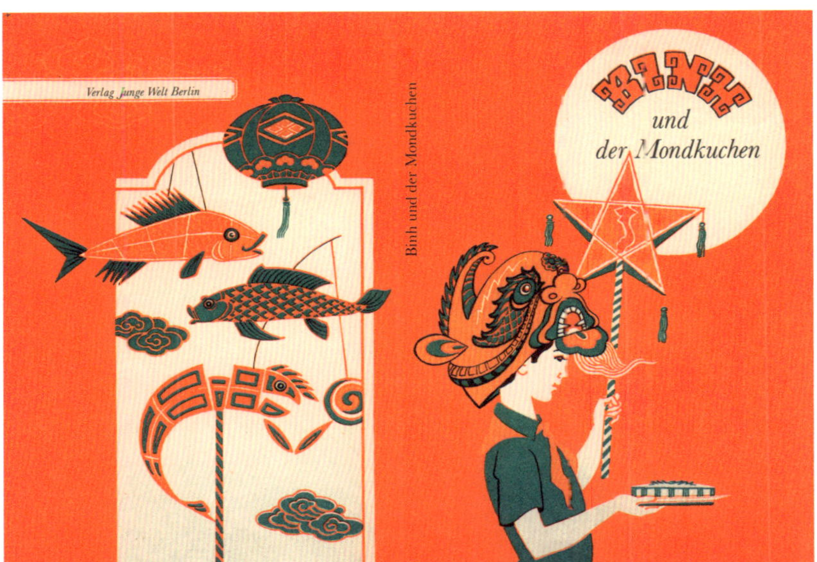

Trần Việt Sơn, Umschlagentwurf für das Kinderbuch *Binh und der Mondkuchen* von Renate Lange, Verlag Junge Welt Berlin, 1982, Offset, 27,7 × 40 cm, Kustodie der Hochschule für Bildende Künste Dresden, Inv.-Nr. B 2339

10 Patterns and Concepts, in: Phan Cẩm Thượng, Lê Quốc Việt, Cung Khắc Lược 1999/2022 (wie Anm. 1), S. 84–86.
11 Ebd., S. 87f.

Wolken umhüllt ist (S. 120). Der Plot ist ungewöhnlich, wenn man bedenkt, dass Religion im Kommunismus als »Opium des Volkes« abgelehnt wurde. Möglicherweise konnte Sơn Raum für die Darstellung religiöser Figuren schaffen, indem er sich einer jahrhundertealten vietnamesischen Tradition bediente. Zudem führte er mit der Bäuerin eine Figur in diese traditionell hierarchische und exklusive Gattung ein, die kommunistische Werte verkörperte.

Trần Việt Sơn und Trịnh Kim Vinh gehörten einer Generation von Künstler*innen an, die zunächst im Sinne der europäischen Moderne ausgebildet wurden, die aber durch ihre Malerei im Krieg und durch ihre neue Wertschätzung für materielle Kulturen und präkoloniale Praktiken in Vietnam eine neue Ausrichtung in der Entstehung einer sozialistischen Moderne fanden. Ihr Studium an der Hochschule für Bildende Künste Dresden verschaffte ihnen Zeit und Raum, sich abseits des Krieges und der vietnamesischen Innenpolitik mit Lithografie zu befassen und diese mit Sujets und Stilen aus Nordvietnam aufzuladen. Die während ihrer Zeit in Dresden entstandenen Grafiken entziehen sich einer simplen Trennung von Moderne und Tradition oder westeuropäischer Moderne und sozialistischem Realismus, sie beleben eine Ästhetik neu, um die Vision einer neuen sozialistischen Ordnung zu formulieren.

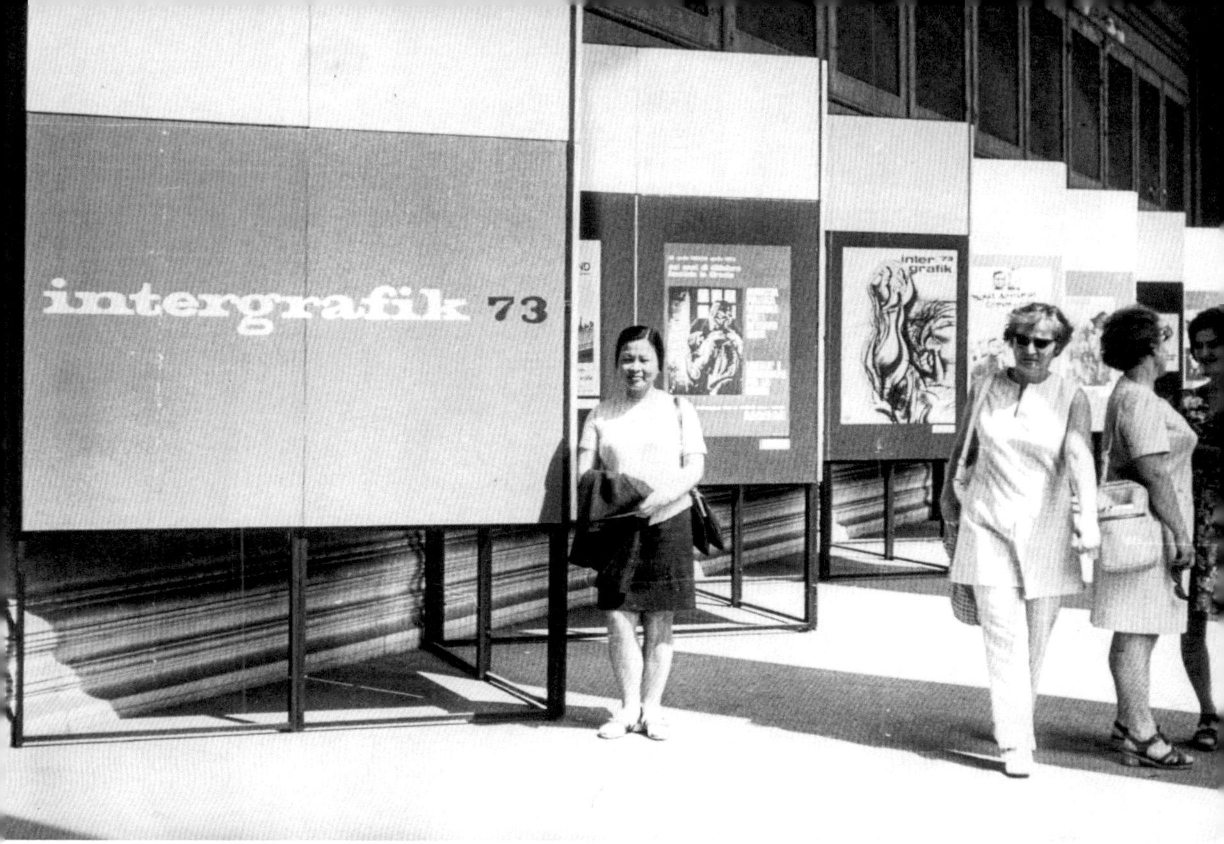

Trịnh Kim Vinh auf der *INTERGRAFIK 73*, Berlin,
Altes Museum, 1973

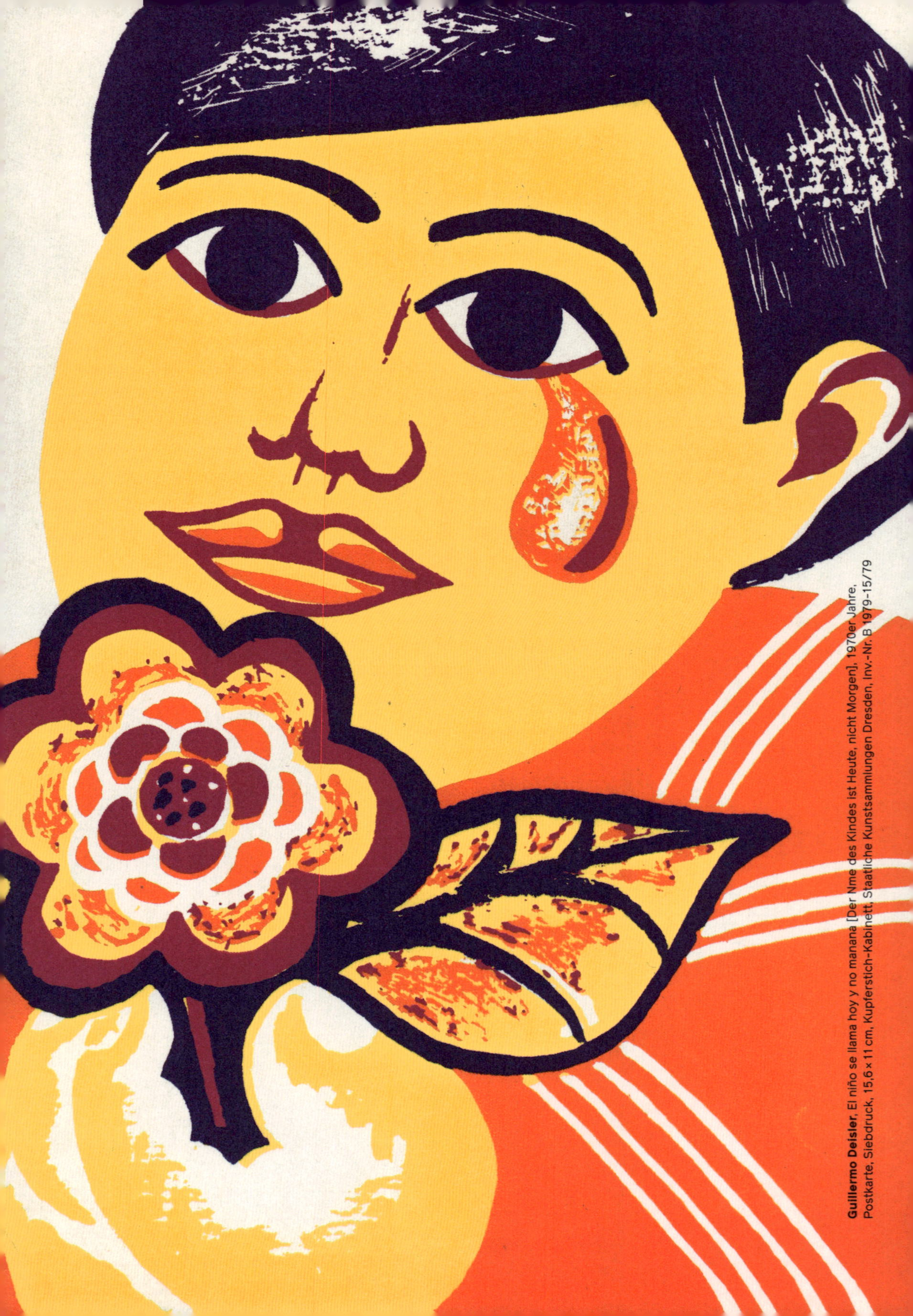

Guillermo Deisler, El niño se llama hoy y no manana [Der Nme des Kindes ist Heute, nicht Morgen], 1970er Jahre, Postkarte, Siebdruck, 15,6 × 11 cm, Kupferstich-Kabinett, Staatliche Kunstsammlungen Dresden, Inv.-Nr. B 1979-15/79

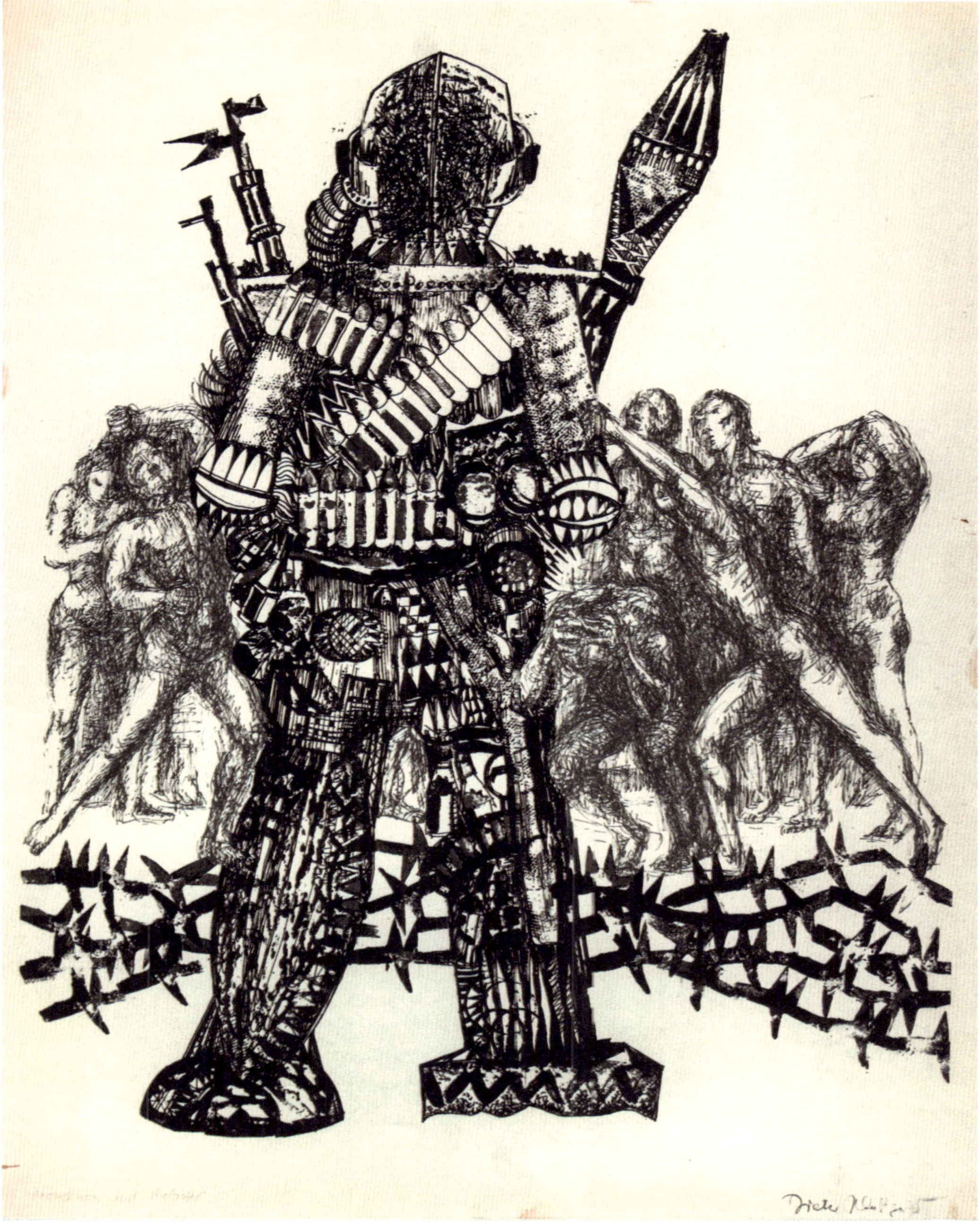

Dieter Wuttge, Solidarität – jetzt erst recht, 1975, Lithografie, Linolschnitt, 57 × 45 cm, Kunstfonds, Staatliche Kunstsammlungen Dresden, Inv.-Nr. L 04528

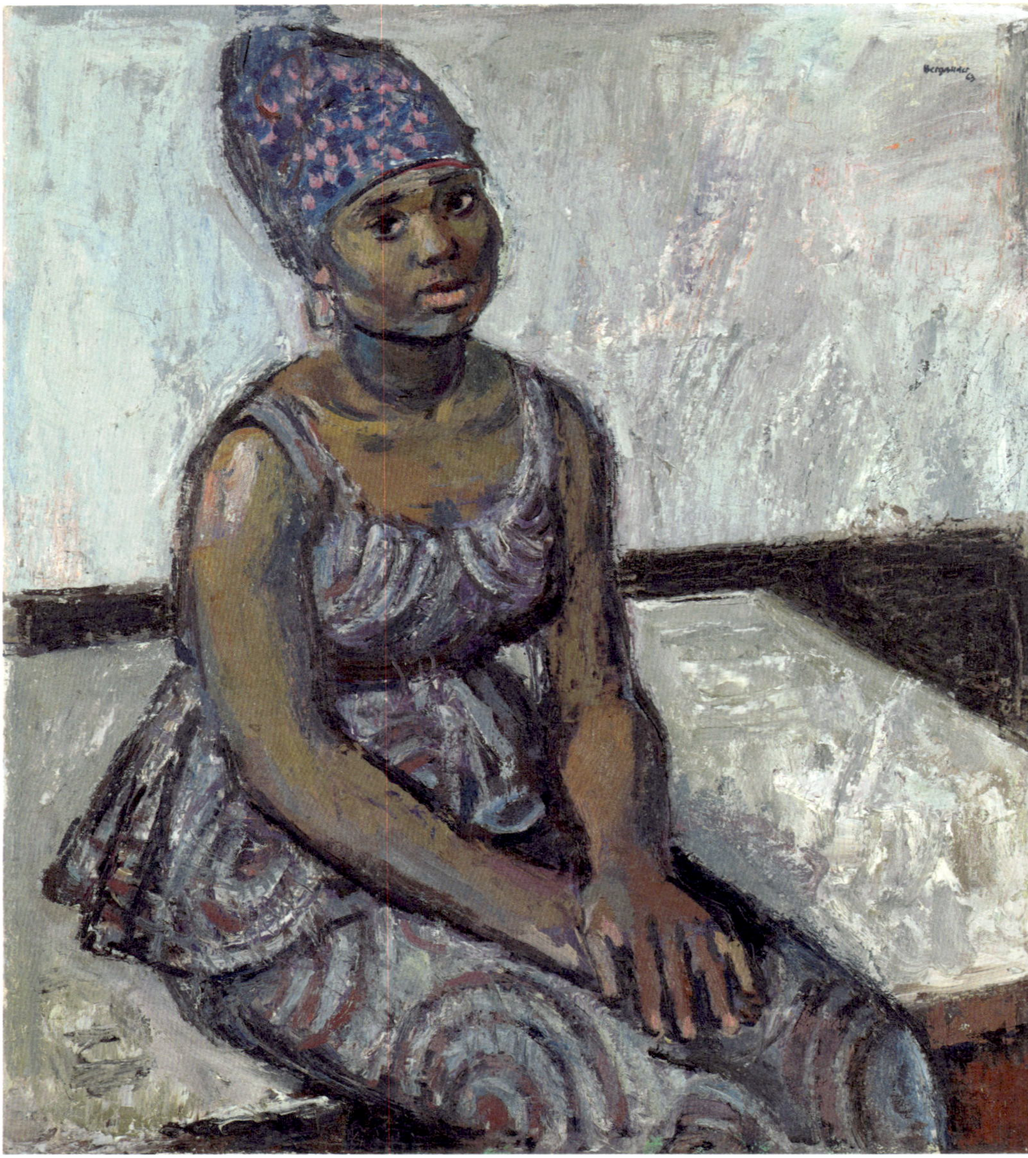

Rudolf Bergander, Therese aus Togo, 1963, Öl auf Leinwand, 81,5 × 71 cm, Albertinum, Staatliche Kunstsammlungen Dresden, Inv.-Nr. 79/43

Die Zeit in der DDR hatte für mich, bis jetzt, eine große Wirkung und war eine große Inspiration – nicht nur, was die Methodik angeht und die grafische Arbeit mit ihrem Blick auf die Welt, sondern vor allem die Beziehungen zu anderen Ländern waren sehr wichtig für mich. Zur mexikanischen Kunst, zur revolutionären Kunst. Die Eindrücke brauchte ich in meinem Land als Angehöriger der palästinensischen Minderheit.

Der Künstler Abed Abdi über seine Studienzeit in der DDR in den 1960er Jahren, Interview im Rahmen des Forschungsprojektes *Art in Networks – The GDR and its Global Relations*, siehe S. 171.

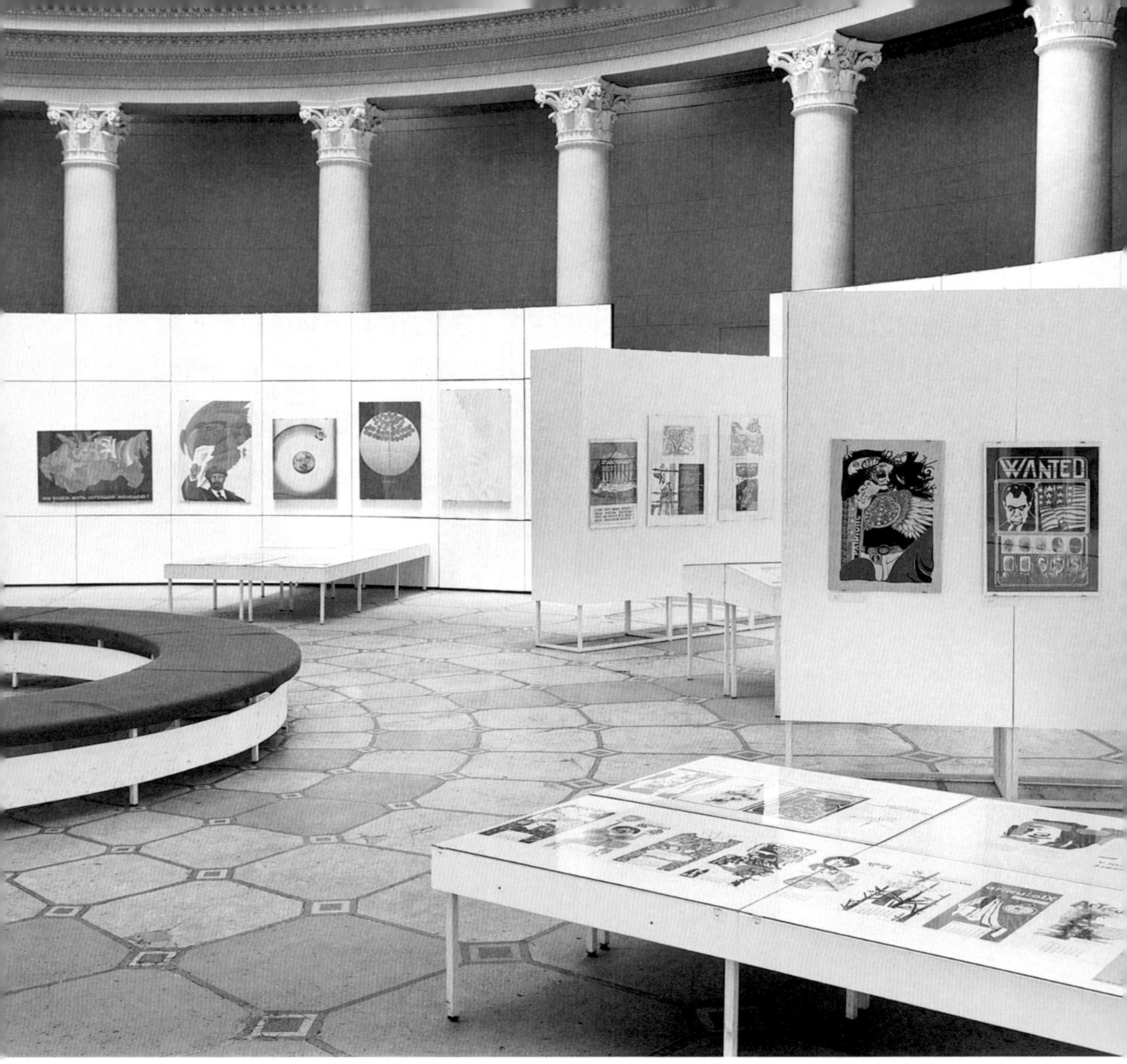

INTERGRAFIK 73, Berlin, Altes Museum, 1973,
Foto: Hans-Jürgen May

Annabel Ruckdeschel

Die internationale Grafiktriennale *INTERGRAFIK* (1965–1990) und die Grenzen transkontinentaler Solidarität in der DDR

Internationale Großausstellungen wie die *documenta*, die seit 1955 alle fünf Jahre in Kassel stattfindet, setzen den Ausstellungsort und das ausrichtende Gastland in ein Verhältnis zur (Kunst-)Welt. Diese Absicht verfolgte auch die DDR mit der Ausstellung *INTERGRAFIK*. Sie war eine internationale Triennale für grafische Kunst und fand zwischen 1965 und 1990 in Ost-Berlin statt. Dort wollte man jedoch ein ganz anderes Verhältnis zum internationalen Kunstschaffen präsentieren als in Kassel. Schon anlässlich der ersten Ausgabe werteten Konzeptpapiere und Zeitungsartikel in der DDR die *INTERGRAFIK* als Gegenentwurf zur *documenta*. Klaus Weidner schrieb im *Neuen Deutschland*: »Die ›Intergrafik 65‹ ist keine ›Weltkunstschau‹. Das konnte und wollte sie nicht sein. Die maßlose Selbstüberschätzung, mit ein paar hundert abstrakten Bildern ›die Kunst des 20. Jahrhunderts‹ zu repräsentieren, können wir den Veranstaltern etwa der ›documenta‹ und anderer Monstreschauen überlassen. Aber es haben sich Künstler in der Ausstellung zusammengefunden, die der Welt etwas zu sagen haben, mehr als all die verschiedenen ›Modellfälle‹ von Weltkunst, die in Westdeutschland und anderen Ländern von sich Reden machen.«[1]

Was Weidner und andere als Gemeinsamkeit und als Botschaft der *INTERGRAFIK* an die Welt sahen, war ein Bekenntnis zu Frieden, Freundschaft und antiimperialistischer Solidarität – Begriffe, die während des Kalten Krieges ideologisch aufgeladen und mit einer antiwestlichen Rhetorik verbunden waren. Die Grafikausstellung wollte Positionen gegen den ausbeuterischen Kapitalismus und westlichen Imperialismus bündeln. Bemerkenswert ist, dass sie hierzu Kunstwerke und Künstler*innen von beiden Seiten des Eisernen Vorhangs sowie aus den blockfreien Staaten vereinte und damit ein »Sammelbecken progressiver, humanistisch gesinnter, im realistischen Sinn schaffender Künstler«[2] sein wollte.

Eine internationale »Galerie auf Zeit«

Neben der seit 1946 stattfindenden Deutschen Kunstausstellung[3] in Dresden gehörten die *INTERGRAFIK* und die *Biennale der Ostseeländer*, die seit 1965 in Rostock veranstaltet wurde, zu den zentralen periodischen Kunstausstellungen der DDR.[4] Der Kunstkritiker Lother Lang charakterisierte die *INTERGRAFIK* als »Galerie auf Zeit«,[5] was auf Arnold Bodes Vision der *documenta* als »Museum der 100 Tage« anspielte und damit den Anspruch unterstrich, man habe es mit einer Qualitätsschau auf Museumsniveau zu tun. Organisiert wurde die *INTERGRAFIK* vom Zentralvorstand des Verbands Bildender Künstler der DDR (VBK).[6] Die Ausstellung wurde 1965 durch die Verbandspräsidentin Lea Grundig sowie die

1 Klaus Weidner: Künstler bekennen sich zum Leben, in: Neues Deutschland, Beilage Nr. 27, 3.7.1965, S. 2.
2 Konzeptpapier Intergrafik 73, AdK Berlin, VBK-Zentralvorstand 1367.
3 1946 wurde in Dresden die (erste) *Allgemeine Deutsche Kunstausstellung* gezeigt. Die Ausstellungen 1949 bis 1968/69 (II–VI) liefen unter dem Titel *Deutsche Kunstausstellung*, ab der VII. Ausstellung 1972/73 lautete die Bezeichnung schließlich *Kunstausstellung der DDR*.
4 Vgl. Elke Neumann: Die Biennale der Ostseeländer – außen- und kulturpolitische Dimensionen der größten Internationalen Kunstausstellung der DDR, Diss. TU Berlin 2022.
5 Lothar Lang: Zur Intergrafik 1980, in: Die Weltbühne 35:1980, Heft 10, S. 313 f., hier S. 313.
6 1950 gegründet als »Verband Bildender Künstler Deutschlands« erfolgte 1970 die Umbenennung in »Verband Bildender Künstler der DDR«.

Künstler Ronald Paris und Arno Mohr initiiert.[7] Ursprünglich sollte sie an die Konzeption der 1955 in Ost-Berlin veranstalteten Ausstellung *Zeitgenössische Deutsche Grafik* anknüpfen und einen Überblick über das grafische Schaffen der DDR geben, doch Lea Grundig setzte sich für eine Internationalisierung des Programms und die Einladung von Künstler*innen aus dem ›kapitalistischen Westen‹ ein, um ein breites Bündnis mit den ›progressiven Kräften‹ dieser Länder zu schaffen. Grafische Kunst wurde in der DDR besonders gefördert, da sie aufgrund ihrer Reproduzierbarkeit und Verbreitungsmöglichkeit geeignet schien, den nicht-elitären Anspruch der Kunst zu unterstreichen. Zudem war der internationale Transport grafischer Werke einfacher und kostengünstiger als im Fall von Malerei oder Skulptur, was den Fokus einer internationalen Ausstellung in der DDR auf diese Gattung sicher begünstigt hat. Bereits im Gründungsjahr strebte man die Wiederholung der *INTERGRAFIK* als Triennale an. Der sowjetische Künstlerverband unterstützte diesen Plan, und so fand die Ausstellung (mit drei Abweichungen) künftig im Dreijahresabstand statt.[8]

Die internationale Agenda der *INTERGRAFIK* zeigte sich sowohl in ihrer Einladungspolitik als auch in der Wahl der Ausrichtungsorte. Die erste dieser ambitionierten Großausstellungen brachte bereits 420 Künstler*innen aus 21 Ländern zusammen. Der VBK verfolgte mit der *INTERGRAFIK* das Ziel, seine internationalen Netzwerke beständig auszubauen. Die Zahl der Länder, aus denen die Ausstellenden stammten, verdoppelte sich nahezu von 21 im Jahr 1965 auf 39 im Jahr 1967 und stieg dann fast kontinuierlich bis auf 78 im Jahr 1987 an. Lediglich in der letzten Ausgabe, die fünf Monate nach dem Mauerfall eröffnete, verringerte sich die Zahl der vertretenen Länder deutlich auf 60. Die Hauptausstellungsorte der *INTERGRAFIK* lagen zeit ihres Bestehens im Zentrum Ost-Berlins. Die Denomination »Berlin, Hauptstadt der DDR« in den Katalogen spiegelt den andauernden Konflikt um den Status der geteilten Stadt und die Haltung der DDR wider, die auf dieser von der Bundesrepublik nicht anerkannten Bezeichnung beharrte. Die erste Ausstellung fand in den Räumen der Nationalgalerie sowie der Neuen Berliner Galerie im Marstall statt. 1967 zog die *INTERGRAFIK* in das Alte Museum. Hier blieb die Grafiktriennale bis einschließlich 1973. Nach einer kurzen Nutzung der Räumlichkeiten im Museum für Deutsche Geschichte im Zeughaus zog sie ins Ausstellungszentrum am Fernsehturm. Die Initiative, die *INTERGRAFIK* als Wanderausstellung in ausgewählte beteiligte Länder zu entsenden, verstetigte sich allerdings nicht. Einzig die *INTERGRAFIK 67* zog nach ihrer Eröffnung in Ost-Berlin nach Oslo sowie durch mehrere sozialistische Länder Osteuropas mit Stationen in Leningrad, Karlsbad, Warschau und Budapest.

Allein schon das Format der Triennale zeugt von den Ambitionen der DDR, mittels der *INTERGRAFIK* auf der Bühne internationaler Großausstellungen Anerkennung zu erlangen. Die Triennale war zusammen mit der *Biennale der Ostseeländer* der Beitrag der DDR zu jenem Phänomen, das Anthony Gardner und Charles Green als »zweite Welle der internationalen Biennalen« beschreiben.[9] Im Nachgang erfolgreicher Großausstellungen wie der 1895 gegründeten *Biennale von Venedig* konnten sich in den 1950er bis 1970er Jahren weltweit Biennalen und Triennalen außerhalb der westlichen Zentren etablieren. Dazu zählen beispielsweise die *Biennale von São Paulo* (gegründet 1951), die *Grafikbiennale in Ljubljana* (gegründet 1955) und die *Biennale von Havanna* (gegründet 1984). Auch die sozialistischen Länder Osteuropas trugen zu diesen Neugründungen bei, etwa mit der internationalen *Grafikbiennale in Krakau* (gegründet 1966) und der *Tallin Druckgrafiktriennale* (gegründet

7 Vgl. Ronald Paris: Wahr und wahrhaftig, Berlin 2012, S. 202.

8 Es fanden insgesamt neun Ausgaben der *INTERGRAFIK* in den Jahren 1965, 1967, 1970, 1973, 1976, 1980, 1984, 1987 und 1990 statt. Zur Unterstützung durch den sowjetischen Künstlerverband vgl. »INTERGRAFIK 65« gewürdigt, in: Neues Deutschland, 1.7.1965, S. 4.

9 Anthony Gardner, Charles Green: Biennials, Triennials, and documenta. The Exhibitions that Created Contemporary Art, Chichester, West Sussex 2016.

1968).[10] Der VBK betonte jedoch, dass die *INTERGRAFIK* sich in ihrer Funktion, realistisch arbeitende Künstler*innen zu vereinen, »grundlegend von den Biennalen und Triennalen kapitalistischer Länder [unterscheidet], aber auch [von] ähnliche[n] internationale[n] Veranstaltungen in einigen sozialistischen Ländern wie der VR Polen, der ČSSR und der SFRJ. Diesen internationalen Grafik-Ausstellungen, die von den erwähnten sozialistischen Ländern veranstaltet werden, liegen in ihrem Wesen antisozialistische Konzeptionen des Anschlusses an die sogenannte Weltkunst (Westkunst) zu Grunde – seit Jahren dominiert die Vorherrschaft verschiedener Spielarten der ›abstrakten‹ Kunst. Werke sozialistisch-realistischen Charakters sind Ausnahmeerscheinungen.«[11]

Kultur- und außenpolitischer Rahmen

Eine großangelegte internationale Schau wie die *INTERGRAFIK* konnte in der DDR nur im Rahmen der offiziellen Kultur- und Außenpolitik stattfinden, die den künstlerischen Austausch und Kontakt über Ländergrenzen hinweg organisierte und reglementierte. Die Grundsätze der internationalen Schau waren an größere Entwicklungslinien der Kultur- und Außenpolitik des Landes gekoppelt. ›Frieden‹, ›Freundschaft‹ und ›Antiimperialistische Solidarität‹ als wesentliche Leitmotive wurden mit unterschiedlicher Gewichtung in den Konzeptpapieren und der Außendarstellung der Großausstellung ins Feld geführt. Anfangs überwogen in den Begleittexten die Ideen ›Frieden‹ und ›Antifaschismus‹. Seit ihrer Gründung stilisierte sich die DDR als antifaschistischer Friedensstaat in Opposition zur nach Wiederbewaffnung strebenden Bundesrepublik. Gleichzeitig profitierte die DDR-Außenpolitik Mitte der 1960er Jahre von einer Entspannung, die allmähliche politische Annäherungen möglich scheinen ließ.[12]

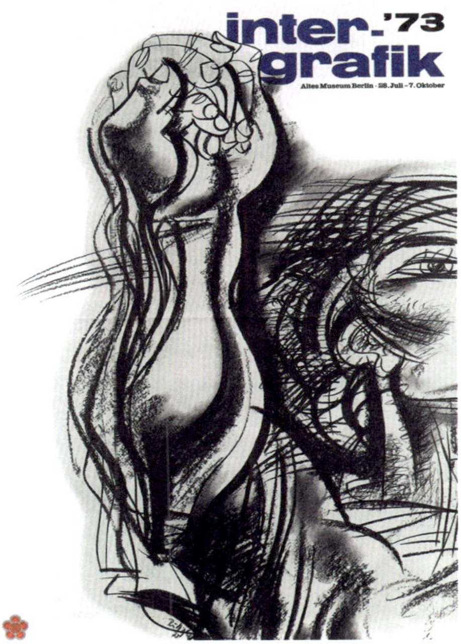

Frank Ruddigkeit, Ausstellungsplakat *INTERGRAFIK 73*, Offset, 115 × 81 cm, Deutsches Historisches Museum, Inventar-Nr. P 98/75, 98000371

Ab den 1970er Jahren betonte die *INTERGRAFIK* verstärkt die ›Antiimperialistische Solidarität‹. Dies resultierte aus der auswärtigen Kulturpolitik in den ausgehenden 1960er und frühen 1970er Jahren, die bestrebt war, breite internationale Bündnisse, insbesondere auch mit Ländern des Globalen Südens, zu schaffen.[13] Der Aufbau internationaler Beziehungen war notwendig, weil die seit ihrer Gründung um völkerrechtliche Anerkennung ringende DDR von vielen, vor allem westlichen Ländern diplomatisch nicht anerkannt wurde.[14] Die Grafiktriennale

10 Vgl. Beata Hock: Curator's Trate in Ideals. Exhibitions, Exhibition History, and Networks of Artistic Solidarity in Cold War Times, in: Philipp Schorch, Daniel Habit (Hgg.): Curating (Post-)Socialist Environments, Bielefeld 2021, S. 185–206; Wiktor Komorowski: Cold War Exhibitions of Graphic Art: Tallinn Print Triennial (1968) and the reversed power of printed image, Vortrag zur Tagung *Art Exhibitions as Intersections in Post War Europe*, Stockholm, 11./12.5.2021.

11 Vorlage an das ZK vom VBK, betrifft Konzept der Intergrafik 70, 30.10.1969, AdK Berlin, VBK-Zentralvorstand 1370.

12 Vgl. Michael Lemke: Die Außenbeziehungen der DDR (1949–1966). Prinzipien, Grundlagen, Zäsuren und Handlungsspielräume, in: Ulrich Pfeil (Hg.): Die DDR und der Westen. Transnationale Beziehungen 1949–1989, Berlin 2001, S. 63–80.

13 Christian Saehrendt: Kunst im Kampf für das ›Sozialistisches Weltsystem‹. Auswärtige Kulturpolitik der DDR in Afrika und Nahost, Stuttgart 2017.

14 Durch die von der BRD verkündete Hallstein-Doktrin wurden diplomatische Beziehungen von Drittländern mit der DDR als »unfreundlicher Akt« gewertet.

half, die Nichtanerkennungspolitik des Westens im Bereich der Kultur zu umgehen, weshalb sie Gregor Lersch als Teil einer weitgreifenden »Kryptodiplomatie« der DDR wertet.[15] Mit der neuen Ostpolitik Westdeutschlands unter Willy Brandt änderte sich jedoch die Situation. Die Bundesrepublik und die DDR unterzeichneten am 21. Dezember 1972 den Grundlagenvertrag.[16] Es folgten die Aufnahme beider Staaten in die Vereinten Nationen und die internationale Anerkennung der DDR durch zahlreiche Länder. Das wirkte sich auch auf die *INTERGRAFIK* aus, an der sich eine wachsende Zahl von Ländern beteiligte. Einen symbolischen Höhepunkt bildete in dieser Hinsicht die *INTERGRAFIK 73*, die zwischen der Ratifizierung des Grundlagenvertrags am 13. Juni und der Aufnahme der DDR in die UNO am 18. September 1973 eröffnet wurde. Außerdem gehörte sie zum Programm der groß aufgezogenen *X. Weltfestspiele der Jugend und Studenten*, die unter dem Motto »Für Frieden, Freundschaft und antiimperialistische Solidarität« im Sommer 1973 in Ost-Berlin stattfanden. Die Ausstellung, die vom Austausch mit internationalen Delegationen profitierte, wurde daher gezielt als internationaler Treffpunkt für junge Künstler*innen inszeniert.

Zuwächse verzeichnete die *INTERGRAFIK* in dieser Zeit vor allem durch die ansteigende Beteiligung afrikanischer, asiatischer und lateinamerikanischer Länder. Die Ausstellung spiegelt damit die Bemühungen der DDR wider, zunächst die diplomatischen Beziehungen zu diesen, zum Teil im Dekolonisierungsprozess unabhängig gewordenen Ländern auszubauen und damit einen Durchbruch in der Anerkennungspolitik zu erlangen.[17] Auch galt es, Nationen, die sich im Rahmen der blockfreien Bewegung engagierten und im Kalten Krieg einen dritten Weg jenseits der Bipolarität des Ost-West-Konflikts suchten, für den Realsozialismus zu gewinnen. Von den 48 Ländern und Gruppierungen, die beispielsweise die *INTERGRAFIK 73* vorgab zu repräsentieren, nahmen 15 in diesem Jahr das erste Mal teil.[18] Zu ihnen zählten Bangladesch, Algerien, die Laotische Patriotische Front, die Syrische Arabische Republik, Tunesien, Oman und der Raum Arabischer Golf, Kuwait, die Vereinigte Republik Tansania, die Volksrepublik Jemen, Südafrika und die Palästinensische Befreiungsorganisation (PLO). Dieser Kreis erweiterte sich im Jahr 1976 unter anderem um Kenia, Paraguay, Puerto Rico, Thailand und Zaire. Der VBK versuchte insbesondere für die *INTERGRAFIK 73*, die antiimperialistische Politik als gemeinsames Anliegen in den Vordergrund zu rücken und entsprechende Themen und Motive zu platzieren: »die Anklagen gegen den USA-Imperialismus, die Solidarität mit den Völkern Vietnams, Laos' und Kambodschas, die Solidarität mit dem Kampf der arabischen Völker, [...] Anklagen der Politik des Rassismus in Amerika und Südafrika, Solidarisierung mit dem Befreiungskampf in diesen Ländern, [...] Bekundungen der Verbundenheit und Solidarität mit der Revolution in Kuba und Chile.«[19]

Für die Planung und Ausrichtung der *INTERGRAFIK* war der Zentralvorstand des VBK verantwortlich. Seine Konzeptpapiere und Berichte wurden mit dem Zentralkomitee der SED abgestimmt, insbesondere mit der Kulturabteilung. Um die politischen und künstlerischen Grundlinien auch in der Auslandszusammenarbeit sicherzustellen, kooperierte der VBK mit dem Ministerium für Kultur. Dieses sollte die Kulturminister der sozialistischen Länder über die Leitgedanken der *INTERGRAFIK* informieren, »mit dem Ziel, eine aktive staatliche Einflußnahme auf die Auswahl der Werke zur Sicherung

15 Gregor H. Lersch: Art From East Germany? Die internationale Verflechtung der Kunst in der DDR: Ausstellungen, Rezeption im Ausland, Transfers, Frankfurt (Oder) 2021, S. 123.

16 Dieser Vertrag regelte die Beziehungen zwischen beiden deutschen Staaten. Er bedeutete eine staatsrechtliche, aber keine völkerrechtliche Anerkennung der DDR durch die Bundesrepublik. Vgl. Jens Hacker: Grundlagenvertrag, in: Werner Weidenfeld, Karl-Rudolf Korte (Hgg.): Handbuch zur deutschen Einheit 1949–1989–1999, Bonn 1999, S. 417–430.

17 Vgl. Lemke 2001 (wie Anm. 12), S. 78; Saehrendt 2017 (wie Anm. 13).

18 Ich wähle diese Formulierung, da es sich hierbei, insbesondere im Fall der nicht-sozialistischen Länder, nicht um offizielle Einsendungen handelte, sondern die *INTERGRAFIK* mit einzelnen progressiven Künstler*innen kooperierte, im Katalog nichtsdestotrotz den Namen der Nation listete. Dies ist z.B. der Fall für die westeuropäischen Länder, die USA, aber auch Südafrika (hier wurde ein Beitrag des ANC gezeigt).

19 Bericht VBK-DDR X. Weltfestspiele der Jugend und Studenten, AdK Berlin, VBK-Zentralvorstand 1378.

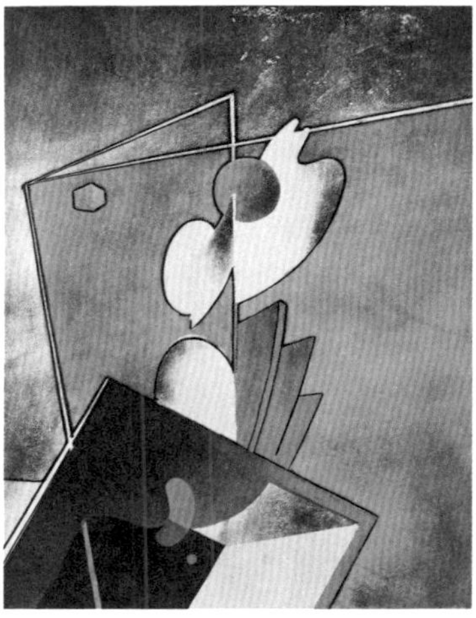

Djordje Zivkovic, Der Mensch und seine Stadt, Radierung, 48 × 37 cm

des sozialistisch-realistischen Kerns der Ausstellung zu erreichen«.[20] Der VBK arbeitete mit dem Außenministerium zusammen, um auf Einsendungen aus nicht-sozialistischen Staaten einzuwirken. Zusammen mit der Liga für Völkerfreundschaft waren die genannten Behörden dafür zuständig, Künstler*innen aus dem Ausland zu gewinnen. Im Jahr 1973 arbeitete die *INTERGRAFIK* zudem noch mit der Freien Deutschen Jugend (FDJ) zusammen. Dies verdeutlicht, dass bereits im Vorfeld der Ausstellung versucht wurde, einerseits die internationale Vernetzung zu fördern und andererseits zugleich eventuelle Konflikte, die sich aus einem internationalen Austausch ergeben könnten, nach Möglichkeit zu entschärfen.

Diese Strategie spiegelt sich auch im Auswahlprozess der Werke wider. Die *INTERGRAFIK* schmückte sich zwar bis ins Jahr 1987 damit, juryfrei zu sein, und kommunizierte nach außen ein Bild der Offenheit.[21] In Wahrheit lag der Ausstellungsorganisation aber eine gezielte Einladungspolitik zugrunde. Die Einsendungen aus den sozialistischen Bruderstaaten wurden durch die jeweiligen Künstler*innenverbände selbstständig organisiert und unterlagen damit deren Kontrolle. Linke Künstler*innengruppierungen aus dem Westen wurden gezielt eingeladen und ihre Beiträge im Vorfeld abgestimmt. Auch die Künstler*innentreffen, die vorbereitend für die *INTERGRAFIK* stattfanden, waren einer solchen Steuerungsidee unterworfen. Im Zuge der *VII. Kunstausstellung der DDR* (1972/73) in Dresden fanden beispielsweise Treffen statt, bei denen die Vertreter*innen der teilnehmenden Länder der *INTERGRAFIK* über deren Zielsetzungen »beraten« werden sollten. Es fanden hier Gespräche mit Künstler*innen und Kulturfunktionär*innen aus Chile, Uruguay, Mexiko, Kolumbien, Argentinien, Indien, Sri Lanka, Nepal, Peru, Japan, den USA und Indonesien statt.[22]

Imaginationen transkontinentaler Solidarität

Die *INTERGRAFIK* präsentierte ein idealisiertes Verhältnis der DDR zur Welt, eine Imagination breiter Solidaritätsbündnisse über Ländergrenzen und Kontinente hinweg.[23] Sie versuchte deshalb, ein Bild der politischen sowie ästhetischen Einheit in der Vielheit zu produzieren. Trotz der beschriebenen Einladungspolitik wurden auch Werke eingesendet und gezeigt, die, wie ein Bericht von 1976 schreibt, »beabsichtigt oder unbeabsichtigt politisch zweideutig waren« oder »formalistische Spielereien«.[24] Der VBK ließ eine gewisse künstlerische Bandbreite zu, um nach außen ästhetische Vielfalt betonen zu können. So fanden sich bei der *INTERGRAFIK* Werke, die sich wie die Beiträge aus dem blockfreien Jugoslawien 1973 stark vom Gegenständlichen entfernten. Im Jahr 1976 waren der internen Analyse zufolge rund fünf Prozent der gezeigten Werke abstrakt. Gleichzeitig war der VBK bestrebt, das stilistische Spektrum auf die Spielarten eines figurativen Realismus zu begrenzen. Bereits seit 1965 thematisierte man die Herausforderung, unter »Beibehaltung der notwendigen Breite des Bündnisses mit allen antiimperialistischen Kräften, mit aller Entschiedenheit

20 Konzept zur Intergrafik 73, AdK Berlin, VBK-Zentralvorstand 1367.

21 Die *INTERGRAFIK* stieß im Jahr 1987 an ihre Kapazitätsgrenzen und richtete erstmals eine internationale Jury ein, die aus 1206 Künstler*innen 512 auswählte.

22 Vgl. AdK Berlin, VBK-Zentralvorstand 1373.

23 Ich folge hierin der Beschreibung von imaginierten Verbindungen europäischer Aktivist*innen mit den antiimperialistischen Bewegungen der ›Dritten Welt‹ als ›imagined solidarities‹ bei Robert Gildea, James Mark, Niek Pas: European Radicals and the ›Third World‹. Imagined Solidarities and Radical Networks, 1958–73, in: Cultural and Social History 8:2011, 4, S. 449–472.

24 Analyse der Intergrafik 76, AdK Berlin, VBK-Zentralvorstand 1385.

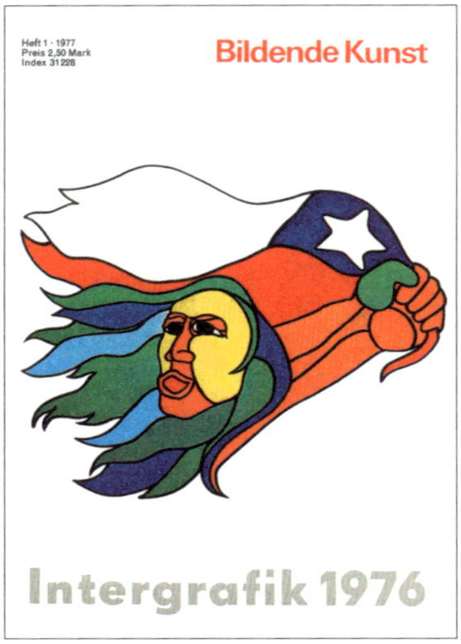

Titelseite der Zeitschrift *Bildende Kunst*, 1977, Heft 1, Brigade Pablo Neruda (Chile), Ehrung für Pablo Neruda, Serie von acht Farblithografien, 1975, Blatt 1

den sozialistisch-realistischen Kern zu sichern und weiter auszubauen«.[25]

Durch die Demonstration weltumspannender Solidaritätsbündnisse im Medium der Grafik versuchte der VBK, einer stets drohenden Heterogenität der internationalen Beiträge entgegenzusteuern. Eine wichtige Rolle spielten dabei Kunstwerke, die sich auf Stellvertreterkonflikte im Kalten Krieg bezogen, in denen sich die DDR politisch positionierte. Einerseits zeigte die Triennale Beiträge der involvierten sozialistischen Konfliktparteien, andererseits künstlerische Solidaritätsbekundungen mit diesen. In den 1960er Jahren fanden die Beiträge aus der Demokratischen Republik Vietnam besondere Beachtung. Ein Solidaritätsbasar, der fester Bestandteil jeder *INTERGRAFIK* war, fand im Jahr 1967 unter dem Motto »Helft den Kindern Vietnams« statt. Werke wie Gerhard Bondzins *Vietnamesische Mutter* (S. 80) resultieren aus einer gezielten Förderung solcher propagandistischen Sujets. Die Künstler*innen in der DDR wurden im Vorfeld zur Einsendung darauf eingestellt, »daß es bei dem DDR-Beitrag besonders darauf ankommt, neben der Anklage der USA-Aggression in Vietnam und der Bekundung der Solidarität mit dem vietnamesischen Volk, neben der Antikriegs-Thematik und dem Appell zu Frieden, die nationale Problematik in Deutschland, den Kampf gegen den westdeutschen Imperialismus und Neo-Faschismus, aber auch den friedlichen Aufbau des Sozialismus in der Deutschen Demokratischen Republik zum Hauptinhalt unserer Kollektion zu machen«.[26] Die Verurteilung des Militärputsches in Chile 1973 und das blutige Ende der Allende-Regierung waren weitere Themen, die der VBK im Rahmen der Grafiktriennale prominent hervorhob. Gemeinsam mit den Künstlern Pedro Hernandez und Victor (Tapia) Contreras organisierte man einen chilenischen Exilbeitrag zur *INTERGRAFIK 1976*, darunter die Serie *Ehrung für Pablo Neruda*, deren Titelblatt auf dem Cover der Zeitschrift *Bildende Kunst* abgebildet wurde. US-amerikanische Künstler*innen, die den Rassismus in den USA kritisierten und sich im Rahmen des Black Arts Movement engagierten, versuchte die *INTERGRAFIK* ebenso für sich zu gewinnen. So präsentierten unter anderem Charles White und die 1949 aus den USA nach Mexiko emigrierte Elizabeth Catlett wiederholt Werke in der Ausstellung. Catletts *There is a Woman in Every Color* ist eine Reaktion auf die Intersektionalität von Rassismus und Sexismus. Die Künstlerin wurde mit dem Preis der *INTERGRAFIK* ausgezeichnet. Mit Blick auf die deutsche Geschichte ist allerdings auch hervorzuheben, dass der programmatische Antiimperialismus der *INTERGRAFIK* antizionistischen Botschaften eine Bühne bot.

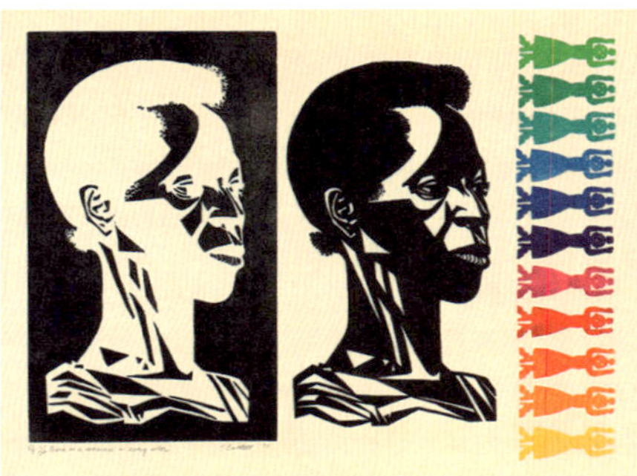

Elizabeth Catlett, There is a Woman in Every Color [Eine Frau gibt es in jeder Farbe], 1975, Farblinolschnitt, Siebdruck und Holzschnitt auf Papier, 56,52 × 76,04 cm, Bowdoin College Museum of Art, Brunswick, Museum Purchase, Lloyd O. and Marjorie Strong Coulter Fund, BCMA Accession#: 2015.61

25 Vorlage an das Sekretariat des ZK, verf. durch VBK, 30.10.1969: »Konzeption für die Durchführung der internationalen Kunstausstellung ›Intergrafik‹ 1970 in Berlin«, AdK Berlin, VBK-Zentralvorstand 1367. Eine ähnliche Diskussion wurde bereits 1965 während einer Parteigruppenberatung zur *INTERGRAFIK* geführt, AdK Berlin, VBK-Zentralvorstand 1338.

26 Horst Weiß an den Bezirksvorstand des VBKD Halle, 4.1.1967, AdK Berlin, VBK Bezirksverband Halle 10.

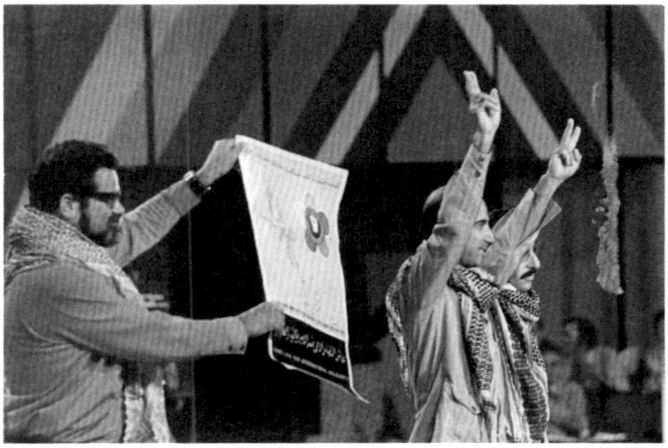

Konrad Wolf (li.) und Ismail Shammout (Mitte) auf einer Solidaritätsveranstaltung, Friedrichstadtpalast, Berlin, 30. Juli 1973, Foto: Helmut Reuel

Bei einer Solidaritätsbekundung während der *X. Weltfestspiele der Jugend und Studenten* präsentierten der Vorsitzende des Künstlerverbands der PLO, Ismail Shammout, und der Präsident der Akademie der Künste der DDR, Konrad Wolf, ein Plakat, das gleichzeitig auf der *INTERGRAFIK* ausgestellt war. Es trägt den Schriftzug »Long live the international solidarity against imperialism and zionism«. Den politischen Hintergrund dafür bildete die Unterzeichnung eines offiziellen Abkommens zwischen der SED und der PLO während der Weltfestspiele, zu denen Jassir Arafat als Ehrengast eingeladen war.

Angesichts dieser Zusammenführung verschiedener politischer Positionen unter dem Banner der ›Antiimperialistischen Solidarität‹ muss nach den Grenzen dieser Imagination transkontinentaler Netzwerke gefragt werden. Der VBK war bemüht, in den die Ausstellung flankierenden Veranstaltungen ein Bild des globalen Kampfes zu inszenieren. Für die Artikulation von Widerspruch oder auch Friktionen zwischen den verschiedenen internationalen Akteur*innen gab es keinen Raum, und auch die internen Berichte des VBK zeichnen ein geglättetes Bild. Wo Widerspruch während der internationalen Künstler*innentreffen aufkam, wurde dieser übergangen wie im Falle der dänischen Künstlerin Dea Trier Mørch, die 1976 die objektifizierende Repräsentation von Frauen bei der *INTERGRAFIK* kritisierte.[27] Es ist davon auszugehen, dass mehrere internationale Künstler*innen, die ihre Werke auf der *INTERGRAFIK* ausstellten, abweichende Erwartungen an die Veranstaltung und andere Vorstellungen von transkontinentaler Solidarität hatten, die es im Zuge künftiger Forschung zu rekonstruieren gilt.

Eine weitere Grenze der Imagination transkontinentaler Solidaritätsbündnisse lag zudem im Inneren der DDR. Immer wieder ist in den Berichten des VBK Unzufriedenheit mit dem DDR-Beitrag zur *INTERGRAFIK* zu vernehmen. Die Themen ›Internationalismus‹ und ›Internationale Solidarität‹ träten, so etwa im abschließenden Bericht zur *INTERGRAFIK 73*, zu schwach auf und müssten stärker gefördert werden.[28] Die angestrebte Etablierung internationalistischer Themen in der nationalen Kunstförderung erfüllte also nicht die Erwartungen. Hoffnung setzte man in den Sommer 1973: »Das unmittelbare emotionale Erlebnis tausendfacher Solidaritätsbeweise während der Weltfestspiele kann noch nicht hoch genug bewertet werden. Das bezeugen auch die vielen spontanen Zeichnungen an der dafür vorgesehenen Wand in der *INTERGRAFIK*. Eine ganze Anzahl von Künstlern hat hier in zum Teil hervorragenden Skizzen das unmittelbare, sie tief berührende Erlebnis gestaltet.«[29] Eine dieser spontan entstandenen Zeichnungen ist das Blatt *Internationale Solidarität* von Ronald Paris. Es zeigt Personen unterschiedlicher Herkunft, die Banner mit den Worten »Frieden« und »Solidarität« in Latein, Deutsch und Russisch tragen. Die Besucher*innen der *INTERGRAFIK* waren angehalten, sich mit ihren individuellen Solidaritätsbotschaften und Unterschriften auf dieser Zeichnung zu verewigen. Doch die dargestellte Internationalität erweist sich als nicht eingelöstes Programm: Nur elf der Personen, die auf dem Blatt unterschrieben haben, sind aus westlichen Ländern, neun aus Ländern der Sowjetunion, der Hauptteil stammt aber aus der DDR. Die Spuren der Besucher*innen

27 So geschehen während des Symposiums *Politische Grafik und moderne Medien* des VBK-DDR am 8./9.11.1976 in Berlin.
28 Bericht VBK-DDR, X. Weltfestspiele der Jugend und Studenten, AdK Berlin, VBK-Zentralvorstand 1378.
29 Ebd.

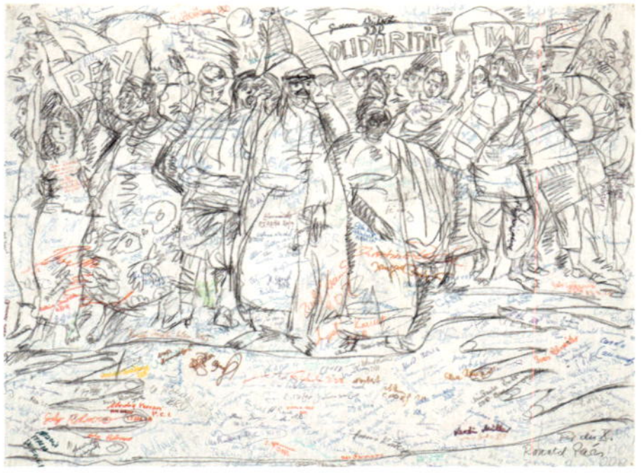

Ronald Paris, Internationale Solidarität, 1973, Grafit, 60,3 × 80,3 cm, Kupferstich-Kabinett, Staatliche Kunstsammlungen Dresden, Inv.-Nr. C 1974-26

auf dem Blatt stehen in Diskrepanz zur weltumspannenden Vision in Paris' Zeichnung. Das Werk ist weniger ein Beleg real existenter, transnationaler Beziehungen, vielmehr eine idealisierte Wunschvorstellung. Die *INTERGRAFIK* arbeitete den kulturdiplomatischen Zielen der DDR zu und setzte das nationale grafische Kunstschaffen in ein vorgestelltes Verhältnis zur Welt. Sie initiierte künstlerischen Austausch und Kontakt in den Grenzen einer sozialistischen Kultur- und Außenpolitik zwischen Ost und West, Nord und Süd in der Zeit des Kalten Krieges. Das Thema der antiimperialistischen Solidarität sollte konkrete internationale Beziehungen im Bereich der Kunst stärken, den internationalen Adressat*innenkreis erweitern sowie den transkontinentalen Austausch sozialistisch gesinnter Künstler*innen sichtbar machen. In politischer und ästhetischer Hinsicht bewegte sich die *INTERGRAFIK* damit in einem Spannungsfeld, das zwischen dem eng abgesteckten Rahmen internationaler Austauschmöglichkeiten und den geografisch weitgefassten kulturdiplomatischen Ambitionen der DDR lag.

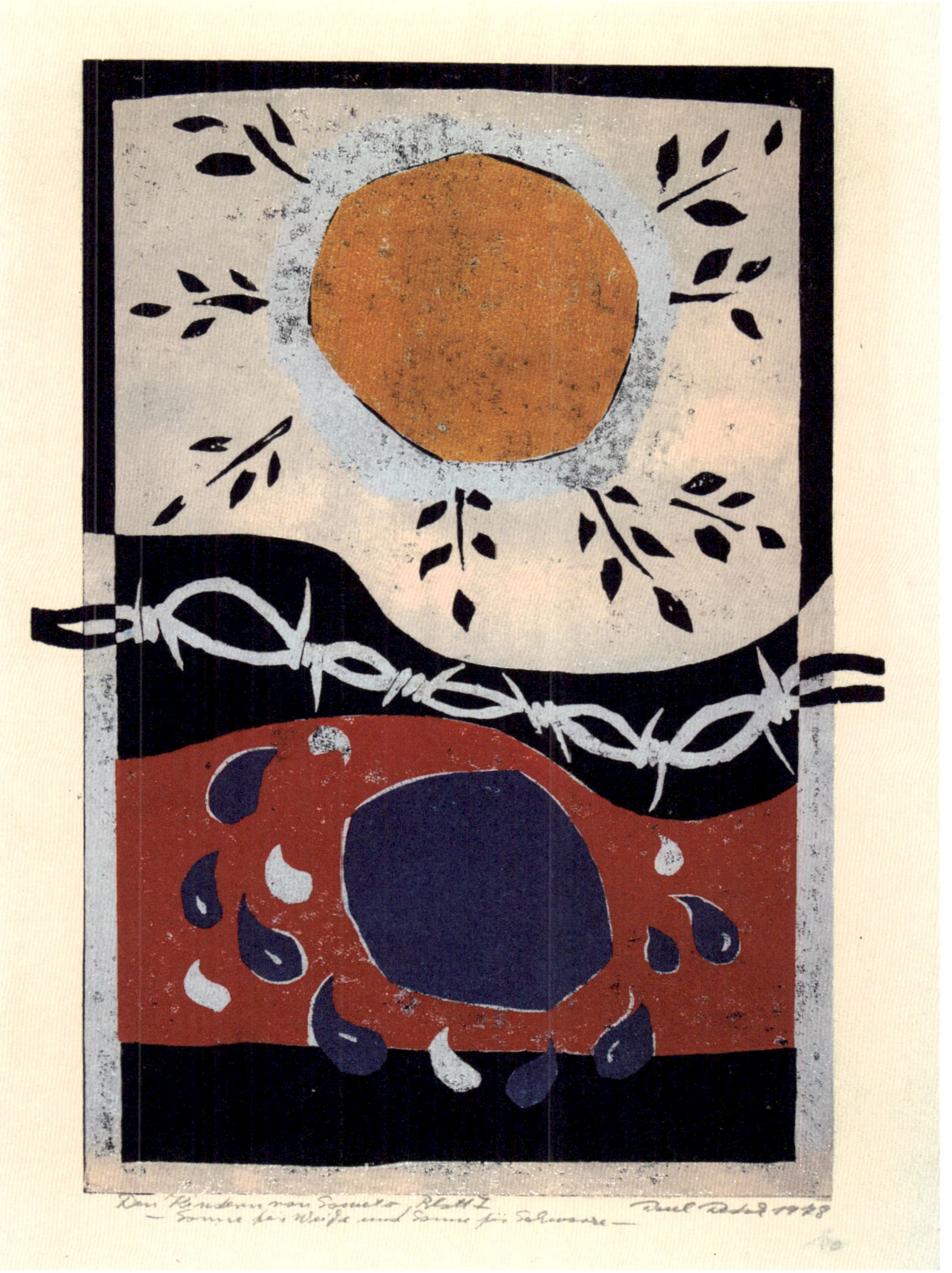

Paul Pedak, Sonne für Weiße und Sonne für Schwarze, Blatt 1 aus der Folge *Den Kindern von Soweto*, 1978, Holzschnitt, 75,5 × 54,8 cm, Kunstfonds, Staatliche Kunstsammlungen Dresden, Inv.-Nr. 25/1/78

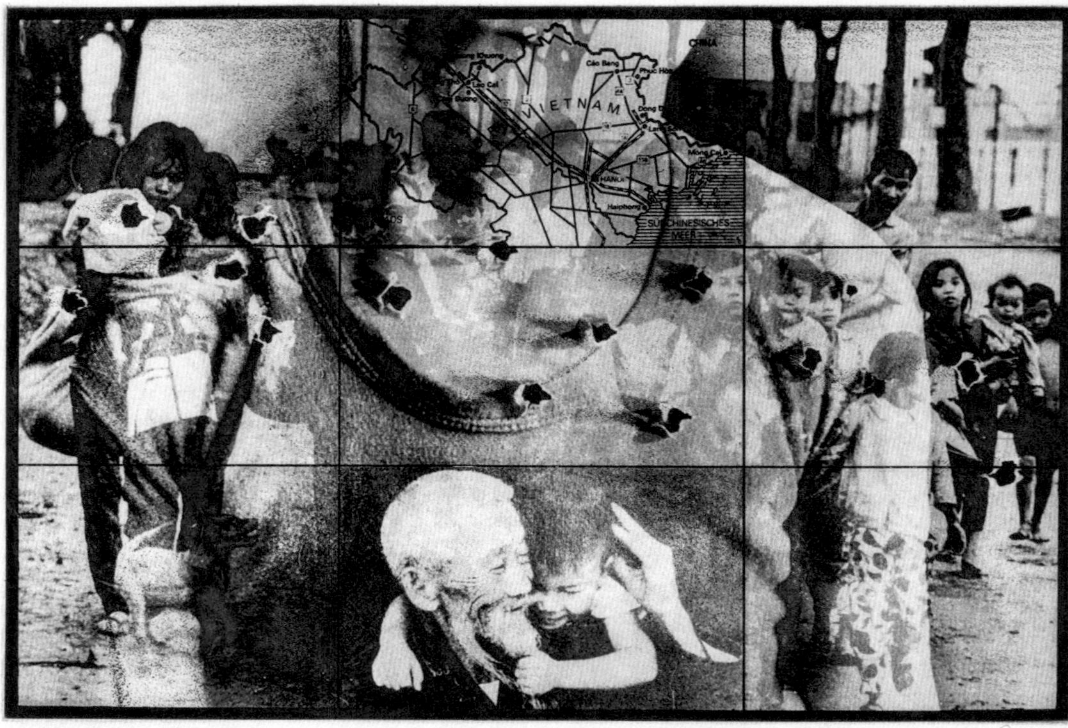

Joachim Jansong, 17. Februar 79, 1979, Radierung, Fotomontage, 39 × 53 cm, Kupferstich-Kabinett, Staatliche Kunstsammlungen Dresden, Inv.-Nr. A 1979-497

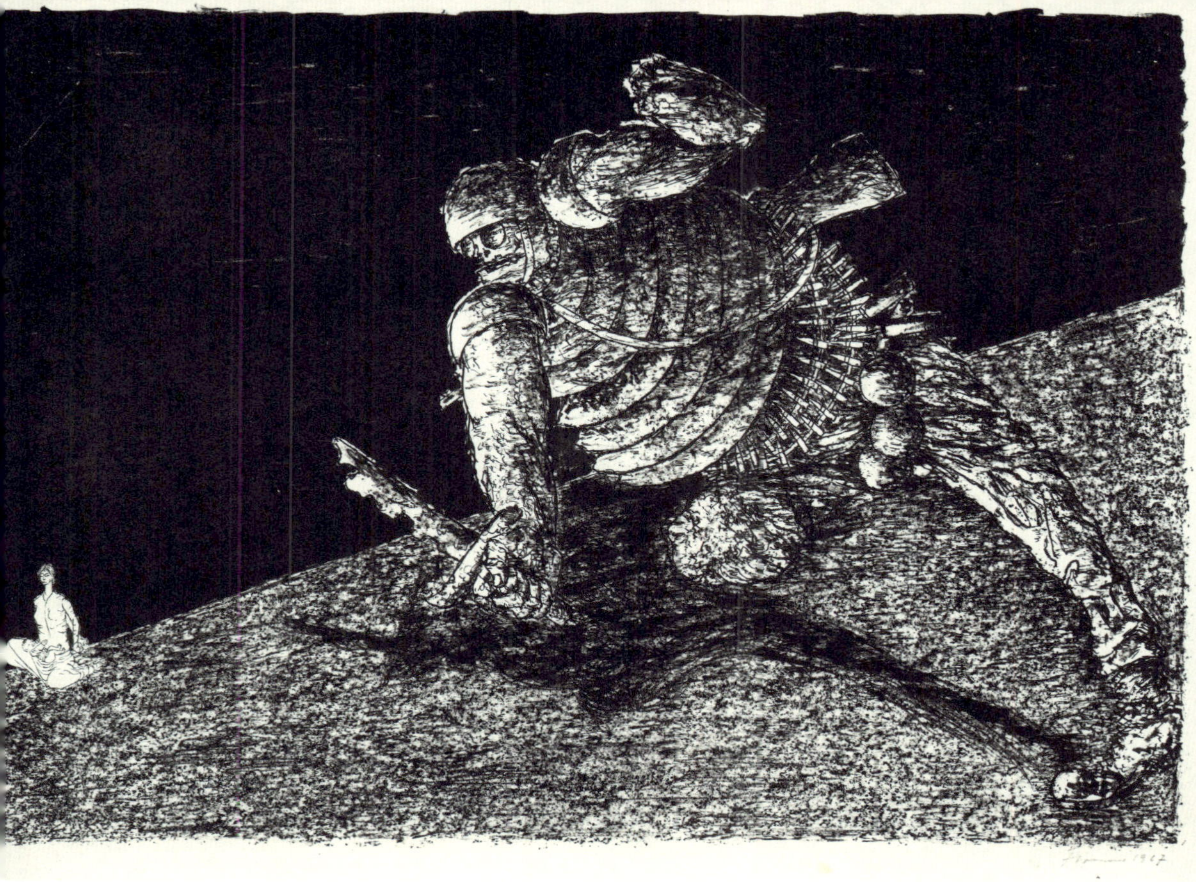

Fritz Cremer, Nieder mit den Mördern des vietnamesischen Volkes!, Blatt 9 aus der Folge *Vietnam*, 1967, Lithographie, 50,4 × 73,5 cm, Kupferstich-Kabinett, Staatliche Kunstsammlungen Dresden, Inv.-Nr. A 1970-305

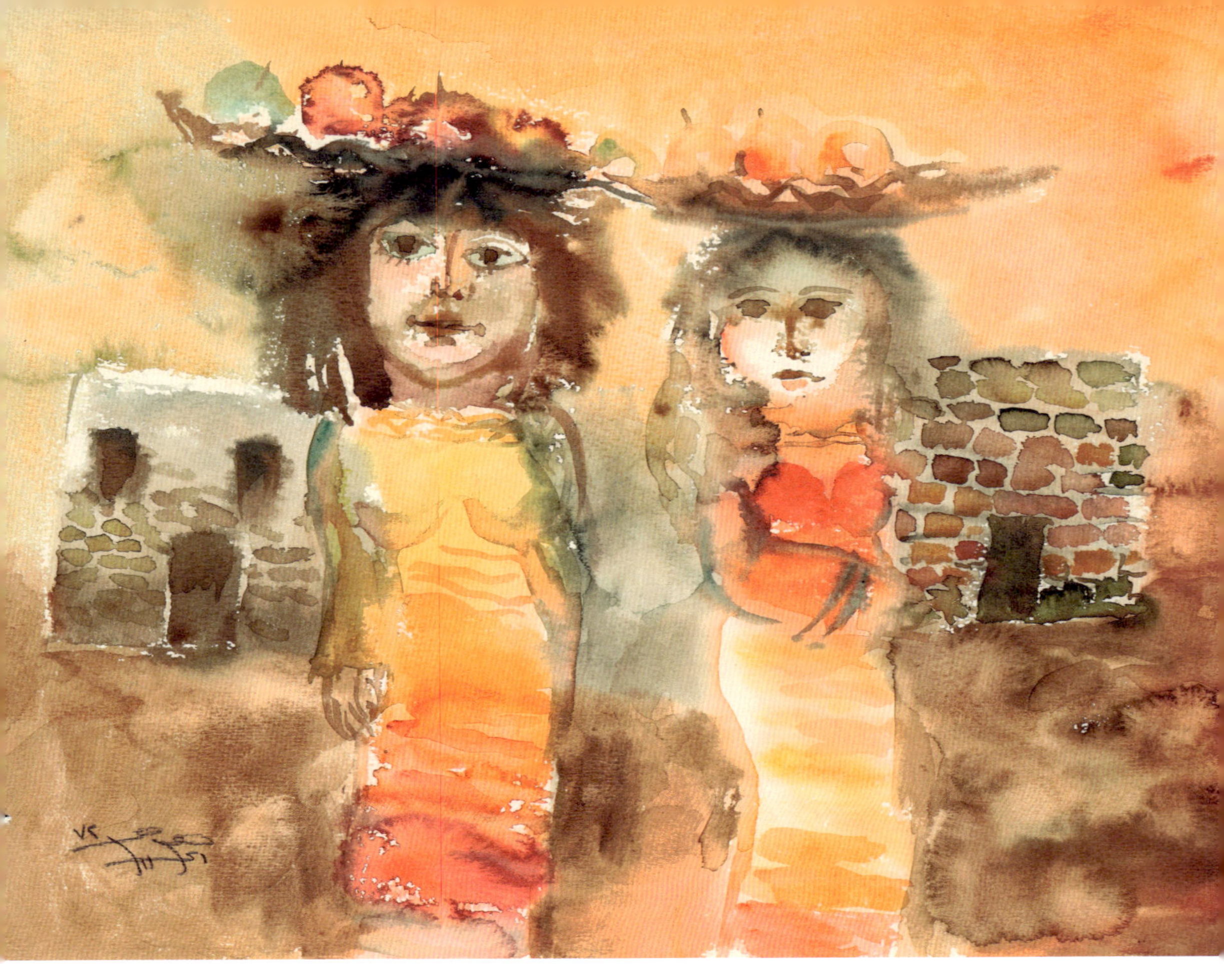

Ibrahim Hazimeh, Zwei palästinensische Kinder, 1971, Pinsel in Wasserfarben, 36 × 47,8 cm, Kupferstich-Kabinett, Staatliche Kunstsammlungen Dresden, Inv.-Nr. C 1973-73

Das war für mich eine, ich will nicht sagen Befreiung, aber es war für mich eine neue Erfahrung: Aha, so können Farben also auch leuchten!

Die Künstlerin Sigrid Noack über eine durch den Zentralrat der FDJ organisierte Reise in den Südjemen 1983, Interview im Rahmen des Forschungsprojektes *Art in Networks – The GDR and its Global Relations*, siehe S. 171.

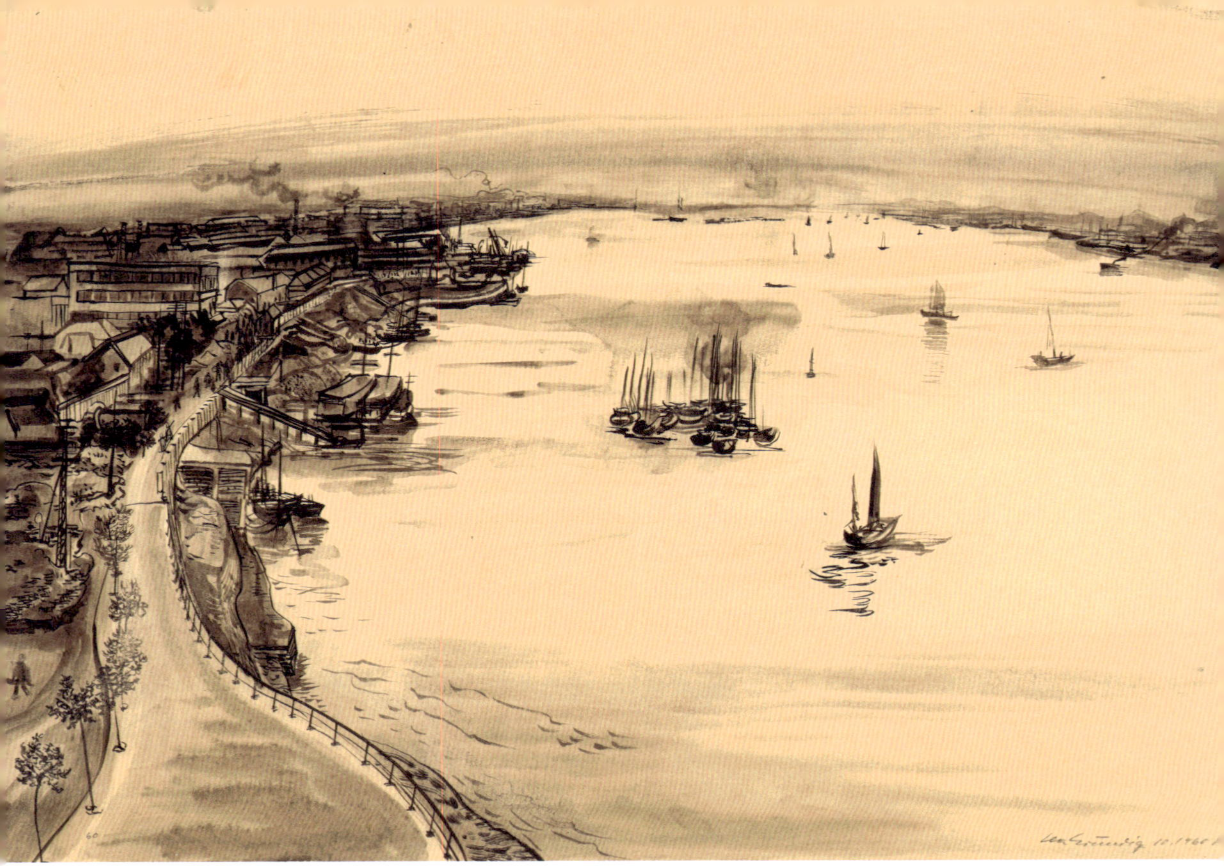

Lea Grundig, Schiffe auf einem Fluss bei Wuhan, 1960, Pinsel, Feder in Tusche, 50,2 × 69,8 cm, Kupferstich-Kabinett, Staatliche Kunstsammlungen Dresden, Inv.-Nr. C 1975-16

Nora Kaschuba, Jule Lagoda, Kerstin Schankweiler

»Sie wollte nur etwas Persönliches: Reisen« – Mobilität und Einschränkung von Künstler*innen zur Zeit der DDR

Die DDR verfolgte die strenge Absicherung der Landesgrenzen und schränkte die Reisefreiheit ihrer Bürger*innen bekanntermaßen stark ein. Das betraf auch Künstler*innen, die in der DDR lebten und arbeiteten. Vielen Künstler*innen war es trotzdem möglich, ins Ausland zu reisen. Genehmigungen konnten für verschiedenste Reisezwecke erteilt werden, etwa für Studienreisen, Begleitungen von Ausstellungen oder im Rahmen kulturpolitischer Vorhaben. Heute zeugen Dokumente wie Reiseanträge, Berichte oder Reisetagebücher in öffentlichen wie privaten Archiven von solchen Reisen. Nicht zuletzt entstanden während der Auslandsaufenthalte oder im Anschluss daran Kunstwerke, die persönliche Erfahrungen und Eindrücke verarbeiteten. Eine weitere wichtige Quelle für diesen Aufsatz stellen Interviews mit Künstler*innen dar, die im Rahmen des Forschungsprojektes *Art in Networks – The GDR and its Global Relations* – geführt wurden.[1]

Die überlieferten Reiseanträge belegen den Wunsch vieler Künstler*innen, die Welt zu entdecken – Unterlagen in Archiven dokumentieren aber auch die politischen und bürokratischen Hürden, die dem im Weg standen. Es liegt auf der Hand, dass Auslandsreisen in der DDR vor dem Hintergrund der eingeschränkten Mobilität einen ganz besonderen Stellenwert hatten. Sie bewegten sich in einem Spannungsfeld zwischen Reise(un)freiheiten, Kulturpolitik und privaten Interessen.

Eine Untersuchung der Reisepolitik für Künstler*innen in der DDR, die vor allem durch den Verband Bildender Künstler (VBK) und durch das Kulturministerium bestimmt wurde, ist bislang nur in Ansätzen erfolgt.[2] Sigrid Hofer hat in einem grundlegenden Aufsatz erste Fallbeispiele zusammengetragen.[3] Sie konzentriert sich in ihrer Studie auf ›Westreisen‹ und stellt fest, dass diese häufiger genehmigt wurden, als gängige Vorstellungen über die Reisebeschränkungen der DDR annehmen ließen. Besonders mit Blick auf Reisen ins außereuropäische Ausland, aber auch für Reisen innerhalb der Sowjetunion beziehungsweise des Ostblocks, die häufig als Studienreisen oder als Austausch von Meisterschüler*innen organisiert wurden, besteht noch ein großer Forschungsbedarf.[4]

1 Im Zuge des Projekts *Art in Networks – The GDR and its Global Relations (1949–1990)* an der TU Dresden unter Leitung von Kerstin Schankweiler entstand 2022 eine digitale Forschungsplattform mit Beiträgen zu den internationalen Beziehungen der DDR in der bildenden Kunst. Es entstanden zahlreiche Interviews mit Zeitzeug*innen: artinnetworks.webspace.tu-dresden.de. (Stand: 6.7.2023). Zu den Mitarbeiterinnen gehörten neben den Autorinnen dieses Beitrags Pauline Hohn, Elke Neumann, Anja Degner, Laura-Maria Schulze und Janine Kläffling, bei denen die Autorinnen sich herzlich bedanken.

2 Sigrid Hofer: Die DDR im Westen. Von Reisekadern, renitenten Künstlern und diplomatischem Kalkül, in: Andreas Tacke u.a. (Hgg.): Künstlerreisen. Fallbeispiele vom Mittelalter bis zur Gegenwart, Petersberg 2020, S. 233–245; Christian Saehrendt: Kunst im Kampf für das ›Sozialistische Weltsystem‹. Auswärtige Kulturpolitik der DDR in Afrika und Nahost, Stuttgart 2017; Barbara Tlusty, Silke Wagler: »Wir sahen interessante Gesichter hinter Melonenpyramiden.« DDR-Künstler auf Reisen im Spiegel von Reisebildern aus dem Kunstfonds, in: Dresdener Kunstblätter 51 2008, Heft 4, S. 266–282. Darüber hinaus widmete sich die Ausstellung *Künstlerreisen in der DDR – Hinter dem Eisernen Vorhang* der Kustodie der Universität Leipzig 2019 dem Thema, kuratiert von Cornelia Junge.

3 Hofer 2020 (wie Anm. 2).

4 Zu diesem Thema läuft seit April 2023 das von der Fritz Thyssen Stiftung geförderte Forschungsprojekt *Affektive Archive – Auslandsreisen von Künstler*innen zur Zeit der DDR* unter Leitung von Kerstin Schankweiler an der TU Dresden. Zu Künstler*innenreisen nach Lateinamerika siehe Marcus Kenzler: Der Blick in die andere Welt. Einflüsse Lateinamerikas auf die Bildende Kunst der DDR, Berlin 2012

Reisen im System DDR

Die Möglichkeiten für Künstler*innen, außerhalb der DDR auf Reisen zu gehen, hingen stark mit der Organisation des Kunstsystems im Inland zusammen. So waren Künstler*innen, die hohe kulturpolitische Ämter in der DDR innehatten, in der Regel mit umfassenden Reiseprivilegien ausgestattet. Für eine Künstlerin wie Lea Grundig (1906–1977), die Ende der 1960er Jahre Präsidentin des VBK war, stellten Studienreisen etwa nach Kuba oder in die VR China eine Selbstverständlichkeit dar.[5] Walter Womacka (1925–2010) unternahm als Rektor der Kunsthochschule Weißensee und Vize-Präsident des VBK jährlich zahlreiche Reisen, unter anderem nach Ägypten, Indonesien, Kolumbien und Ecuador. Dabei verhandelte er im Auftrag des VBK oft auch über Abkommen mit ausländischen Künstler*innenverbänden und übernahm weitere kulturdiplomatische Funktionen. Im Kontext seiner Reisen entstand eine Vielzahl von Arbeiten, von Porträts der Bevölkerung über Landschaften bis hin zu einem Bildnis des syrischen Diktators Hafiz al-Assad, das er 1987 als Auftragsarbeit während mehrtägiger Sitzungen in Damaskus anfertigte.[6]

Künstler*innen ohne politische Ämter hingegen wussten oftmals bis kurz vor Abfahrt nicht, ob eine Reise genehmigt werden würde, und sahen sich mit der Willkür der DDR-Bürokratie konfrontiert. Trotz der Einführung eines politisch zentral kontrollierten Reisekadersystems waren Entscheidungsprozesse zumeist sehr langwierig und intransparent.[7] Vielfach wurden Reisen vom Staat zur Belohnung oder Sanktionierung benutzt und teilweise sogar zur gezielten Verunsicherung eingesetzt, um Neid und Misstrauen zu säen.[8]

Neben der Forderung nach politischer Verlässlichkeit der Antragsteller*innen spielten oft auch finanzielle Kriterien eine Rolle, da es der DDR chronisch an Devisen mangelte, um Aufenthalte im nicht-sozialistischen Wirtschaftsgebiet zu finanzieren. Sofern die Delegation nicht von staatlicher Seite initiiert war, mussten die Fahrtkosten von den Künstler*innen in der Regel selbst getragen oder von empfangenden Institutionen beziehungsweise Gastgeber*innen übernommen werden. Bei den für DDR-Bürger*innen ungünstigen und beschränkten Wechselkursen fehlte es vielen Künstler*innen schlicht an Geld zum Reisen. Selbst wenn der VBK für die Kosten aufkam, mussten Künstler*innen oft viele Einschränkungen hinnehmen, wenn etwa der gewünschte Reisezeitraum gekürzt wurde oder zurückbleibende Familienangehörige als eine Art ›Faustpfand‹ angesehen wurden, um sicherzustellen, dass die Ausreisenden keine ›Republikflucht‹ begingen. So musste zum Beispiel das Maler*innen-Ehepaar Antje Fretwurst-Colberg (*1940) und Friedrich-Wilhelm Fretwurst (*1936) bei einer Reise nach Mexiko 1988 seine Kinder in Ost-Berlin lassen. Die Gelegenheit zu dieser Reise hatte sich aus einer Anfrage des mexikanischen Künstler*innen-Ehepaares, des Malers Carlos Kunte und der Bildhauerin Estela Ubando, ergeben, die Austauschpartner*innen für einen Besuch in Ost-Berlin suchten. Antje Fretwurst-Colberg war zwei Jahre zuvor bereits gemeinsam mit der Künstlerin Núria Quevedo (*1938) eingeladen gewesen, die DDR bei einem Kulturfestival in Havanna zu vertreten. Dort hatte sie Spanisch gelernt und wurde deshalb vom VBK für den Austausch ausgewählt. Gemeinsam mit ihrem Mann konnte sie mexikanische Kulturstätten und Museen besichtigen und sich intensiv mit der Wandmalerei des in der DDR bekannten kommunistischen Künstlers Diego Rivera beschäftigen. Während beider Reisen fertigte Antje Fretwurst-Colberg zahlreiche Aquarelle und Gouachen an und schrieb rückblickend: »Diese Reise war ein großes Erlebnis und auch für unsere eigene künstlerische Arbeit sehr anregend.«[9]

5 Zur China-Reise von Lea Grundig siehe S. 84 in diesem Band.

6 Vgl. Walter Womacka: Farbe bekennen. Erinnerungen, Berlin 2004.

7 Zum Reisekader der DDR gehörten vom Staat auserwählte Personen, die als politisch verlässlich galten und deshalb mit speziellen Reiseprivilegien ausgestattet wurden. Vgl. Jens Niederhut: Die Reisekader. Auswahl und Disziplinierung einer privilegierten Minderheit in der DDR, Leipzig 2005.

8 Hofer 2020 (wie Anm. 2), S. 236.

9 E-Mail-Korrespondenz mit Antje Fretwurst-Colberg, Juni 2022: https://artinnetworks.webspace.tu-dresden.de/de/beitraege/reisen-der-kuenstlerin-antje-fretwurst-colberg (Stand: 6.7.2023).

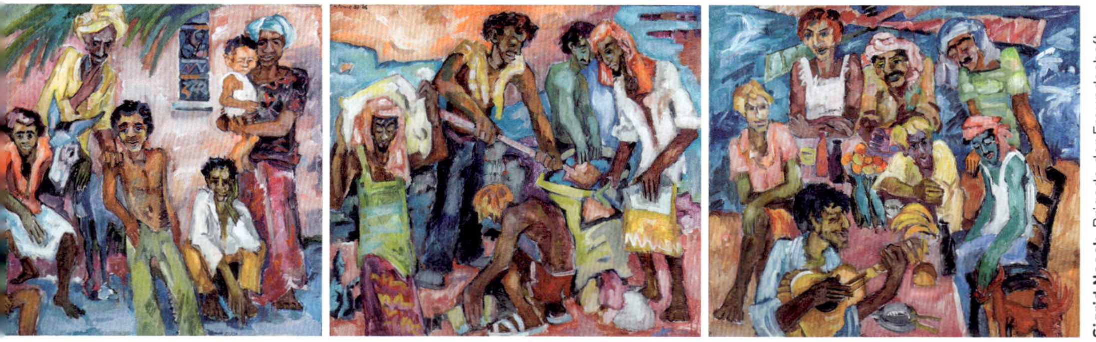

Sigrid Noack, Brigade der Freundschaft in der VDR Jemen, 1987/88, Triptychon, Öl auf Leinwand, 131 × 423 cm, Museum Utopie und Alltag, Beeskow

Wie in diesem Beispiel wurden Künstler*innen teilweise durch den VBK delegiert, wenn sich etwa im Rahmen eines Kulturaustauschs oder einer Wanderausstellung Reisemöglichkeiten ergaben. Auch Einladungen von ausländischen Institutionen konnten einen offiziellen Anlass darstellen. Andere Künstler*innen bemühten sich aktiv um Auslandsreisen, aus dem Wunsch heraus, ihren Horizont um Eindrücke außerhalb der DDR zu erweitern. Die Malerin Sigrid Noack (*1947) zum Beispiel las in der Zeitung vom Einsatz einer Brigade der Freien Deutschen Jugend (FDJ) auf Kuba. Sie fragte beim Zentralvorstand der FDJ an und bekam 1983 eine Reise bewilligt – allerdings ohne Nennung von Gründen in den Südjemen statt nach Kuba. Dort war sie vor allem angehalten, die Arbeit der FDJ vor Ort malerisch festzuhalten. 1988 stellte sie das großformatige Triptychon *Brigade der Freundschaft in der VDR Jemen* fertig, das ostdeutsche und jemenitische Männer bei der gemeinsamen Arbeit und Freizeit zeigt. Neben dieser Auftragsarbeit gingen die im Südjemen angefertigten Skizzen nach ihrer Rückkehr jedoch auch in weitere ihrer Gemälde ein.
Im Interview erzählte sie: »Das war für mich eine, ich will nicht sagen Befreiung, aber es war für mich eine neue Erfahrung: Aha, so können Farben also auch leuchten!« und bekräftigte, dass die Reiseimpressionen einen bleibenden Einfluss auf ihre Malerei ausübten.[10]
Über die Verhaltensregeln auf Reisen, die Künstler*innen von staatlicher Seite auferlegt wurden und die persönliche Kontaktaufnahme im Ausland manchmal regelrecht verhinderten, äußerte sie hingegen: »Ich hätte ganz gerne Kollegen dort kennengelernt, ich wusste auch, dass es in der Nähe von Aden ein oder zwei gab, ich glaube sogar einen Bildhauer, aber jedes Mal, wenn ich das angesprochen hatte, war das nicht wichtig.«[11] Welche Befugnisse Künstler*innen während ihrer Reise hatten, wurde durch den VBK genau bestimmt.
Vor Abfahrt musste eine sogenannte Direktive unterzeichnet werden, die Vorschriften und Aufgaben für den Aufenthalt festlegte. So unterlagen die Künstler*innen einer Meldepflicht bei den jeweiligen DDR-Botschaften und waren nicht berechtigt, eigenständig Kontakt zu ausländischen Künstler*innenvereinigungen aufzubauen. Nach ihrer Rückkehr musste das Reisegeschehen dem VBK in einem detaillierten Bericht geschildert werden. Die Reiseberichte verdeutlichen nicht nur die bürokratische Überwachung und Gängelung, sondern auch das Interesse des Staates an Informationen, die auf Reisen gewonnen wurden. Künstler*innenreisen unterlagen also stets politischen Rahmenbedingungen und waren in komplexer Weise von der Innenpolitik wie auch der Auswärtigen Kulturpolitik der DDR bestimmt.[12]

10 Interview mit Sigrid Noack am 29.6.2022: https://artinnetworks.webspace.tu-dresden.de/ce/beitraege/kuenstlerinnenreise-in-den-suedjemen (Stand: 6.7.2023).

11 Ebd.

12 Eine ausführliche erste Darstellung der strukturellen und politischen Bedingungen, unter denen Künstler*innen aus der DDR besonders nach Westeuropa reisen konnten, findet sich in Hofer 2020 (wie Anm. 2).

Reisen im Auftrag der Völkerfreundschaft

Ein außenpolitisches Ziel zur Initiierung und Bewilligung von Reisen war die Stärkung der ›völkerfreundschaftlichen Beziehungen‹ zu anderen Ländern im Rahmen von bilateralen Kulturabkommen oder Solidaritätsaktionen.[13] Die Grafiker Peter Westphal (*1938) und Wolfgang Speer (1926–2015) unternahmen zum Beispiel 1970 mit Unterstützung des Kulturministeriums eine Studienreise ins ›Bruderland‹ Nordvietnam, um dort Eindrücke über die im Krieg gegen die USA und Südvietnam befindliche Bevölkerung in Form von Porträts anzufertigen. Ihr fünfjähriges Engagement mit weiteren Künstler*innen in der Grafikwerkstatt Pankow brachte über eine Millionen Mark Spendengelder für Vietnam zusammen. Angeregt durch das Afro-Asiatische Solidaritätskomitee der DDR wurde im Anschluss an die Reise eine Grafikmappe mit ausgewählten Werken hergestellt und zu verschiedenen Anlässen verkauft.[14] So sollte Solidarität mit dem sozialistisch orientierten Nordvietnam künstlerisch vermittelt werden.

In anderen Fällen wurden Reisen vor dem Hintergrund eines ›Sozialistischen Internationalismus‹ und der ›Antiimperialistischen Solidarität‹ mit (ehemals) kolonisierten Staaten möglich. Der Künstler Wolfgang Eckardt reiste anlässlich der Gruppenausstellung *Drei Rostocker Künstler* 1986 nach Maputo. Dort überreichte er dem Ministerium für Kultur seine eigens angefertigte Porträtbüste von Samora Machel, dem kürzlich verstorbenen Mitbegründer der FRELIMO-Unabhängigkeitsbewegung und ersten Präsidenten Mosambiks, zusammen mit einer Solidaritätsspende für mosambikanische Künstler*innen vonseiten des VBK.[15]

Künstlerischer Austausch im Rahmen der ›Völkerfreundschaft‹ erfolgte aber keineswegs nur einseitig aus der DDR ins Ausland. Denn die DDR stellte auch selbst ein Reiseziel für Künstler*innen dar. Großveranstaltungen wie internationale Pleinairs oder Kunstfestivals boten regelmäßig Anlässe für Kunstschaffende, die DDR zu besuchen. Von besonderer Bedeutung war dabei die Triennale *INTERGRAFIK*, zu der unter dem Leitgedanken »künstlerisches Engagement für Frieden, Humanismus, Völkerverständigung und sozialen Fortschritt«[16] von 1965 bis 1990 internationale Teilnehmer*innen nach Ost-Berlin eingeladen wurden. Für die Gäste der Triennale wurden während ihres Aufenthaltes teilweise Reisen zu anderen künstlerischen Zentren der DDR organisiert.

Im Zuge der *INTERGRAFIK* wurden auch Kontakte zu politischen Befreiungsbewegungen und Organisationen gestärkt. Die Künstlerin Tamam al-Akhal (*1935) und ihr Mann Ismail Shammout (1930–2006), Leiter der künstlerischen Abteilung der PLO (Palästinensische Befreiungsorganisation) im Libanon, sprachen beispielsweise während ihres DDR-Aufenthaltes 1973 eine Einladung an Künstler*innen der DDR aus, nach Beirut zu kommen.[17] Sechs Jahre später reiste eine fünfköpfige Delegation in den Libanon. Edmund Bechtle (*1947), Falko Behrendt (*1951), Christian Heinze (*1941), Uwe Bullmann (*1945–2016) und Günther Rechn (*1944) sollten sich mit den Anliegen der PLO und der im Zuge des Krieges von 1948 vertriebenen und geflohenen Palästinenser*innen auseinandersetzen. Ihre Eindrücke sammelten sie in Skizzen und Fotografien, die sie nachträglich zu Gemälden und Grafiken weiterverarbeiteten. Uwe Bullmann hielt rückblickend fest: »Eine Flut von völlig neuen Erregungen, in der Situation Libanons 1979 und 1981 erlebt,

13 Vgl. dazu den Beitrag von Christian Saehrendt in diesem Band, S. 37–42.

14 Interview mit Peter Westphal am 20.5.2022: https://artinnetworks.webspace.tu-dresden.de/de/beitraege/sechswoechige-reise-der-grafiker-peter-westphal-und-wolfgang-speer-durch-vietnam (Stand: 6.7.2023); Die Grafikmappe *Vietnam – Das geht dich an!* (1970) enthält 20 Reproduktionen nach Lithografien von Wolfgang Speer und Peter Westphal und wurde zum ›Solidaritätspreis‹ von 15 Mark (DDR) angeboten.

15 Rostocker Künstler in Maputo. Wolfgang Eckardt zeigte Büste von Samora Machel, in: Neues Deutschland, 12.11.1987, S. 4.

16 Symposium zur Intergrafik '84, in: Berliner Zeitung, 7.6.1984, S. 2. Zur *INTERGRAFIK* siehe den Beitrag von Annabel Ruckdeschel in diesem Band, S. 133–140.

17 Interview mit Annabel Ruckdeschel am 14.10.2022: https://artinnetworks.webspace.tu-dresden.de/de/beitraege/annabel-ruckdeschel (Stand: 6.7.2023).

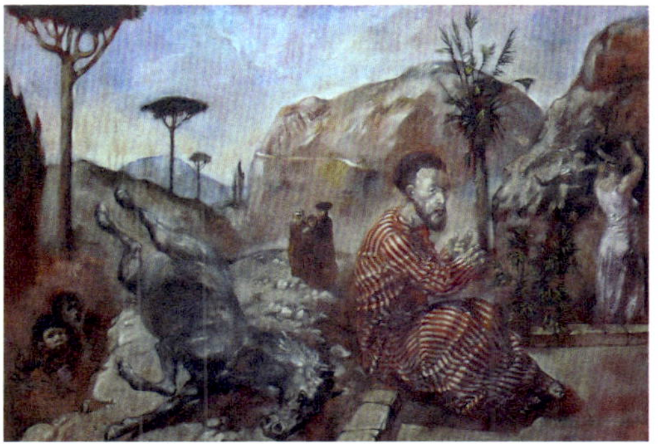

Günther Rechn, Hommage à Mustafa Hallaj, 1981, Öl auf Leinwand, 68 × 98 cm, Museum Utopie und Alltag, Beeskow

gilt es zu verarbeiten und in das eigene künstlerische Programm einzuordnen.«[18] Bei einer zweiten Reise der fünf Künstler nach Beirut 1981 wurden die Werke im Ausstellungsraum Al Karamah der PLO präsentiert und tourten im Jahr darauf auch durch die DDR. Dass das Reisen im Rahmen kulturpolitischer Zusammenhänge auch persönliche Verbindungen hervorbringen konnte, wird an einzelnen Fallbeispielen deutlich. Günther Rechn begegnete im Libanon einem der wohl bekanntesten palästinensischen Grafiker, Mustafa al-Hallaj (1938–2002), dessen Arbeiten ihn begeisterten.[19] Sein Gemälde *Hommage à Mustafa Hallaj* ist Ausdruck dieser persönlichen Wertschätzung und zeigt den damals im Beiruter Exil lebenden Künstler als Heimatlosen, der von rätselhaften Figuren umgeben in einer kargen Landschaft sitzt.

Reiseverbote und staatliche Willkür

Die Kehrseite der hier skizzierten Künstler*innenreisen bildet das wichtige Thema verhinderter und verbotener Reisen. Viele Künstler*innen haben im Angesicht der Repression sicherlich Reisen nur imaginiert und wegen der Aussichtslosigkeit gar nicht erst beantragt. Die Reiseeinschränkungen in der DDR trafen Künstler*innen in mehrfacher Hinsicht. Neben privaten Anliegen stellten Auslandsreisen ein wichtiges Mittel dar, in Austausch mit der zeitgenössischen internationalen Kunstszene zu treten, Werke im Original zu sehen und die eigene Bekanntheit zu steigern. Viele Künstler*innen suchten daher nach Möglichkeiten, auf anderen Wegen internationale Kontakte aufzubauen oder engagierten sich aktiv gegen Reiseverbote.

Für einige lag ein Ersatz für Reisen in der Mail Art. Dabei tauschten Kunstschaffende aus der ganzen Welt auf dem Postweg Werke im Briefformat aus und pflegten Freundschaften. Wegen des oftmals politischen und subversiven Charakters der Sendungen verfolgte die Staatssicherheit Mail Art-Künstler*innen und fing eine Vielzahl von Briefen ab. Trotzdem entwickelten sich globale Netzwerke, so dass Mail Art-Künstler*innen aus der DDR unter anderem mit Künstler*innen in anderen Ostblock-Ländern, aus Westeuropa sowie Nord- und Südamerika korrespondierten.[20] Mail Art sollte, so der Künstler und Sammler Lutz Wohlrab (*1959), »international [...] Grenzen [...] überwinden, Grenzen der Sprache, der Kulturen, Landesgrenzen, politische Grenzen ... die Freiheit war uns das Wichtigste.«[21] In manchen Fällen konnten die postalischen Kontakte sogar in persönliche Begegnungen münden. So besuchte etwa die kanadische Mail Art- und Performance-Künstlerin Anna Banana (*1940) 1978 Ost-Berlin und traf dort Freund*innen wie die Künstlerin Karla Sachse (*1950). Dabei entstanden Formen der künstlerischen Zusammenarbeit, die den Zerfall der DDR überdauerten.[22]

Kontroverse Diskussionen über Reisebeschränkungen fanden nicht nur im subkulturellen Raum der Mail Art statt, sondern waren auch Gegenstand scharfer Auseinandersetzungen

18 Uwe Bullmann in: Engagement Palästina, Ausst.-Kat. Galerie Kunstsammlung Cottbus, Cottbus 1981, S. 31.
19 Günther Rechn im Gespräch mit Mitarbeiterinnen des Projekts *Art in Networks* am 1.4.2022 (vgl. Anm. 1).
20 Zur Mail Art siehe den Beitrag von Elena Shtromberg in diesem Band, S. 49–55.
21 Interview mit Lutz Wohlrab am 7.10.2022, https://artinnetworks.webspace.tu-dresden.de/de/beitraege/kunst-per-post-der-mail-artist-und-sammler-lutz-wohlrab (Stand: 6.7.2023).
22 Vgl. die Ausstellung von Anna Banana, *Proof Positive Germany Is Going Bananas*, die im November 2020 im Salon am Moritzplatz in Berlin als Neuauflage einer Ausstellung von 1993 stattfand.

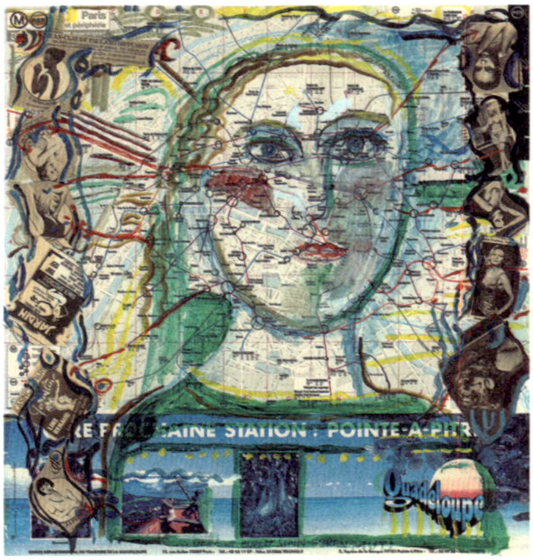

Annemirl Bauer, o. T. (Selbstporträt auf Pariser Stadtplan), 1980er Jahre, Collage mit Fotografie, 50 × 50 cm, Nachlassarchiv Annemirl Bauer

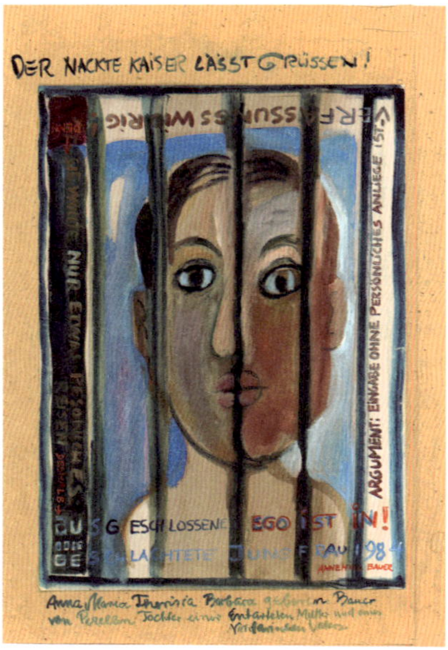

Annemirl Bauer, Der nackte Kaiser lässt grüssen!, 1984, Gouache auf Papier, 74,3 × 51,2 cm, Nachlassarchiv Annemirl Bauer

innerhalb der staatlichen Kultureinrichtungen. Die offen oder im Privaten geäußerte Kritik der Künstler*innenschaft an der ungerechten Vergabe von Reiseprivilegien zeigt exemplarisch der Fall der Künstlerin Annemirl Bauer (1939–1989).[23] Obwohl sie die DDR nicht grundsätzlich ablehnte, setzte Bauer sich in ihrem Werk zunehmend kritisch mit der Politik der SED auseinander, vertrat feministische Positionen und engagierte sich unter anderem gegen die Grenz- und Reisepolitik. Seit den 1960er Jahren hatte sie Studienreisen nach Frankreich und in Länder des Ostblocks unternehmen können, die sie in zahlreichen Collagen und Zeichnungen verarbeitete. So kombinierte sie etwa Eindrücke französischer Orte und beobachteter Alltagsszenen mit reisetypischen Dokumenten wie Briefmarken, Schnipseln aus Postkarten und Reiseführern und mit vor Ort gefundenen Materialien. Auf einen Pariser Stadtplan zeichnete sie mit Filzstift ein Selbstporträt und collagierte Zeitungsausschnitte hinein. Ihre Reisezeichnungen stehen mit der hellen Farbigkeit und zarten Linienführung in Kontrast zu ihrem übrigen Werk und vermitteln das Gefühl der Leichtigkeit gegenüber dem ›Eingesperrtsein‹ in der DDR.[24] 1983 wurde ihr eine Reise ins französische Tarascon verweigert. In einem Brief an den VBK-Präsidenten Willi Sitte forderte Bauer 1984 daraufhin allgemeine Reisefreiheit in der DDR: »Die Eigenständigkeit meines Denkens und Handelns ist durch eine lebenslange gewaltsame Eingrenzung durch Nichtinformation und Isolation in zunehmendem Maße, so gut wie nicht mehr gewährleistet. Deshalb verlange ich dringendst die freie und ungehinderte Ein- und Ausreise für mich und meine Tochter und zweitens ein schriftlich fixiertes verbindliches Programm für die nächsten 3 Jahre, dass in dieser Zeit dieses selbstverständliche Recht des ungehinderten Reiseverkehrs für alle Bevölkerungsschichten möglich wird.«[25]

Bauers Engagement wurde mit einem zeitweiligen Ausschluss aus dem Verband sanktioniert, der mit umfassenden Repressionen und Überwachungsmaßnahmen der Staatssicherheit einherging. Ihre Situation brachte die Künstlerin in einem weiteren Selbstporträt zum Ausdruck, das in scharfem Gegensatz zu der Pariser Darstellung steht. Dort ist sie hinter Gittern zu sehen, umgeben von Worten, die an eine Anklage vor Gericht erinnern:

23 Inken Dohrmann: Der Fall Annemirl Bauer, in: Hannelore Offner, Klaus Schröder (Hgg.): Eingegrenzt – Ausgegrenzt. Bildende Kunst und Parteiherrschaft in der DDR 1961–1989, Berlin 2000, S. 311–367.

24 Anke Paula Böttcher: Zeichen wie atmen. Gedanken zu Annemirl Bauer, in: Ulrike Kremeier, Annette Tietz (Hgg.): Annemirl Bauer. Ich möchte kein gefangener Vogel im Käfig sein, Cottbus, Berlin 2015, S. 74–80, hier S. 75.

25 Auszug aus der Eingabe an Willi Sitte vom 4.3.1984, zit. n.: In meinem eigenen Lande. Die Malerin und Dissidentin Annemirl Bauer, hg. im Auftrag des Deutschen Bundestages v. Kristina Volke, Berlin 2012, S. 68–72.

»Argument: Eingabe ohne persönliches Anliegen ist verfassungswidrig. Sie wollte nur etwas Persönliches: Reisen. Deshalb ausgeschlossene Egoistin! Die geschlachtete Jungfrau.«

Fazit

Bereits diese wenigen Beispiele machen deutlich, dass sich über die Bedingungen für Reisen von Künstler*innen keine pauschalisierenden Aussagen treffen lassen. Darüber hinaus waren sowohl die Reisemöglichkeiten als auch die jeweilige persönliche Bedeutung für den künstlerischen Werdegang unterschiedlich. Die Reisen bewegten sich in einem Spektrum von staatlichen Aufträgen, Studienreisen und Urlaub, waren aber sicher selten unbelastet und frei. Vielen Künstler*innen blieben sie ganz verwehrt. Das Thema der Mobilität muss in der Kunstszene der DDR also sehr breit gedacht werden, um ein umfassendes Bild zu erlangen. Dazu gehören unbedingt die imaginierten und verhinderten Reisen, wie auch Widerstand gegen die Einschränkung der Reisefreiheit in der DDR, oder die Kunstwerke, die auf Reisen geschickt wurden beziehungsweise im Kontext von Reisen entstanden. Wir haben es also mit sehr heterogenen Politiken, Praktiken und Ästhetiken der Künstler*innenreisen zur Zeit der DDR zu tun.

Zwar wurde vom Staat streng zwischen dem ›sozialistischen‹ und dem ›nichtsozialistischen‹ Ausland unterschieden, doch schlägt sich dies nicht unbedingt in den Zielen von genehmigten Reisen nieder, die einem komplexen Zusammenspiel von politischen Interessen unterlagen. Die Ambivalenz zwischen staatlichen Rahmenbedingungen und persönlicher Ausgestaltung der Reisen, geknüpften Kontakten und zufälligen Begegnungen vor Ort gilt es auf einer breiteren Materialbasis und durch Archivrecherchen sowie in Interviews mit Zeitzeug*innen in der künftigen Forschung noch weiter zu konturieren. Nicht zuletzt ist auch die Kunstproduktion im Zusammenhang mit Reisen bisher wenig in den Blick geraten, obgleich eine Fülle von Werken in öffentlichen und privaten Sammlungen die Relevanz des Themas für Künstler*innen zur Zeit der DDR bezeugt.

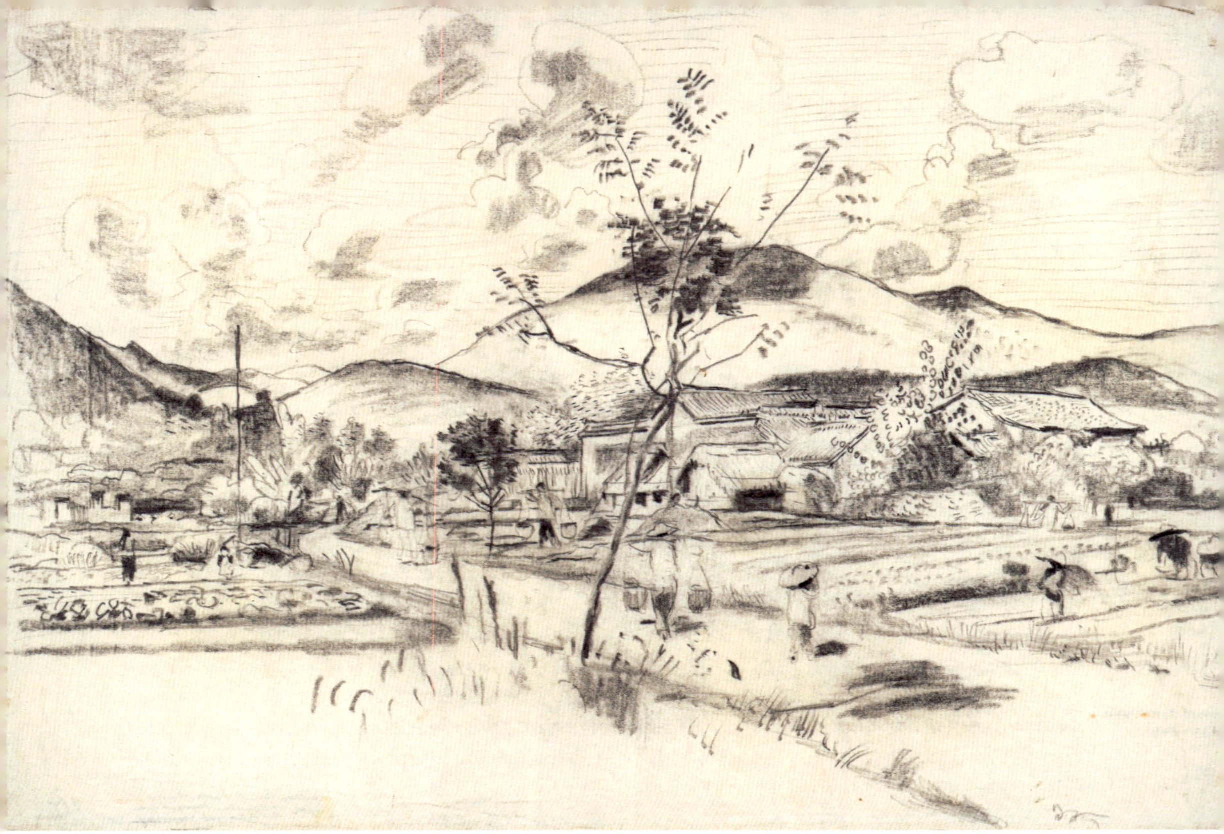

Bernhard Kretzschmar, o. T. (Chinesische Landschaft), 1954, Bleistift, 45,2 × 68 cm, Kupferstich-Kabinett, Staatliche Kunstsammlungen Dresden, Inv.-Nr. C 1983-649

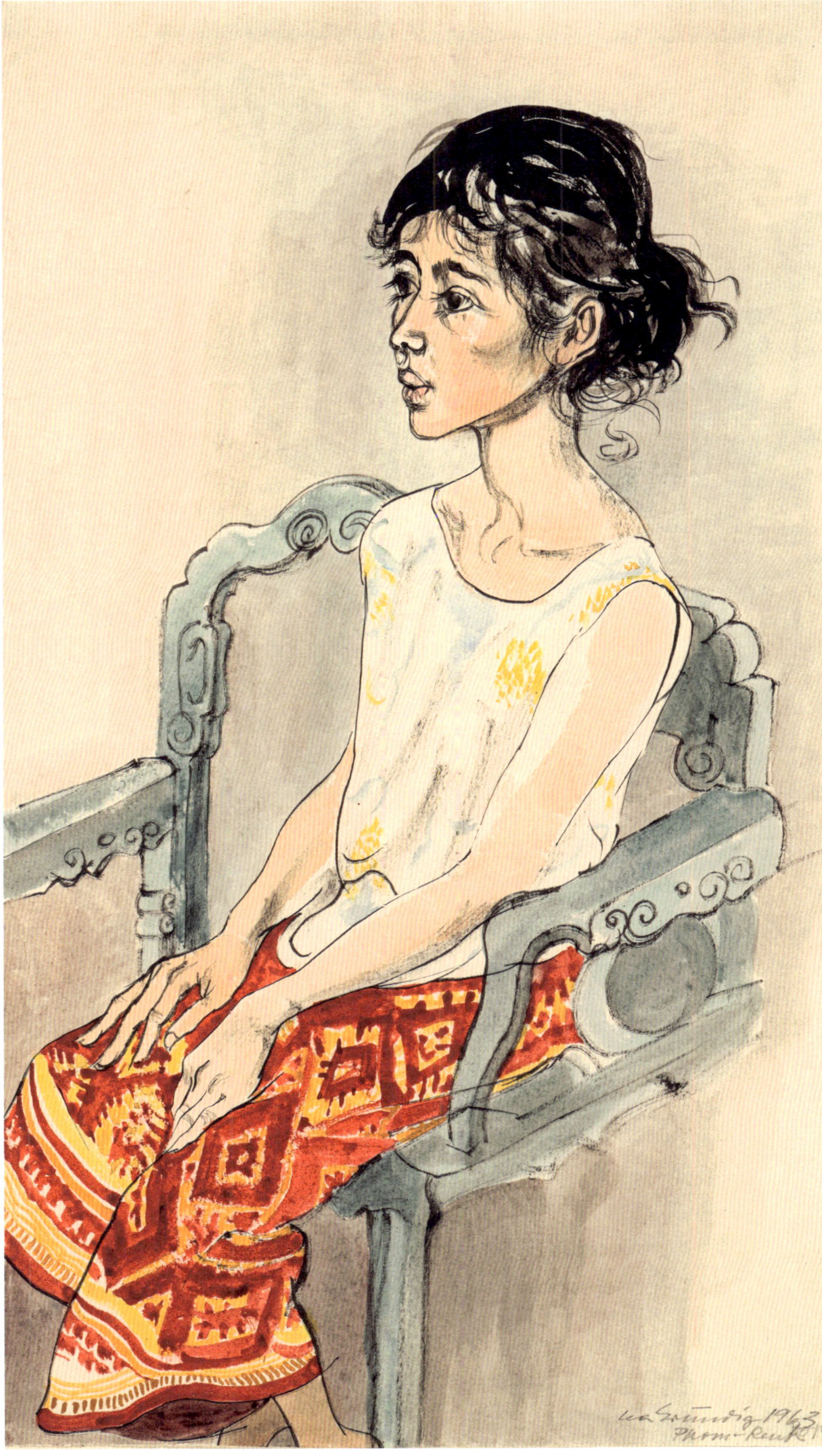

Lea Grundig, [Das Mädchen] Phom-Renk, 1963, Feder in Tusche, Wasserfarben, 58,2 × 32,8 cm, Kupferstich-Kabinett, Staatliche Kunstsammlungen Dresden, Inv.-Nr. C 1975-12

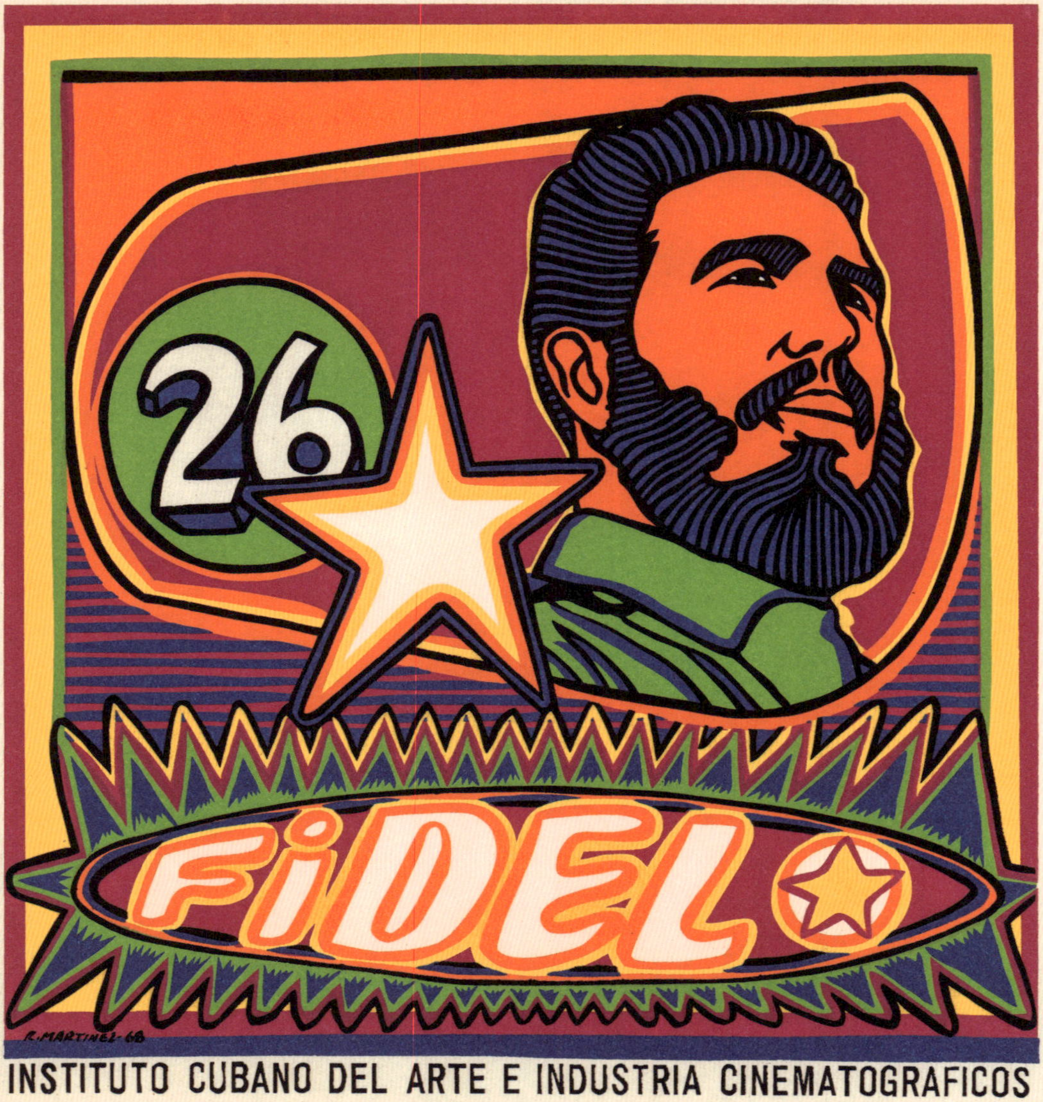

Raúl Martínez, Fidel, 1968, Filmplakat, Siebdruck in Farbe, 55,8 × 50,6 cm, Kupferstich-Kabinett, Staatliche Kunstsammlungen Dresden, Inv.-Nr. A 2020-9

Vor meiner Heimreise wurde die Mauer gebaut, während ich in Kuba war. Dann kam die Rückreise, und die Zwischenlandung war in Kanada. Da stand die Tür offen mit dem Zeichen: ›for emigration‹. Und die guckten nach uns, ob wir abhauen. Und da stand ich davor und hatte bis dahin den Gedanken: ›Jetzt hau ich ab.‹ Aber ich konnte es nicht. Das war dann eine ganz einfache Sache, eine moralische Sache. Wenn man gesehen hat, was die vorhatten und sich dafür begeistert hat [...] da bin ich nach Hause, in die DDR, in die Mauer.

Der Fotograf Thomas Billhardt über seine Rückreise aus Kuba in die DDR 1961, Interview im Rahmen des Forschungsprojektes *Art in Networks – The GDR and its Global Relations*, siehe S. 171.

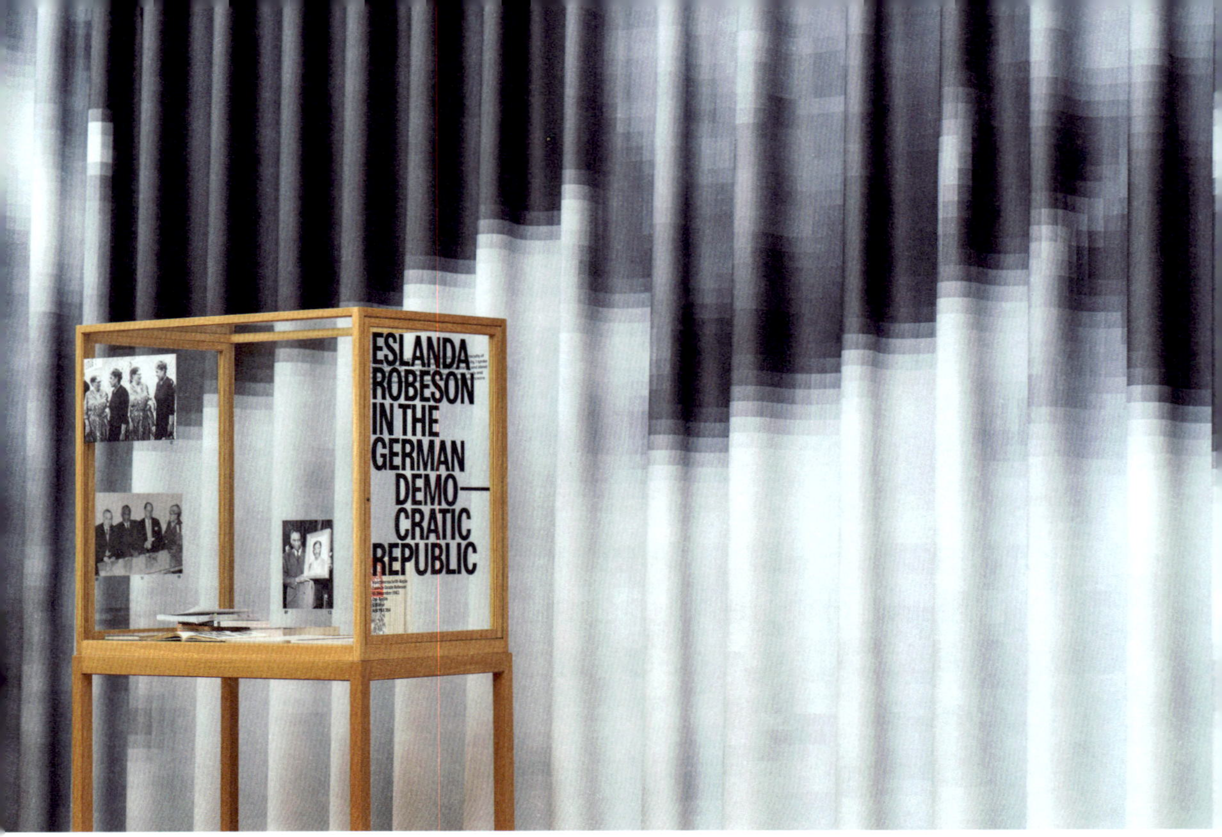

The Missed Seminar [Das versäumte Seminar], eine Vitrinen-Intervention der Abteilung Forschung der SKD mit dem Projekt *Decolonizing Socialism: Entangled Internationalism* im Albertinum, Dresden, 30.3.–4.11.2023, Foto: Alexander Peitz

Doreen Mende

Verflochtene Internationalismen, verflochtene Generationen: Sammlungsübergreifende Perspektiven aus der Forschung an den Staatlichen Kunstsammlungen Dresden

»Mit der nächsten Generation wächst das raus«, höre ich manchmal in Gesprächen über die untote DDR. Warum jedoch sollten die Menschen im Osten von Deutschland so viel anders sein als jene in Äthiopien, Chile, Indonesien, Iran, Kuba, Ghana, Namibia, Palästina, Post-Jugoslawien, Südafrika oder Vietnam, die allesamt von – wenn auch kontextuell äußerst verschiedenen – postrevolutionären und politischen Systembrüchen seit den 1960er Jahren geprägt sind? Wissen, Trauma und Erinnerung schreiben sich transgenerational fort, bilden Symptome in der nächsten Generation, die in der übernächsten nachleben und transformieren sich so lange, bis das Ambivalente und Verdrängte offengelegt wird.

Soziale Überforderungen und politische Depressionen nach der Euphorie von 1990, unarchivierte Gespräche, unbewilligte Förderanträge und der Umgang mit institutionellem Schweigen sind bei dieser Öffnung genauso relevant wie Studien, akademische Aufsätze, Bücher und Ausstellungen. Wenn man hierbei neben der musealen beziehungsweise akademischen Forschung auch die gelebte Erfahrung als Wissenskategorie anerkennt, dann gibt es in der ›situierten Forschung‹ nicht Kategorien wie ›das erste Projekt‹ oder ›die erste Ausstellung‹. Vielmehr ist sie sich ihrer Transgenerationalität bewusst. Beispielsweise fragt sie, warum es in den ersten drei Jahrzehnten nach 1990 so schwierig war – auch an den Staatlichen Kunstsammlungen Dresden (SKD) –, sowohl institutionelles Gehör als auch kritisches Selbstbewusstsein für eine DDR-Kunstgeschichte oder künstlerische Netzwerke der internationalen Solidarität zu finden. Was bedeutet es für eine kunsthistorische Aufarbeitung, dass seit 2008 mit dem Daphne-Projekt an den SKD anhand der Restitution von ›Schlossbergungen‹ – Enteignungen von Mobilien im Rahmen der Bodenreform in der Sowjetischen Besatzungszone ab Herbst 1945 – das Recht und Unrecht der DDR systematisch erfasst wird, dabei aber der Fokus weniger auf künstlerischen, sondern auf eigentumsrechtlichen Prozessen der Sammlungsgeschichte liegt, und diese Provenienzforschung an den SKD zugleich als Forschungsleuchtturm etabliert wird? Warum flammte der ›Bilderstreit‹ 2017 in Dresden erneut auf, in dem das komplexe Spektrum von Staatskunst zu systemkritischer beziehungsweise dissidenter Kunst in der DDR wiederholt debattiert wurde? Warum waren zu Beginn meiner Tätigkeit an den SKD im Jahr 2021 die Direktionen der Sammlungen mit überaus geschätzten Kolleg*innen und internationalen Expert*innen ihres Faches, jedoch ohne Revolutions- oder Brucherfahrung besetzt? Warum gab es nach der Aktualisierung von Werktiteln in der Online Collection der SKD einen identitär-politisch motivierten Medien-Shitstorm im Sommer 2021, der in Sachsen startete? Berührt die Debatte in Dresden möglicherweise eine Erfahrung, die an die Umbenennungen von Straßen, Plätzen und Schulen in Ostdeutschland nach 1990 erinnert? Die gelebten Konsequenzen dieser Erinnerungen sind komplexer als ein Studium, eine Arbeitstätigkeit oder eine Lebenszeit.

Diese sowohl unterbrochene und verdrängte als auch in Archive eingeschriebene Transgenerationalität gilt auch für das Forschungsprojekt *Decolonizing Socialism: Entangled Internationalism*, ein akademisches Vorhaben des Masterstudiengangs *critical curatorial cybermedia research practices*, kurz CCC RP, der Haute école d'art et de design HEAD Genève und des Lehrstuhls Urban Studies an der Universität Basel, gefördert vom Schweizerischen Nationalfonds. Es mobilisiert seit 2019 unter meiner Leitung verschiedene Fallstudien von verflochtenen Kunst-Internationalismen der DDR für gegenwärtige Fragestellungen. Seit 2021 liegt durch die Kooperation mit der Abteilung Forschung der SKD der Fokus zudem verstärkt auf kuratorischen und künstlerischen Methoden der transhistorischen Befragung, welche ab 2024 in Form der dreiteiligen Ausstellungsreihe *Sequenzen: Verflochtene Internationalismen* in enger Zusammenarbeit mit Partner*innen in Indien, Ghana, Äthiopien, Mosambik und Namibia im Albertinum abgeschlossen wird.

Ähnlich wie die Ausstellung *Revolutionary Romances? Globale Kunstgeschichten in der DDR* arbeitet *Sequenzen: Verflochtene Internationalismen* mit historischen Fallbeispielen, welche die DDR in den Kontext des globalen Kalten Krieges stellen, jedoch weder in den Archiven und Sammlungen der SDK noch in der Geschichte der DDR allein zu finden sind. Die Fallbeispiele operieren als jeweils spezifische Blickrahmen, mit denen aus den mit der ehemaligen DDR verflochtenen Geografien in Asien oder Afrika heute auf die Sammlungen in Dresden mithilfe von Oral History, Gegen-Archiven und transhistorischem Wissen zu schauen ist. *Revolutionary Romances?* leistet mit der systematischen Erfassung einer transkulturellen Kunstgeschichte der DDR durch Werke von Künstler*innen wie Martha Ketsela oder Mankew Valente Mahumana in den Sammlungen einen äußerst wichtigen und überfälligen Beitrag zur Sichtbarmachung einer Sammlungsgeschichte, welche eine Vielzahl von diasporischen Wissensformen und geokulturellen Verflechtungen enthält, die vom Museum in seiner historischen Funktion als kultur- und nationsstiftende Institution zu einer *weißen* Geschichte umgeschrieben wurden. *Sequenzen: Verflochtene Internationalismen* geht jedoch weder von einer bestimmten Sammlung noch einer spezifischen Institutionsgeschichte aus. Anhand von drei Fallstudien werden verschiedene geopolitische Verflechtungen der DDR in der Welt mit dem Ziel untersucht, die DDR zu dezentrieren: Historische Momente in der Gegenwart von Indien oder Ghana in ihren Verflechtungen mit der DDR sind hier Ausgangspunkte, welche durch ihre Praxisformen und Netzwerke von Künstler*innen, Filmemacher*innen und Forschenden ein verflochtenes Gefüge sichtbar machen. Der Künstler Vinit Agarwal, langjähriger wissenschaftlicher Mitarbeiter des Forschungsprojekts, fand mit der Formulierung »die DDR durchkreuzend« für diese Art des verflochtenen Internationalismus eine treffende Bezeichnung. Das wurde beispielsweise in der Vitrinen-Intervention *The Missed Seminar* (Das versäumte Seminar) der Abteilung Forschung der SKD neben der Hängung von Werken der europäischen Avantgarde im Albertinum von März bis November 2023 bereits deutlich: Sie beginnt mit der Freundschaft zwischen dem bekannten Schauspieler und Sänger Paul Robeson sowie der Feministin, Fotografin und Anthropologin Eslanda Robeson – beide waren Protagonist*innen der Harlem Renaissance ab den 1920er Jahren sowie öffentliche Sympathisant*innen der kommunistischen Bewegungen während des Kalten Krieges – mit dem deutsch-jüdischen, marxistischen Philosophen Franz Loeser sowie der TV-Lehrerin der DDR-Fernsehsendung *English for you*, Diana Loeser. Ausgehend von ihren Begegnungen in Leipzig, Ost-Berlin und Prag um das Jahr 1963 fragt *The Missed Seminar*: Was können wir heute von der Freundschaft zwischen den Robesons und Loesers bezüglich einer Verschränkung der Kämpfe gegen Faschismus, Kolonialismus und Antisemitismus lernen?

Jede Ausstellung der Reihe *Sequenzen: Verflochtene Internationalismen* folgt einer mehrteiligen Forschungsmethode: Erstens stellt sie einen historischen Moment oder eine Fallstudie in Form eines Kunstwerks, Films oder einer Architektur dar. Zweitens rekonstruiert sie den historischen Kontext der Fallstudie durch Archivdokumente. Drittens

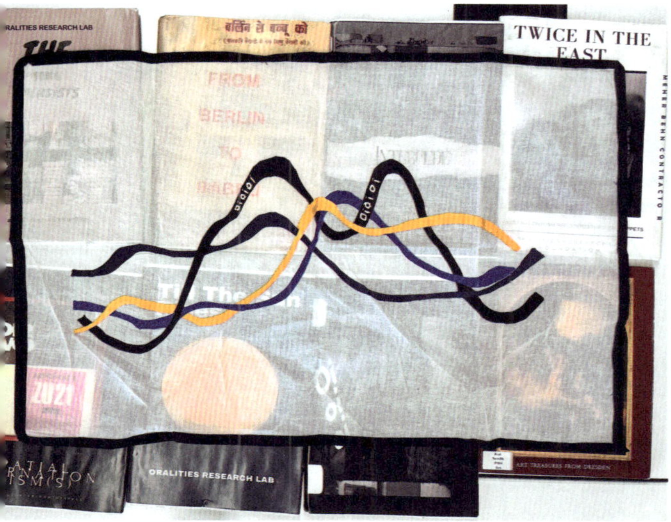

Skizze für die Ausstellung *Bis zum Sonnenaufgang. Sequenz 1: Verflochtener Internationalismus*, erstellt von Hatheli Sansthan Women's Cooperative im SWRC Dhanau, Barmer, Rajasthan in Indien nach den Forschungen von Vinit Agarwal im Gespräch mit Moses März und Aarti Sunder, ausgehend vom Film *OYOYO* (1980) von Chetna Vora, Oralities Research Lab, Jaipur, September 2023

werden diese Archivalien zu Materialien für die Erarbeitung eines ›Archiv-Metabolismus‹, wie wir die Methode eines transhistorischen Forschens als Teil der Ausstellungspraxis im Projekt bezeichnen, die sich der Frage der Transgenerationalität der Materialität von historischen Dokumenten selbst annimmt. Viertens entwickeln zeitgenössische Künstler*innen Arbeiten als Antworten auf die Fallstudien. Fünftens wird jeweils eine Auswahl von Objekten aus den Sammlungen der SKD gezeigt, die als Resonanz auf die Fallstudien verstanden werden können.

Die Ausstellung *Till the Sun Rises* (Bis zum Sonnenaufgang) bringt *Sequenz 1* hervor, kuratiert von Vinit Agarwal, Gründer des Oralities Research Lab in Jaipur in Indien, im Dialog mit den Künstler*innen Aarti Sunder und Moses März. *Till the Sun Rises* mobilisiert den Film *OYOYO* (1980) der indischen Filmemacherin Chetna Vora, die in der DDR studierte. Ihr Film wird von *Sequenz 1* als ein Archiv von Internationalismen aktiviert, in dem sie den im Film portraitierten Studierenden unter anderem aus Äthiopien, Chile, Guinea-Bissau und der Mongolei in der DDR nachgeht. Wie lässt sich anhand eines Filmes ein verflochtener Internationalismus heute verstehen? Welche Worte, Töne und Bilder entstanden aus ihm? Ergänzend sollen korrespondierende Objekte aus dem Archiv der Avantgarden und der Puppentheatersammlung der SKD gezeigt werden.

Das Jahr 1983 lautet der Titel der *Sequenz 2*, die auf dem kuratorischen Konzept der Soziologin und Kritikerin Zoé Samudzi basiert. Im Dialog mit der Künstlerin Tuli Mekondjo, die als Kind namibischer Eltern im angolanischen Exil geboren wurde, geht diese Sequenz der Solidarität der DDR mit der SWAPO nach, der Südwestafrikanischen Volksorganisation, die als marxistische Befreiungsbewegung für die Unabhängigkeit Namibias kämpfte. Im Fokus steht dabei die Erinnerungsarbeit in der DDR in den 1980er Jahren in Bezug auf den deutschen Völkermord an den Herero und Nama von 1904 bis 1908. Mit der transdisziplinären Gruppe Forensis ist zudem eine umgekehrte Restitution von Materialien deutscher Provenienz, die sich heute noch in Namibia befinden, geplant. In Zusammenarbeit mit der Künstlerin und Designerin Nontsikelelo Mutiti entsteht eine visuell-räumliche Reflexion zur Transgenerationalität von Archivmaterialien. Außerdem sind für diese Sequenz Objekte aus den Staatlichen Ethnographischen Sammlungen Sachsen vorgesehen.

Die Ausstellung *A World After its Own Image* (Eine Welt im Anschluss ihres eigenen Bildes) bringt *Sequenz 3* hervor, kuratiert von Kwasi Ohene-Ayeh des BlaxTARLINES Kollektives, im Dialog mit der Künstlerin und Gründerin des Saman-Archivs, Adjoa Armah, beide aus Ghana, sowie der Filmemacherin und Autorin Jihan El-Thari. Sie geht erstens dem Bauprojekt der Regierungsdruckerei in der Stadt Tema im Süden von Ghana unter Kwame Nkrumah, dem ersten Präsidenten Ghanas, nach. Die Architektur wurde von einem Kollektiv um den Bauingenieur Kurt Fiedler des VEB Industrieprojektierung Leipzig geplant und 1964 zum 55. Geburtstag von Nkrumah eröffnet. Zweitens folgt sie den transgenerationalen Spuren des Films *The Black Star*, den Joachim Hellwig,

Regisseur des DEFA-Studios für Dokumentarfilme, 1964 an verschiedenen Orten in Ghana gedreht hat. Darüber hinaus sind Objekte aus dem Archiv der Avantgarden und dem Grünen Gewölbe der SKD für diese Sequenz der Ausstellungsreihe vorgesehen.

Bei *Sequenzen: Verflochtene Internationalismen* geht es nicht um eine erneute Zurückdrängung der DDR, sondern um die Sichtbarmachung ihrer transgenerationalen Dialoge in einem globalen Netzwerk: Der Bruch um 1990 betrifft nicht nur die Menschen im Osten von Deutschland, sondern wird in Geografien sowie Generationen weltweit bis heute verarbeitet. Die Zäsur, die ein Davor und ein Danach markiert, führt im transformativen Umgang mit ihr zu neuen methodischen Ansätzen, welche die postkommunistischen mit postkolonialen Welten näher in Kontakt bringen als die Geografien, welche darin trainiert sind, die Traditionen einer kapitalistischen Moderne fortzusetzen. Bei der Erforschung ihrer geopolitischen Kontexte werden die Staatlichen Kunstsammlungen Dresden zu Resonanzkörpern, die es ermöglichen, materiell-historische Verflechtungen in unserer Gegenwart zu verstehen und für die Zukunft zu gestalten.

Sowohl für *Revolutionary Romances?* als auch für *Sequenzen: Verflochtene Internationalismen* gilt: Die Überwindung der Transformationserfahrung von 1990 ließe sich nicht mehr als Ringen um Anerkennung, Deutungshoheit und Kontinuitäten der Moderne begreifen, sondern kann ein Reservoir an Methoden für eine verflochtene Wissensproduktion mobilisieren. Den Sozialismus mit seinen Internationalismen als historische Realität (etwa in der DDR) zu dekolonisieren, erprobt eine Praxis der Dezentralisierung, Entnationalisierung und Entisolierung über den Maßstab einer Generation hinaus: ein In-der-Welt-Sein in vollem Bewusstsein ihrer Brüche.

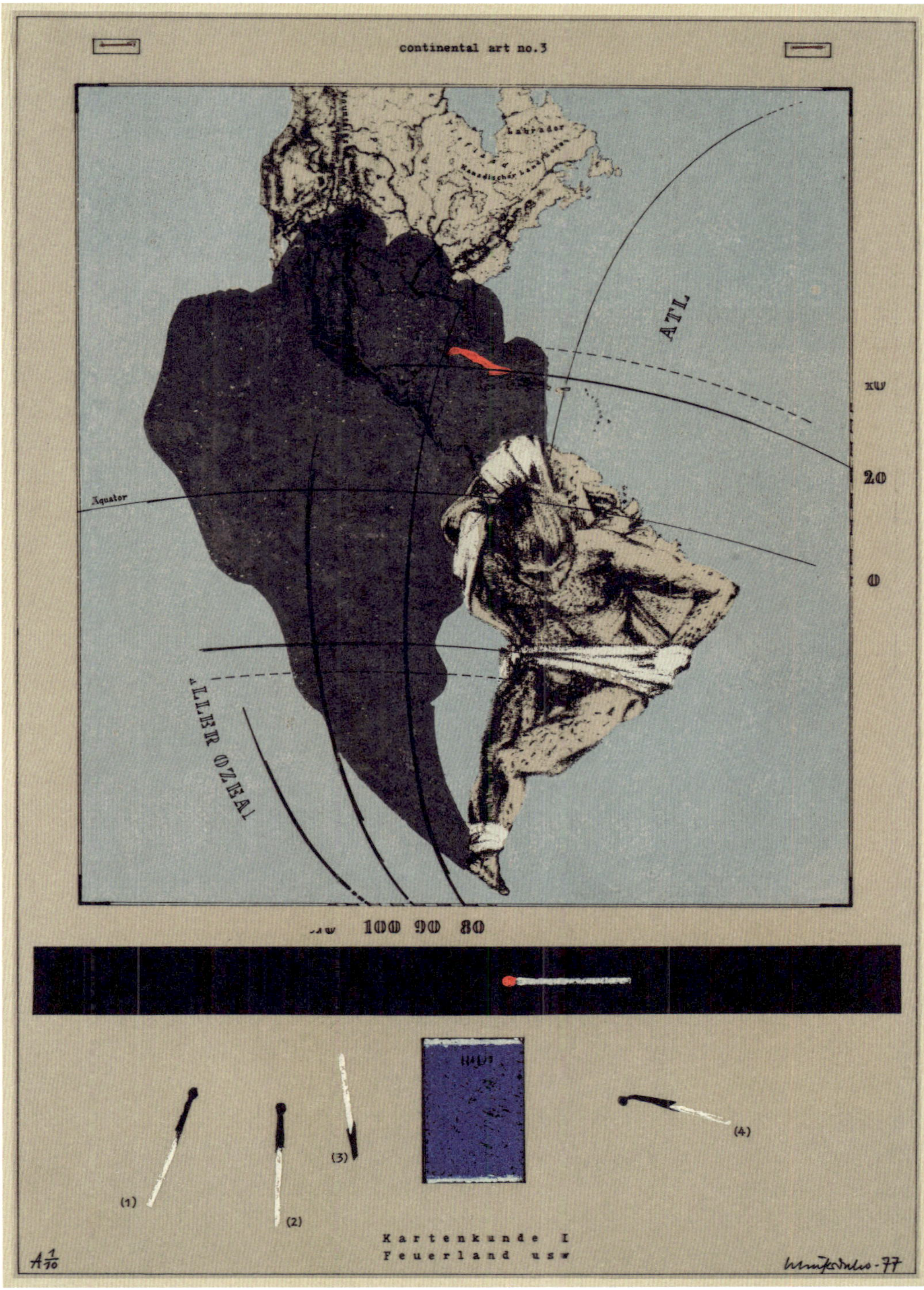

Jürgen Schieferdecker, Continental art no. 3, Kartenkunde I, Feuerland usw., 1977, Farbhochdruck auf Planfilm, auf oliv-gelblichem Papier montiert, 46 × 32 cm, Kupferstich-Kabinett, Staatliche Kunstsammlungen Dresden, Inv.-Nr. A 1984–24

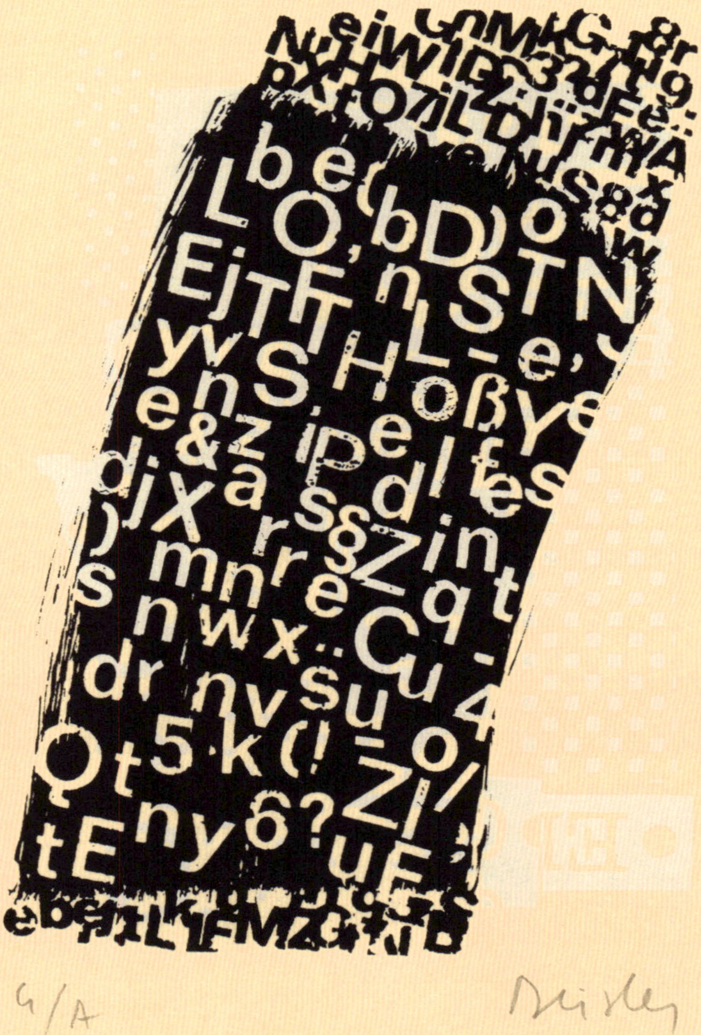

Guillermo Deisler, Diagonaler Buchstabenstrom, aus der Folge *Visuelle Poesie*, o. J., Siebdruck in zwei Farben auf gelblichem Papier, 14,9 × 10 cm, Kupferstich-Kabinett, Staatliche Kunstsammlungen Dresden, Inv.-Nr. B 1988-607

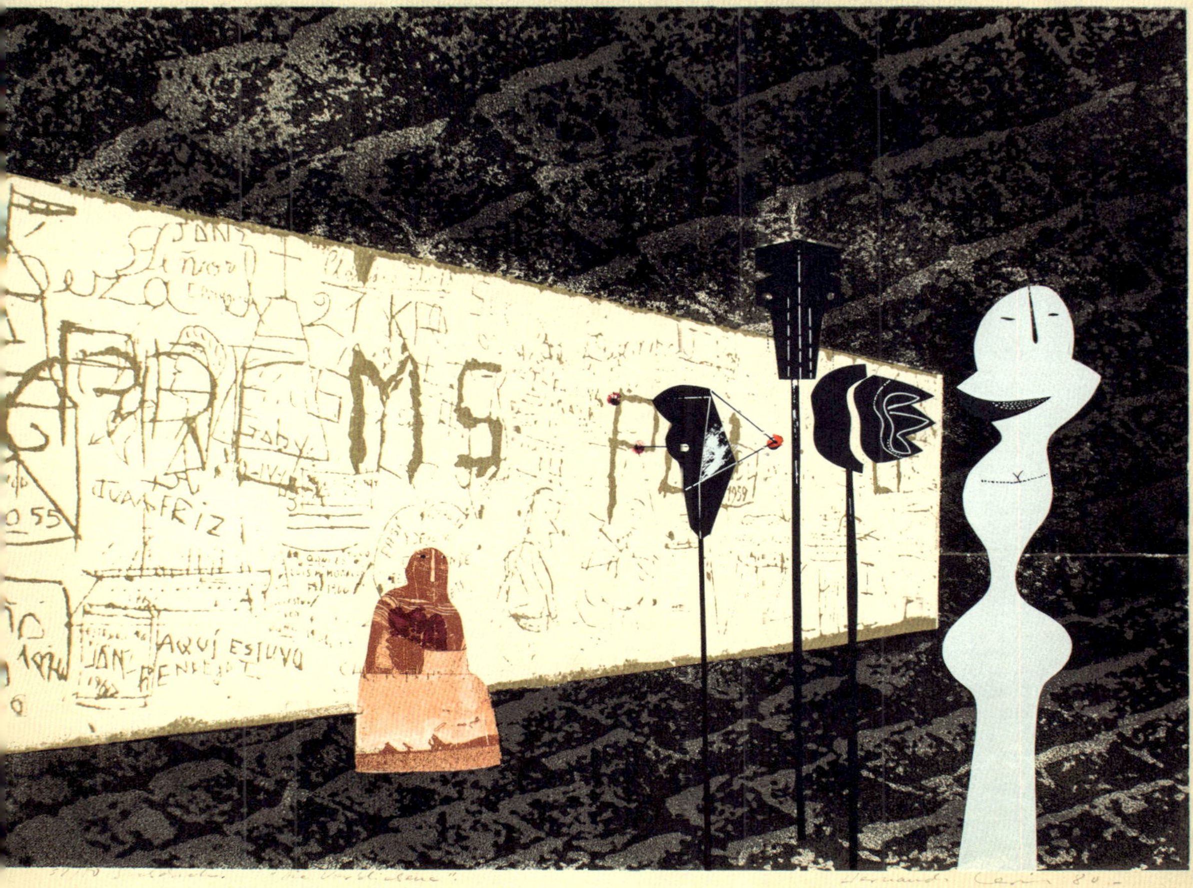

Hernando León, Die Verbliebene, 1980, Siebdruck in Farbe, 75 × 100 cm, Kunstfonds, Staatliche Kunstsammlungen Dresden, Inv.-Nr. G 76/91

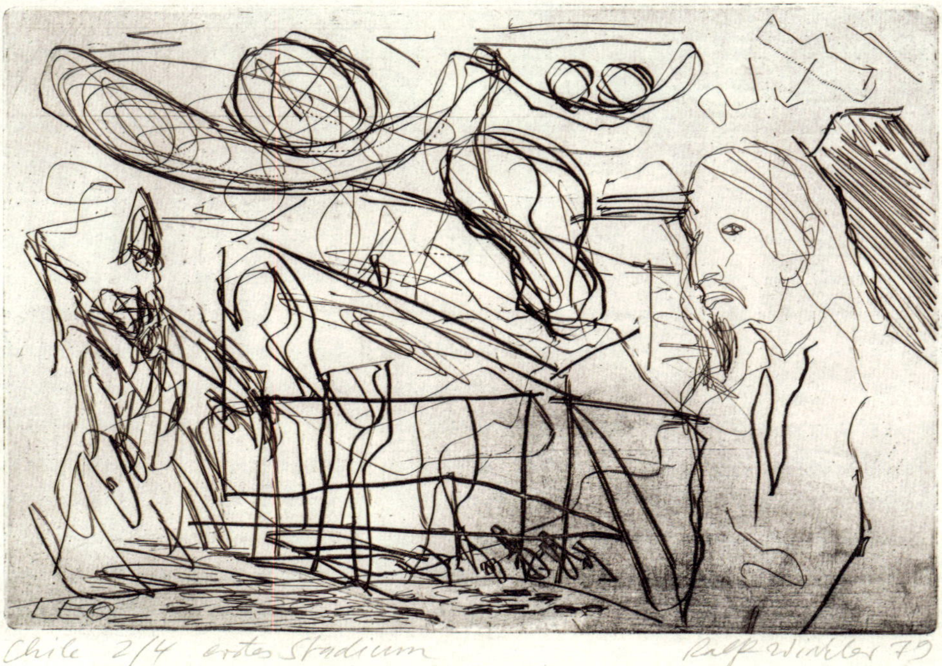

A. R. Penck, Chile, 1979, Kaltnadel auf Bütten, 39,2 × 53,4 cm, Kupferstich-Kabinett, Staatliche Kunstsammlungen Dresden, Inv.-Nr. A 1981-517

Es wäre schön, wenn die Kunst aus der DDR mehr erforscht würde – nicht nur unter politischen oder ideologischen Gesichtspunkten, sondern unter kunsthistorischen und im Kontext europäischer und gesamtdeutscher Kunst.

Der Künstler Michael Touma über die Rezeption von Kunst aus der DDR, Interview im Rahmen des Forschungsprojektes *Art in Networks – The GDR and its Global Relations*, siehe S. 171.

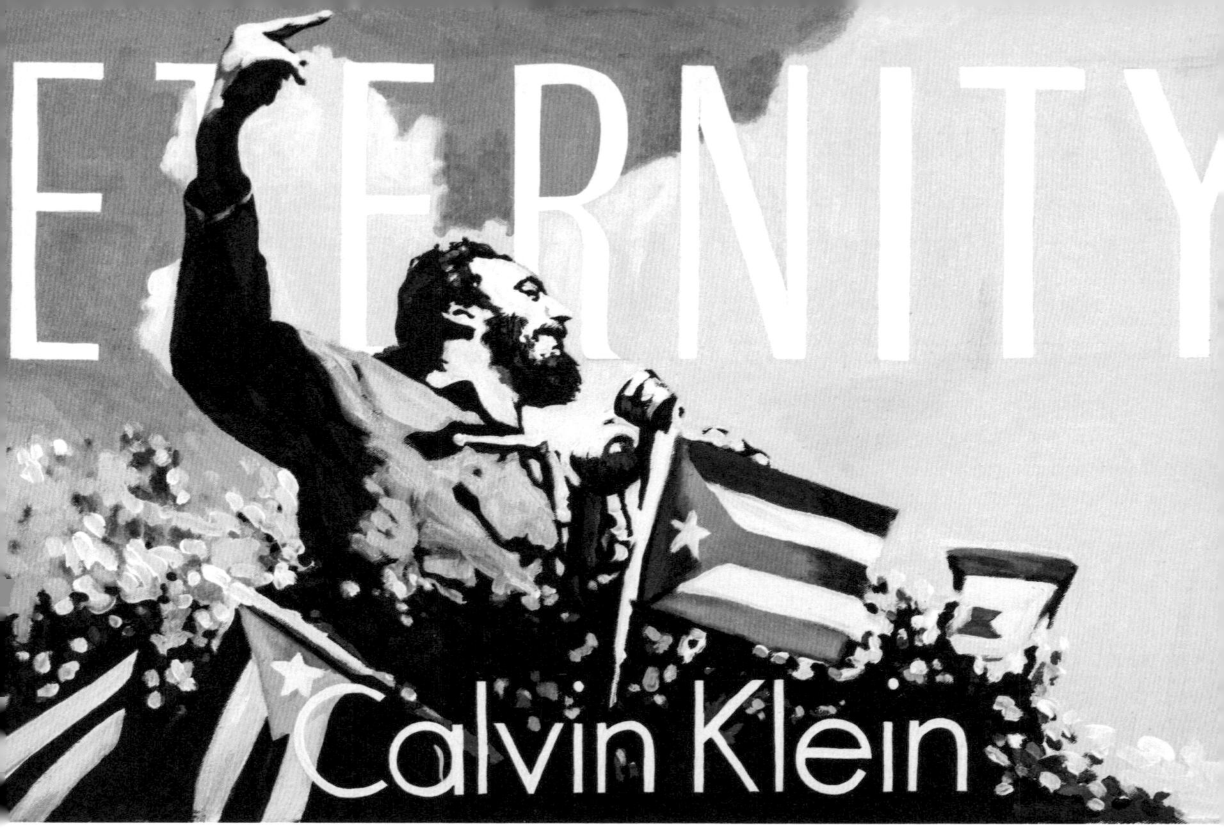

José Toirac, Eternity, 1996, Öl auf Leinwand, 60 × 90,5 cm, Ludwig Forum für Internationale Kunst Aachen, Sammlung Ludwig, Leihgabe Peter und Irene Ludwig Stiftung

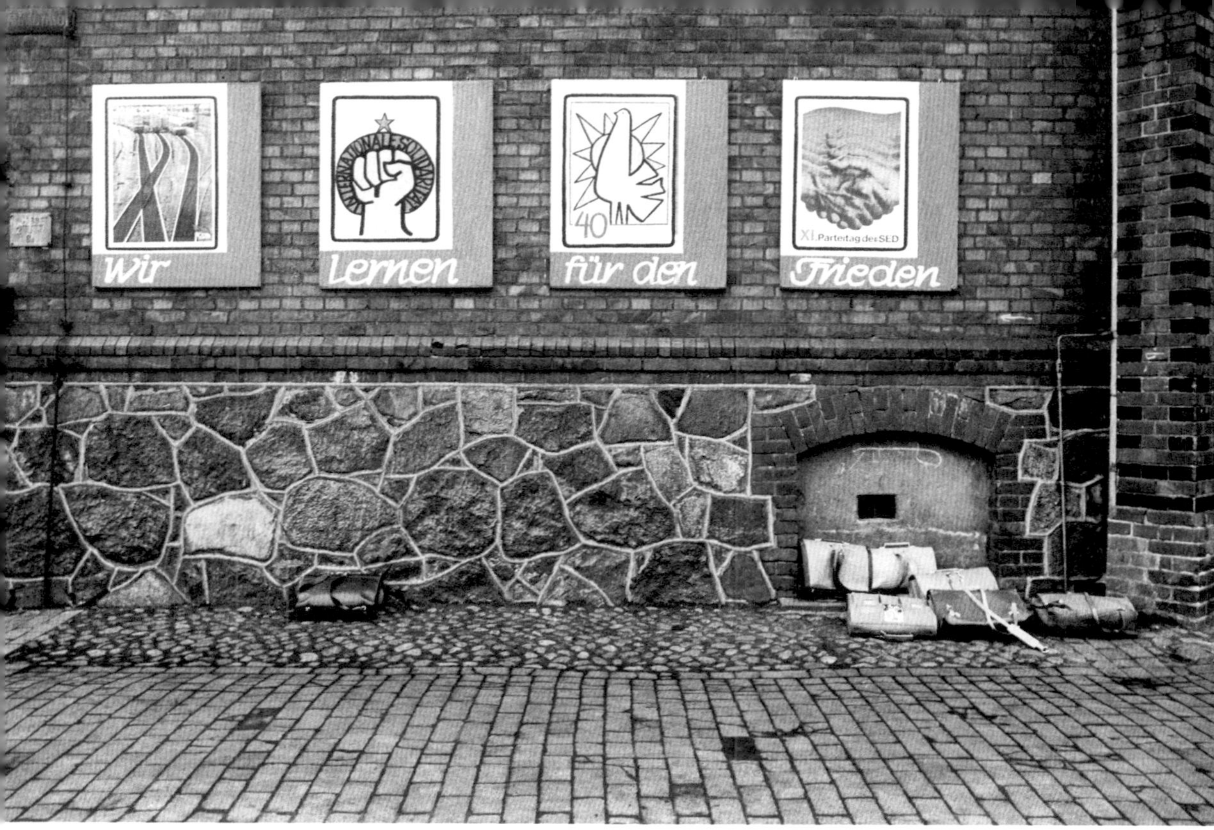

Jürgen Nagel, Parchim, Schule, 1986, Silbergelatinepapier, 28,5 × 39,2 cm, Kupferstich-Kabinett, Staatliche Kunstsammlungen Dresden, Inv.-Nr. D 1990-129

Art in Networks – The GDR and its Global Relations
Digitale Forschungsplattform der TU Dresden zu den internationalen Kontakten der DDR in der Kunst

Das Projekt macht die Verbindungen von Künstler*innen, Museen und anderen kulturellen Akteur*innen zwischen der DDR und Ländern in Afrika, Asien und Lateinamerika sichtbar und spürt den dabei entstandenen globalen Netzwerken nach. An einzelnen Fallbeispielen wird untersucht, wie Formen des privaten und institutionellen künstlerischen Austauschs gestaltet wurden.

Bisher sind Videos von und mit folgenden Personen veröffentlicht:

Abed Abdi
Peter Albert
Nadine Atallah
Katrin Bahr
Valentin Bauer
Thomas Billhardt
Giselher Blesse
Wolfgang Bruhm
Clementine Butler-Gallie
Teresa Casanueva
Jennifer Chert
Erich Enge
Mikael Eriksson
Lena Geuer
Emmanuel Guiragossian
Peter Hartmann
Sabine Herrmann
Veit Hofmann
Klaus Killisch
Harald Kirschner
Hans-Ulrich Mönnig
Yvette Mutumba
Lea Marie Nienhoff
Sigrid Noack
César Olhagaray
Gaelle Prodhon
Ellen Pupeter
Mona Ragy Enayat
Juliane Richter
Annabel Ruckdeschel
Karla Sachse
Christian Saehrendt
Hans Scheuerecker
Hans-Jörg Schirmbeck
Sonya Schönberger
Elena Shtromberg
Siska
Gerlint Söder
Oliver Sukrow
Sophie Thorak
Michael Touma
Arlette Quỳnh-Anh Trần
Võ Hồng Chương-Đài
Dieter Weise
Angelika Weißbach
Peter Westphal
Lutz Wohlrab
Winfried Wolk
Ulrike Zille

Die Plattform ist zugänglich unter:
www.artinnetworks.webspace.tu-dresden.de

Bildnachweis

Staatliche Kunstsammlungen Dresden
Albertinum/Galerie Neue Meister, Elke Estel/Hans-Peter Klut: S. 19, 30, 34, 46, 58, 73, 76/77, 94/95, 107, 110/111, 117, 130
Forschung, Alexander Peitz: S. 158; Doreen Mende: S. 161
GRASSI Museum für Völkerkunde zu Leipzig: S. 21, 98
Kunstfonds, Sylvia Lemke/Alejandro Caturla Peirats: S. 32, 44/45, 165; Stefanie Recsko: S. 24, 36, 80, 104/105, 116, 118; Victor Tlusty: S. 79; Sabine Ulbrich: S. 56, 71, 129, 141
Kunstgewerbemuseum: S. 102/103
Kupferstich-Kabinett, Herbert Boswank: S. 4, 5, 13, 18, 20, 22, 26, 29, 33, 51, 52, 57, 60, 74, 83, 84, 87, 90/91, 101, 128, 140, 164, 166, 169, Rückseite Cover; Andreas Diesend: S. 10/11, 12, 43, 142, 144, 156, 163; Catarina Miksch: S. 143, 146, 154, 155
Museum für Sächsische Volkskunst und Puppentheatersammlung, Karsten Jahnke: S. 78
Archiv der ADK Berlin, Helmut Reuel: S. 139
Bowdoin College Museum of Art, Brunswick: S. 138
Bundesarchiv: Bild 183-81057-001 (Heinz Koch): S. 68; Bild 183-1983-0303-423 (Hubert Link): S. 38
DEFA-Stiftung: S. 66, 67
Deutsches Historisches Museum/ I. Desnica: S. 135
Hochschule für Bildende Künste Dresden, Archiv/Kustodie: S. 30, 38, 40, 59, 72, 85, 99, 116, 120, 122, 124, 125, 127
Kunststiftung DZ Bank, Frankfurt a.M.: S. 89
Hamlet Lavastida: S. 92
Dana Lorenz: S. 96
Ludwig Forum für Internationale Kunst Aachen, Carl Brunn: S. 81, 112, 113, 168, Cover
Museum für Utopie und Alltag, Beeskow: S. 151; Thomas Kläber: S. 149
Nachlassarchiv Annemirl Bauer: S. 152
Privatarchiv: S. 40
Arlette Quỳnh-Anh Trần: S. 114/115
Sonya Schönberger: S. 106
Wenke Seemann, S. 108/109
SLUB Dresden/Deutsche Fotothek:
Erich Höhne & Erich Pohl: S. 6, 28; Hans-Jürgen May: S. 132; unbekannter Fotograf: S. 137; Gerhard Weber: S. 25
State Russian Museum, St. Petersburg: S. 62
Stiftung Deutsches Rundfunkarchiv, Christine Nerlich: S. 69
The Mail Art Archive of Ruth Wolf-Rehfeldt and Robert Rehfeldt: S. 48, 51

Reproduktionen: Ausstellungsfaltblatt Malerei und Batik, Sumana Dissanayake – Sri Lanka, hrsg. v. Zentrum für Kunstausstellungen der DDR, 1978: S. 24; Leonhard Frank Duch: Buracoarte, Recife 1979: S. 53, 54; Bildende Kunst, 1977, Heft 1, Titelseite: S. 138

Bildrechte

Soweit nicht anders angegeben, liegt das Copyright für die Abbildungen bei den Künstler*innen bzw. ihren Rechtsnachfolger*innen.

© VG Bild-Kunst, Bonn 2024: Georges Adéagbo, Walter Arnold, Annemirl Bauer, Rudolf Bergander, Fritz Cremer, Hartwig Ebersbach, Lea Grundig, Sami Hakki, Frieder Heinze, Johannes Heisig, Hartmut Henschel, Sven Johne, Bernhard Kretzschmar, Dana Lorenz, Sigrid Noack, César Olhagaray, Ronald Paris, A.R. Penck, Günther Rechn, Robert Rehfeldt, Frank Ruddigkeit, Sonya Schönberger, Christoph Wetzel

© 2024 Catlett Mora Family Trust/Licensed by VAGA art Artists Right Society (ARS), NY: Elizabeth Catlett
© Alfred Hesse Archiv, Antje Kakuschke: Alfred Hesse
© Bundesstiftung zur Aufarbeitung der SED-Diktatur: Jürgen Nagel
© Guillermo Deisler: Guillermo Deisler
© Carmelo González Gutiérrez: Carmelo Gonzáles
© Ximena León Pellegrin: Margarita Pellegrin und Hernando León
© André Lohmar: Heinz Lohmar
© Nachlass Jürgen Schieferdecker: Jürgen Schieferdecker
© State Russian Museum, St. Petersburg: Andrei Mylnikov

© The Mail Art Archive of Ruth Wolf-Rehfeldt and Robert Rehfeldt: Leonhard Frank Duch, Clemente Padín

Die Geltendmachung der Ansprüche gem. § 60 UrhG für die Wiedergabe von Werk-Abbildungen erfolgt durch die VG Bild-Kunst. Nicht in allen Fällen war es möglich, die Rechteinhaber*innen der Abbildungen ausfindig zu machen.

Impressum
Diese Publikation erscheint anlässlich der Ausstellung *Revolutionary Romances? Globale Kunstgeschichten in der DDR*
Albertinum, Staatliche Kunstsammlungen Dresden, 4. November 2023–2. Juni 2024

Kooperationspartner
Kunstfonds, Kupferstich-Kabinett/ Staatliche Kunstsammlungen Dresden

Leihgeber
GRASSI Museum für Völkerkunde zu Leipzig
Hochschule für Bildende Künste Dresden
Kunstfonds, Staatliche Kunstsammlungen Dresden
Kunstgewerbemuseum, Staatliche Kunstsammlungen Dresden
Kunststiftung DZ Bank, Frankfurt a.M.
Kupferstich-Kabinett, Staatliche Kunstsammlungen Dresden
Ludwig Forum für Internationale Kunst Aachen
Museum für Sächsische Volkskunst und Puppentheatersammlung, Staatliche Kunstsammlungen Dresden

Ausstellung
Staatliche Kunstsammlungen Dresden
Generaldirektorin: Marion Ackermann
Kaufmännischer Direktor: Dirk Burghardt
Direktorin Albertinum: Hilke Wagner
Projektidee: Kathleen Reinhardt (bis Nov. 2022 Kuratorin am Albertinum)
Konzept/Kurator der Ausstellung: Mathias Wagner
Kuratorische Assistenz: Pauline Hohn, Martin Buhlig
Übersetzungen: Katherine Vanovitch, Kennedy-Unglaub Translations, Martin Buhlig
Bildung und Vermittlung: Sophie Hundbiss, Laurentius Alvin in Zusammenarbeit mit Linda Dietrich; Leitung: Claudia Schmidt
Christin Finger (Kultur Aktiv e.V.), Verena Böll; Marí Emily Bohley und Julia Eberth, Hung Cao The und Vuong Tuan Hai, Bela Alvarez und Montserrat Butter, Moussa Mbarek, Janina Kracht sowie weitere Zeitzeug*innen und Künstler*innen
Outreach und Gesellschaft: Sandra Janßen; Leitung: Tanja Schomaker, Christine Gerbich
Kupferstich-Kabinett: Björn Egging; Direktorin: Stephanie Buck
Kunstfonds: Barbara Tlusty, Anné Seipel, Sylvia Lemke, Alejandro Caturla Peirats, Janine Wagler; Leitung: Silke Wagler
Abteilung Forschung: Doreen Mende
Hochschule für Bildende Künste Dresden: Sven Barnick; Rektor: Oliver Kossack
Ausstellungsmanagement: Catrin Dietrich; Leitung: Christin Wähner, Jiři Fajt
Restauratorische Betreuung Gemälde: Maria Körber, Michael Schweiger; Leitung: Elisabeth Schlesinger, Christoph Schölzel
Restauratorische Betreuung Skulptur: Lydia Emmeline Decker, Irene Pamer-Gatzsche, Luise Albrecht; Leitung: Stephanie Exner
Restauratorische Betreuung Kupferstich-Kabinett: Olaf Simon, Thomas Woite, Ines Beyer; Leitung: Wiebke Schneider
Restauratorische Betreuung Kunstfonds: Judith Steinke, Barbara Schinko; Leitung: Silke Wagler
Restauratorische Betreuung Hochschule für Bildende Künste Dresden: Ivo Mohrmann, Studierende der Fachrichtung Kunsttechnologie, Konservierung und Restaurierung von Kunst- und Kulturgut
Direktionssekretariat Albertinum: Flavia Sommer
Sammlungsverwaltung Gemälde: Alexandra Schellenberg, unterstützt von Niklas Röthig
Sammlungsverwaltung Skulptur: Jürgen Lange
Rechnungswesen und Controlling: Olena Kühn, Manuela Voß; Leitung: Elke Ullmann
Recht und Organisation: Christopher Culmann, Laura Krömer, Dietmar Gebauer,

Kai Hoffmann; Leitung: Michael Geißdorf
Fundraising: Nina C. Illgen
Medien und Kommunikation: Nina Schwarzenberger, Thabea Knoops; Leitung: Holger Liebs
Social Media: Anika Lautenschläger, Christina Hoffmann, Andreas Diesend
voices Digitalplattform: Lisa-Marie Gutte, Leonhard Wolf; Leitung: Jacob Franke
Marketing: Petra Baum, Anne Böttger; Leitung: Doreen Scherfke
Personalmanagement: Manja Noack, Denise Drutschmann; Leitung: Andrea Hanschmann
Veranstaltungsmanagement: Anne Böttger, Wenke Ladewig
Gebäudemanagement/IT: Nico Bachmann, Ralph Kunze, Cai Schneider, Jens Wolf, Martin Zavesky; Leitung: Michael John
Sicherheit: Holm Eberlein, Gero Graubner; Leitung: Ralph Krüger
Haustechnik Albertinum: Tamás Burunkai
Ausstellungsarchitektur: KKS-Architektur + Gestaltung, Dresden / Hagen Engicht, Maler Schreier GmbH, Ohorn
Ausstellungsgestaltung: Rimini Berlin / Jenny Hasselbach, Marion Kliesch, Marx Werbung, H. & M. Hildmann GbR, Pirna
Produktion: KKS Architektur + Gestaltung, Dresden / Hagen Engicht
Exponateinrichtung: Fißler & Kollegen GmbH, Leipzig
Lichtgestaltung: Paul Göschel, Dresden
Medientechnik: Ralph Kunze, Produktionsbüro Dresden / Dirk Preuß

Publikation
Herausgeber: Staatliche Kunstsammlungen Dresden, Mathias Wagner, Hilke Wagner und Kerstin Schankweiler, Kathleen Reinhardt

Staatliche Kunstsammlungen Dresden
Albertinum
Postfach 120 551, 01006 Dresden
Telefon: +49 351 4914 2000
besucherservice@skd.museum
www.skd.museum

Idee und Konzeption: Kerstin Schankweiler, Kathleen Reinhardt, Mathias Wagner
Redaktion: Mathias Wagner, Pauline Hohn
Bildredaktion: Mathias Wagner, Pauline Hohn
Gestaltung: Rimini Berlin / Jenny Hasselbach, Franziska Morlok

Spector Books OHG, Harkortstraße 10, 04107 Leipzig
Projektleitung: Jan Wenzel, Marit Herrmann
Lektorat: Jan-Frederik Bandel
Übersetzung: Jan-Frederik Bandel

Reprografie: Falk Messerschmidt, Leipzig
Druck und Verarbeitung: Gutenberg Beuys Feindruckerei GmbH
Schriften: Reader, Rosart
Papier: 100g Munken Print White 15, 300g Munken Print White 15

© 2024 Staatliche Kunstsammlungen Dresden, Spector Books OHG, Leipzig, Autor*innen, Künstler*innen und Fotograf*innen

1. Auflage
www.spectorbooks.com
Buchhandelsausgabe
ISBN 978-3-95905-781-3
Museumsausgabe
ISBN 978-3-95905-783-7

Die Deutsche Nationalbibliothek verzeichnet diese Publikation in der Deutschen Nationalbibliografie; detaillierte bibliografische Daten sind im Internet überhttp://dnb.dnb.de abrufbar.

Dieses Werk einschließlich seiner Teile ist urheberrechtlich geschützt. Jede Verwertung außerhalb der engen Grenzen des Urheberrechtsgesetzes ist ohne Zustimmung des Verlages unzulässig und strafbar.
Das gilt insbesondere für die Vervielfältigung, Übersetzungen, Mikroverfilmungen und die Einspeicherung und Verarbeitung in elektronischen Systemen.

Dank an:
Georges Adéagbo und Stephan Köhler, Sven Johne, Hamlet Lavastida, Dana Lorenz, Arlette Quỳnh-Anh Trần, Sonya Schönberger, Wenke Seemann, Sung Tieu

Abed Abdi, Sven Barnick, Thomas Billhardt, Jeanne Bindernagel, Herbert Boswank, Carl Brunn, Giselher Blesse, Mona Bouguerba, Guillermo J. Deisler, Anja Dworski, Hartwig Ebersbach, Kathrin Barbara Franeck, Dirk Gedlich, Lena Geuer, Denise Görlich, Emmanuel Guiragossian, Carmelo Gonzáles Gutiérrez, Peter Hartmann, Johannes Heisig, Karsten Jahnke, Sandra Janßen, Nora Kaschuba, Harald Kirschner, Annegret Klinker, Gwendolin Kremer, Jule Lagoda, Ximena León Pellegrin, André Lohmar, Michael Mäder, Doreen Mende, Ivo Mohrmann, Yvette Mutumba, Christina Nehrkorn-Stege, Elke Neumann, Astrid Nielsen, Sigrid Noack, César Olhagaray, Nora Riediger, Angela Rietschel, Matthias Rietschel, Karla Sachse, Kerstin Schankweiler, Uwe Schieferdecker, Hans-Jörg Schirmbeck, Corinna Schröder, Marina Schulz, Christian Saehrendt, Uta Schnell, Olaf Simon, José Toirac, Tonel (Antonio Eligio Fernández), Michael Touma, Lutz Wohlrab, Meagane Zurfluh

Im Rahmen des Programms

kontra punkte

Gefördert durch die

KULTURSTIFTUNG DES BUNDES

Gefördert von

Die Beauftragte der Bundesregierung für Kultur und Medien

Ausstellungsförderung

Peter und Irene Ludwig Stiftung

In Zusammenarbeit mit

Art in Networks
The GDR and its Global Relations

TECHNISCHE UNIVERSITÄT DRESDEN

KULTUR AKTIV